Christine Friepes, Annett Richter

Mein großes Aufsatzbuch

7.–10. Schuljahr

MANZ VERLAG

3. Auflage 2011
Manz Verlag

Lektorat: Peter Süß, München
Herstellung: Karin Schmid, Baldham
Umschlaggestaltung: Steffen Schmitt, Hollfeld
Druck: Finidr s.r.o., Český Těšín

ISBN: 978-3-7863-1161-4

www.manz-verlag.de

Tipps zum Training mit diesem Buch

Liebe Schülerin, lieber Schüler,

du bist in der 7., 8., 9. oder 10. Klasse und möchtest deine **Aufsatztechnik verbessern**? Du suchst **Musteraufsätze**, die zeigen, wie es geht?

Dieses Buch hilft dir, bessere Aufsätze zu schreiben!

Die umfassende Sammlung enthält fast **90 bewertete und kommentierte Original-Aufsatzbeispiele** zu **allen wichtigen Aufsatzformen** des 7. bis 10. Schuljahres. Zu den Themen kannst du **selbst Aufsätze schreiben** und diese mit den **Lösungsbeispielen** einfach vergleichen.

So sind die einzelnen Kapitel aufgebaut:

- Zunächst findest du **wichtige Tipps zur Aufsatzform** und **Hinweise auf die häufigsten Fehler**, die die Schüler beim Schreiben machen. Wenn du diesen Abschnitt aufmerksam durchliest, kannst du die Fallen bei deinen Aufsätzen umgehen.
- Danach folgen **unterschiedliche Aufsatzthemen aus dem Unterricht**, zumeist mit mehreren **Lösungsbeispielen**.
- Zu jedem Aufsatzbeispiel gibt es einen **Kurzkommentar mit Bewertung**, ob die Lösung gelungen oder weniger gelungen ist. Du kannst dadurch **Vergleiche mit deinen eigenen Aufsätzen** ziehen – und noch bessere Aufsätze schreiben.

Die Aufsatzthemen sind in jedem Kapitel **nach Schwierigkeitsgrad geordnet**. Es geht immer mit den leichten Aufgaben los.

Es ist sehr wichtig, dass du dieses Buch nicht nur durchliest, sondern aktiv mittrainierst. Hier holst du dir Tipps und Ideen – und setzt sie in eigenen Aufsätzen um. Wenn du mitmachst, stellst du im Lauf der Zeit fest, dass du immer besser wirst.

Unser Dank geht an die Schülerinnen und Schüler, die die Aufsatzbeispiele dieses Buches geschrieben haben. Sie haben über Jahre trainiert und sind dadurch gute Aufsatzschreiber geworden.

Wir wünschen dir viel Erfolg und originelle Ideen für deine Aufsätze!

Inhalt

A Kurze Tipps zum Aufsatz

Was muss ich vorher wissen?

- Egal, wie die Themenstellung bei einem Aufsatz lautet: Du kannst zu jedem Thema etwas schreiben, wenn du dich mit den Regeln für die einzelnen Aufsatzarten vertraut gemacht und ausreichend trainiert hast.
- Bei erzählenden Textarten, wie zum Beispiel Erlebniserzählung und Schilderung, kannst du Erlebtes mit Erdachtem verbinden, also deine Fantasie spielen lassen.
- Bei sachlichen Textarten (zum Beispiel Bericht, Beschreibung oder Inhaltsangabe), hast du Informationen vorgegeben, an die du dich halten musst.
- Bei Aufsatzformen wie Stellungnahme und Erörterung solltest du zeigen, dass du deine Meinung logisch begründen kannst.
- Generell gilt: Das Schreiben von Aufsätzen kannst du lernen. Die Schülerinnen und Schüler, deren Texte du in diesem Buch lesen wirst, haben es auch geschafft. Ein wenig trainieren solltest du natürlich schon.

Wie finde ich das richtige Thema?

Wenn du das passende Thema gefunden hast, kann eigentlich schon fast nichts mehr schiefgehen. Doch was ist eine Aufgabenstellung, die dich anspricht?

Manchmal liest du die Themenstellung für die Hausaufgabe oder eine Klassenarbeit durch und weißt sofort, welches Thema du bearbeiten willst. Mitunter fällt dir die Entscheidung für ein Thema vielleicht sehr schwer. Entweder gefallen dir mehrere Themen – oder keines. Keine Panik! Lass dir Zeit und stelle dir beispielsweise folgende Fragen:

- Zu welchem Thema weiß ich am meisten?
- Werden Probleme angesprochen, die ich auch schon hatte?
- Habe ich selbst eine ähnliche Aufgabe übernommen?
- Hatte ich bereits ein solches Erlebnis?
- Ist in meinem Freundeskreis oder in meiner Familie etwas Vergleichbares vorgekommen?
- Habe ich zum Beispiel schon etwas Ähnliches organisiert?

Nimm dir also ein paar Minuten Zeit, um in Ruhe über die gestellten Themen nachzudenken. Diese Zeit ist sinnvoll angelegt, damit du danach einen guten Aufsatz schreibst. Schließlich weißt du anschließend, in welche Richtung du beim Schreiben gehen wirst.

Außerdem vermeidest du eine gefährliche Falle, in die viele Schüler tappen: Sie schreiben gleich los und merken viel zu spät, dass die Wahl eines anderen Themas sinnvoller gewesen wäre. Sie wechseln schließlich – und haben dadurch wertvolle Arbeitszeit verloren.

B Gestaltendes Schreiben

Was muss ich über die Erzählung wissen?

- Beschränke dich auf ein Ereignis, das erzählenswert ist.
- Baue deine Geschichte so auf, dass sie sinnvoll und logisch ist. Eine gute Geschichte kann mit einfachen Mitteln erzählt werden. Sie muss weder lang noch besonders ausgefallen sein.
- Denke daran, dass eine Geschichte nicht unbedingt wahr, aber wahrscheinlich sein muss.
- Gliedere die Erzählung in Einleitung, Hauptteil und Schluss. Vergiss dabei die Absätze nicht. Du erinnerst dich: Die Einleitung führt zum Geschehen hin, der Hauptteil entfaltet die Handlung, der Schluss rundet den Aufsatz ab.
- Erzähle die Geschichte auf einen Höhepunkt hin, um den Leser bei der Stange zu halten.
- Lass Personen auch direkt sprechen (wörtliche Rede). Gehe auf ihre Gedanken und Empfindungen ein. Lass die Figuren deiner Geschichte Fragen stellen oder Ausrufe von sich geben. Berücksichtige, dass man Gefühle oft an Handlungen erkennen kann.
- Erzähle lebendig und anschaulich, wenn notwendig auch spannend.
- Verwende passende sowie abwechslungsreiche Verben und Adjektive.
- Wechsle beim Satzbau ab: Vermeide gleiche Satzanfänge, indem du verschiedene Nebensätze einbaust oder den Satz einfach umstellst.
- Die Erzählzeit für die Erlebniserzählung ist meist das Präteritum, weil das von dir erzählte Ereignis in der Vergangenheit liegen soll. Schilderungen können auch im Präsens stehen.

- Versuche durch schildernde Elemente den Leser zu fesseln und ihn die Handlung miterleben zu lassen. Besonders bei der Schilderung kannst du mit sprachlichen Mitteln ein eindrucksvolles Bild von einem Moment der Handlung gestalten.
- Ein Arbeitsplan hilft dir beim Erzählen:
  - Thema lesen und verstehen
  - Erzählschritte festlegen
  - Einbau der erzählerischen Mittel und der schildernden Elemente planen
  - Geschichte ausformulieren

Vorsicht, Falle!

Die sechs häufigsten Fehler, die bei Erzählungen gemacht werden, sind:

- Der Aufsatz ist nicht logisch aufgebaut, weil die Reihenfolge der einzelnen Erzählschritte vor dem Schreiben nicht festgelegt wurde. Auch die Absätze fehlen.
- Die schildernden Elemente führen nicht zum nächsten Erzählschritt.
- Der Aufsatz ist nicht stimmig, weil der Spannungsbogen fehlt oder die schildernden Elemente nicht zu den beschriebenen Personen passen.
- Mehrere Ereignisse werden vermischt, obwohl nur ein Erlebnis oder eine Stimmung im Mittelpunkt stehen soll.
- Der Aufsatz ist langweilig, weil alle Sätze gleich aussehen sowie die Wortwahl nicht abwechslungsreich ist.
- Durch den übertriebenen Einsatz von schildernden Elementen wird ihre Wirkung zerstört. Vorsicht bei der Anhäufung von Gefühlsäußerungen und schiefen Vergleichen!

Erzählung mit schildernden Elementen

Die Fahrscheine, bitte!

1 **Verfasse zu diesem Thema eine Erzählung mit schildernden Elementen.**

Tipp In einer Erzählung kannst du Teile selbst erlebter Ereignisse verwenden oder glaubhaft ein Geschehen erfinden, das so hätte passiert sein können.

Wenn die Themenstellung den Einbau schildernder Elemente verlangt, kannst du alles verwenden, was die Stimmung in der Erzählung herausarbeitet. Dazu gehören genaue Beschreibungen von Personen, Landschaften, Räumen, Gegenständen.

Lege besonderes Augenmerk auf die innere Handlung und beschreibe die Bilder und Vorstellungen, die im Kopf der handelnden Personen entstehen. Dadurch entsteht eine Zeitverzögerung, die wiederum zum Spannungsaufbau beiträgt. Hinzu kommen Vorausdeutungen, Rückwendungen und der Einsatz von szenischem Präsens.

Beispiel 1

Was für ein Schreck!

„Darf ich mich hierher setzen?", fragte ich eine ältere Dame. „Aber natürlich", erwiderte sie und erkundigte sich, wohin ich fahren wollte. Ich war auf der Reise nach Holzminden in Niedersachsen. Nun saß ich in einem Zweite-Klasse-Abteil des ICE von München nach Hannover. „Sch", die Türen des Zuges wurden geschlossen. Ich winkte noch kurz meinen Eltern zu, die auf dem Bahnsteig standen. Dann setzte sich der Zug fast lautlos in Bewegung.

„Ich begrüße Sie recht herzlich an Bord dieses ICE", ertönte eine Stimme aus dem Lautsprecher. Als wir München verlassen hatten, gewann der Zug an Geschwindigkeit. Wir flogen an Feldern und Bauernhöfen vorbei, die in der Herbstsonne leuchteten.

„Nächster Halt Würzburg", konnte man wieder aus dem Lautsprecher vernehmen. Langsam fuhren wir in den Bahnhof ein. Hier war es im Vergleich zum hellen Licht der Landschaft viel dunkler, sodass ich im ersten Moment kaum etwas erkennen konnte. Auf dem Bahnsteig herrschte reges Treiben. Von draußen drängelten die ersten Fahrgäste herein, während im Abteil noch einige Nachzügler ihre Koffer aus dem Gepäcknetz wuchteten.

Nachdem das Getümmel sich aufgelöst hatte, konnten wir unsere Fahrt fortsetzen. Wieder wurden die zugestiegenen Fahrgäste begrüßt. Ein Zugbegleiter fing an, die Fahrscheine zu überprüfen. Nun kam er auch in unser Abteil. Ich griff nach dem Umschlag mit meiner Fahrkarte, den ich in meinen Rucksack gesteckt hatte – und griff ins Leere. Wo war sie? Ich durchwühlte den Rucksack und durchstöberte die Taschen meiner Jacke. Nichts. Ich hatte mein Ticket doch wohl nicht verloren? „Die Fahrscheine, bitte!" Jetzt war der Kontrolleur bei der netten Dame angelangt. Danach wandte er sich mir zu. „Na, was ist mit dir?"

Ich bekomme kein Wort heraus und spüre, wie mein Gesicht heiß wird vor Aufregung. Tränen steigen mir in die Augen. Ich hole tief Luft und stottere: „Ich, ich hab ihn nicht!" Der Schaffner schaut mich verständnislos an: „Da liegt er doch!" Was? Ich verstehe die Welt nicht mehr. Neben mir auf dem Sitz liegt mein Fahrschein. Hastig ergreife ich ihn und reiche ihn dem Mann, der ihn lächelnd kontrolliert und mir zurückreicht. Dann geht er.

Ich konnte es noch eine ganze Weile nicht glauben, doch dann wurde mir klar, dass ich das Ticket vorsorglich neben mich gelegt hatte, damit ich es eben nicht suchen musste, wenn es gebraucht wurde. Kopfschüttelnd, aber erleichtert lehnte ich mich zurück und genoss den Rest der Reise.

☺ ☺ ☺

Die Verfasserin des Aufsatzes hat alle Regeln der Erzählung beachtet. Besonders gelungen sind der Einsatz von szenischem Präsens und die Darstellung der Angst vor dem Kontrolleur. Außerdem hat sie genau wiedergegeben, was passiert, wenn ein Zug in einen Bahnhof einfährt.

Beispiel 2

Oh nein, der Dicke!

Unerträglich laut und hoch quietschten die Räder der Regionalbahn von Bad Aibling nach Rosenheim, als der Zug in den Bahnhof einfuhr. Ich hielt mir die Ohren zu. Meine Freundin Lisi und ich hatten beschlossen, am letzten Tag der Ferien in Rosenheim einen Bummel durch Geschäfte zu machen.

Hastig öffnete ich die Tür und begab mich ins Innere des Zuges. Drinnen war es schön warm. Wir ließen uns auf die grünblauen Sitze fallen. Der Zug fuhr an und eine graue, regnerische Landschaft zog an uns vorbei. Nebel lag auf der Wiese neben dem Fußballplatz. Die langen Grashalme direkt neben dem Gleis waren von vielen schweren Tropfen geknickt worden. An den kahlen Bäumen hingen nur noch wenige braune Blätter.

„Du, Moni, hast du die Schularbeiten schon erledigt, die wir über die Ferien machen sollten?", fragte Lisi plötzlich. „Ja", antwortete ich einsilbig, denn irgendwie machte mich das scheußliche Herbstwetter traurig. „Was ist denn los mit dir?", erkundigte sich Lisi. „Wenn es schüttet, was der Himmel nur hergibt, und die Blätter davon matschig und braun werden, ist es grässlich im ..." Da unterbrach mich Lisi genervt. „Mit dir kann man heute gar nicht reden!"

Dann öffnete sich die Tür am Ende des Abteils. Eine unangenehme Männerstimme brüllte: „Noch jemand zugestiegen?" – „Oh nein, der dicke, immer schlecht gelaunte Schaffner!", flüstert Lisi. Er wankt gleich auf uns zu, da niemand außer uns im Abteil ist. Die Blaumütze baut sich bedrohlich vor uns auf und rückt die Krawatte auf seinem dicken Bauch zurecht. Nun fordert der unangenehme Kontrolleur mit einer unmissverständlichen Handbewegung die Fahrkarten. Ich beginne in meinem schicken, wasserdichten Rucksack zu wühlen. Da ist eine Plastiktüte, eine rote Socke und ein Badeanzug, aber keine Fahrkarte! „Wo ist sie nur? Ich finde sie nicht", murmle ich, während meine Aufregung wächst. Ausgerechnet bei dem Schaffner, der keine Schüler mag. Inzwischen habe ich den ganzen Rucksack durchwühlt und nehme noch einmal die Plastiktüte zur Hand. Da ist sie ja! Die Fahrkarte hatte sich in der Tüte versteckt.

Endlich reichte ich sie dem Schaffner und dachte dabei: „Glück gehabt, bei diesem Muffel hättest du vielleicht sogar Strafe zahlen müssen!" Später wurde es noch ein richtig schöner Bummelnachmittag, obwohl es immer weiter regnete.

Die Qualität der schildernden Elemente ist etwas schwankend. So sind der Verfasserin die Beschreibung der Landschaft und der Spannungsaufbau gut gelungen. Auch den Schaffner kann man sich gut vorstellen, wenngleich er übertrieben negativ dargestellt ist. Was allerdings störend wirkt, sind Elemente wie die unnatürliche Unterhaltung der beiden Mädchen und Details, wie etwa der Badeanzug und die rote Socke.

Beispiel 3

Die Fahrscheine, bitte!

„Die Fahrscheine, bitte!“, hörte ich den Schaffner sagen. Er hatte soeben das Zugabteil, in dem ich nach Hamburg zu meiner Großmutter fuhr, betreten. Die Sonne schien durch das Fenster. Ich betrachtete die Bäume, die Autos und was sonst noch alles vorbeiflitzte. Die Sitze waren aus Leder und rochen fast so, als wären mir die Nudeln angebrannt. Neben mir saß eine alte Dame, die mit Stricken beschäftigt war.

„Die Fahrscheine, bitte!“, verlangte der Schaffner jetzt von den Leuten, die eine Bank vor mir saßen, und ich steckte meine Hand in die Hosentasche. Aber was war denn das? Anstelle eines Fahrscheins hielt ich eine Tafel Schokolade in den Händen. Jetzt erfasste mich die Panik. Ich begann wie verrückt zu suchen. Hier war er nicht, dort war er nicht – und im Anorak konnte ich den Fahrschein auch nicht finden. Wenn ich ihn nicht finden konnte, was dann? Müsste ich dann an der nächsten Haltestelle aussteigen? Was würde das für ein Spektakel geben! Meine Eltern wären stinksauer, weil sie mich dann abholen müssten. Ich überlegte noch einmal fieberhaft, wo ich den Fahrschein bloß haben könnte. Aber es wollte mir nicht einfallen. Die alte Dame neben mir fragte mich: „Was suchst du denn?“ „Meinen Fahrschein!“, antwortete ich verzweifelt. „Aber du hast ihn mir doch am Bahnsteig gegeben, damit ich auf ihn aufpasse!“ „Oh wirklich, Sie sind ein Schatz, Frau, äh, wie heißen Sie eigentlich?“ Frau Müller, so hieß die Dame, zog gelassen meinen Fahrschein aus ihrer Ledertasche und gab ihn zusammen mit ihrem eigenen dem Schaffner, der gerade nach unseren Fahrkarten verlangte. Die Sonne schien wieder in meinem Herzen. Ich fühlte mich wie im siebten Himmel.

Jetzt freute ich mich auf den Moment, in dem mich meine Großmutter mit strahlendem Lächeln am Hamburger Hauptbahnhof empfangen würde.

Dieser Aufsatz ist zwar schematisch nach den Vorgaben geschrieben, aber leider völlig unwahrscheinlich. Dass die Dame den Fahrschein hat, ist an den Haaren herbeigezogen – und ihre verspätete Reaktion unerklärlich.

Sprachklischees wie *Die Sonne schien wieder in meinem Herzen. Ich fühlte mich wie im siebten Himmel* solltest du nach Möglichkeit vermeiden oder zumindest nicht miteinander kombinieren.

Ausgestalten von Situationen

Tipp Während bei einer Erzählung mit schildernden Elementen der Handlungsaufbau im Mittelpunkt steht und an äußeren (sichtbaren) Handlungselementen festgemacht wird, ist bei der Schilderung von Situationen die innere Handlung wesentlich.

Weihnachtseinkäufe

2 Verfasse zu diesem Thema eine stimmungsvolle Schilderung und beschreibe besonders, was in der Hauptperson vorgeht.

Beispiel 1

Vorweihnachtsstress

Ah, das ist warm. Ich bin gerade durch die Eingangstür des hiesigen Kaufhauses getreten. Ein ganzer Schwall warmer Luft schlägt mir entgegen. Ich muss Geschenke kaufen und will dazu in den zweiten Stock fahren. Von den Leuten, die hinter mir kommen, werde ich weitergedrängt. Es riecht nach Plätzchen, Süßigkeiten, Papier, Parfüm und den unterschiedlichen Gerüchen der Menschen, die sich mit mir durch die Abteilungen schieben. Aus den Lautsprechern dudelt „Stille Nacht". Die Gesichter der Leute wirken hektisch und gestresst. Die Verkäuferinnen lächeln nicht mehr und schieben die bezahlten Waren schnell über die Theke.

Ich betrete die Rolltreppe. Sie ist ganz nass von abgetretenem Schnee. In der verspiegelten Wand der Rolltreppe sehe ich mich langsam nach oben fahren. Im zweiten Stock hört man „Ihr Kinderlein kommet". Die Regale sind so vollgestopft mit Spielwaren, dass man gar nicht weiß, wo man zuerst hinschauen soll. Ich sehe Puzzles, Puppenhäuser, Plastikfiguren, Holzklötzchen und Stofftiere. Und da soll man zwei oder drei kleine Geschenke für jemanden finden? Seufzend durchstreife ich die ganze Abteilung. Plötzlich stoße ich, während ich gerade an einem Stand mit Puppen entlangschlendere, gegen etwas Großes, Rotes. Erstaunt sehe ich auf. Das ist ja ein Weihnachtsmann! Ich entschuldige mich, und er schenkt mir lachend eine Tüte mit Plätzchen. Dann drängle ich mich weiter. Erst jetzt wird mir bewusst, wie laut es eigentlich ist. In das Stimmengewirr mischen sich das Schreien eines Babys und die Weihnachtsmusik.

Schließlich entscheide ich mich für einen kleinen Stoffhasen für meine Nichte. Die Kassiererin nimmt mit missmutiger Miene das Stofftier entgegen und schaut auf das Preisschild. Hastig tippt sie den Betrag in die Kasse und greift nach meinem Geldschein. Es klappert, dann gibt sie mir das Wechselgeld. Ich stecke es ein und gehe. Dann beschließe ich, die übrigen Geschenke in kleineren Geschäften zu kaufen.

Die Verfasserin bietet ein stimmungsvolles und atmosphärisch dichtes Bild eines Einkaufs in der Vorweihnachtszeit. Sie legt bei Personen Wert auf die Darstellung ihrer Mimik. Der Leser kann die Situation im Kaufhaus sehr gut nachvollziehen:

„(…) ein ganzer *Schwall warmer Luft* schlägt mir entgegen. Ich muss Geschenke kaufen und will dazu in den zweiten Stock fahren. Von den Leuten, die hinter mir kommen, *werde ich weitergedrängt*. Es riecht nach Plätzchen, Süßigkeiten, Papier, Parfüm und den unterschiedlichen Gerüchen der Menschen, die sich mit mir durch die Abteilungen schieben. *Aus den Lautsprechern dudelt „Stille Nacht". Die Gesichter der Leute* wirken hektisch und gestresst.

Insgesamt passen alle Beobachtungen sehr gut zusammen und ergeben ein stimmiges Bild, ohne Klischees zu verwenden.

Beispiel 2

Weihnachtsmarkt

Heute ist Samstag – ein kalter Dezembertag. Auf dem Weihnachtsmarkt will ich ein Geschenk für meine Mutter kaufen. Es duftet herrlich nach gebrannten Mandeln, Lebkuchen und Glühwein. Die Stände sind alle festlich geschmückt. Langsam wird es immer dunkler. Die vielen Lichter am großen Weihnachtsbaum in der Mitte des Marktplatzes funkeln. Durch das laute Stimmengewirr der Menschenmenge hindurch sind beim Vorübergehen ab und zu die leisen Klänge von Weihnachtsliedern zu hören. Fröhlich schlendere ich weiter und schaue dabei, ob ich das passende Geschenk für meine Mutter finde. Was würde ihr denn gefallen? Es soll auf jeden Fall zu Weihnachten passen, habe ich beschlossen. Vor mir sehe ich einen Stand, an dem es Krippen und Spieluhren mit Weihnachtsliedern gibt. Meine Mutter hat mir erzählt, dass sie als Kind mit den Schafen und den Hirten einer Krippe gespielt hat.

Immer mehr Menschen füllen den Platz. Es wird enger. Bald treten mir die Leute auf die Füße – und ich ihnen auch. Ein Kind quetscht sich an mir vorbei und schubst mich in einen der vielen Schneehaufen, die am Rand des Weges zusammengeschoben sind.

Ich stehe wieder auf, putze den Schnee von meiner Jacke und meiner Hose. Dann gehe ich weiter. Als ich einen Stand mit Kleidung sehe, bleibe ich stehen. Ich sehe einen Pullover, auf dem zwei Bären Ski fahren. Das sieht sehr lustig aus. Ohne lange zu überlegen gehe ich zu dem Mann, der die Pullover verkauft, und frage nach dem Preis. Mit 30 Euro ist er wirklich günstig. Ich greife zu und gebe dem Mann drei Zehn-Euro-Scheine. Der Mann steckt den Pullover in eine Plastiktüte und reicht ihn mir über den Verkaufstisch. Ich bedanke mich und mache mich glücklich auf den Rückweg. Die Zigarettenstummel fallen mir jetzt besonders auf. Inzwischen ist der Himmel schon ganz schwarz. Ich kann einige kleine Sterne erkennen. Hoffentlich gefällt meiner Mutter das Geschenk, überlege ich noch, während ich in eine ruhige Seitenstraße einbiege.

Die Verfasserin beginnt ihre Schilderung recht ansprechend. Viele der verwendeten Bilder sind bekannt und lösen beim Leser einen Wiedererkennungseffekt aus. Leider wird dieses positive Stimmungsbild nicht durchgehalten: Der Pulloverkauf wird zu ausführlich beschrieben, kurz davor fällt die Erzählerin in einen Schneehaufen – ohne Folgen. Am Ende sind die Brüche im Erzählfluss besonders deutlich zu erkennen:

„Ich bedanke mich und mache mich *glücklich* auf den Rückweg. *Die Zigarettenstummel fallen mir jetzt besonders auf.* Inzwischen ist der Himmel schon ganz schwarz. *Ich kann einige kleine Sterne erkennen.*

Schildern von Gefühlszuständen

Heimweg nach einer schlechten Note

3 **Versetze dich in die Lage eines Schülers, der am Vormittag eine schlechte Note bekommen hat. Beschreibe genau seine Gefühle und Gedanken. Sein seelischer Zustand soll sich in der Umgebung widerspiegeln. Schreibe in der Ich-Form.**

Beispiel 1

Heimweg nach einer schlechten Note

Es hat ja so kommen müssen! Warum habe ich nicht besser gelernt? Die Fünf drückt die Schultasche fest auf meinen Rücken. Bald fangen meine Schulterblätter an zu schmerzen. Komisch, meine sonst weißen Schuhe haben drei große Schmutzflecken. Das habe ich vorher nie bemerkt. Langsam setze ich einen Fuß vor den anderen. Der nasse Gehweg ist trostlos grau. Auf meine Kapuze platschen schwere Regentropfen. Es scheint so, als würden sie mich auslachen. Hä, hä, die Note geschieht dir ganz recht, du Faulpelz. Ein paar Tropfen bleiben an meiner Stirn hängen und baumeln hartnäckig herum. Ich blase sie wütend ab.

Mein Heimweg führt an stacheligen Büschen und Sträuchern vorbei. Ich beachte sie nicht, gehe stur geradeaus, als ich mich an einem Ast verfange. Unwillig schleudere ich das Hindernis zur Seite. Es riecht nass und kalt, so, wie ich mich fühle.

Was wird Mama wohl sagen? Ob ich wohl Hausarrest bekommen werde? Meine Gedanken schweifen zurück zu dem Moment, als mir die Mathelehrerin die Klassenarbeit mit der Fünf überreichte. Ich versuche krampfhaft, die Erinnerung an das höhnische Grinsen von Frau Schmidt zu verdrängen.

Ich trotte langsam die Straße entlang, links, rechts, links, rechts. Kleine Kieselsteinchen spritzen unter meinen Füßen weg, als wollten sie vor mir fliehen.

Jetzt nähere mich unserem Haus. Die weißen Gardinen bewegen sich ein wenig. Dann öffnet meine Mutter die Tür. Sie lächelt mich an und fragt, wie es denn in der Schule gewesen sei.

Die Verfasserin dieses Aufsatzes hat sich genau an die Themenstellung gehalten. Sie schildert zunächst ihre Gedanken und überträgt ihre düstere Stimmung auf die Außenwelt. So fällt ihr auf, dass die Schuhe Flecken haben. Das nennt man subjektive Wahrnehmung der Umgebung. Diese wird im weiteren Verlauf des Heimwegs noch gesteigert, indem alles auf ihre schlimme Situation bezogen wird. Die Erzählerin bildet sich sogar ein, dass die Regentropfen sie verspotten, die Sträucher sich in den Weg stellen und die Kieselsteine vor ihr fliehen.

Beispiel 2

Heimweg nach einer schlechten Note

Am Freitag, den 31. Oktober, verlasse ich das Klassenzimmer mit betrübter Miene, da ich eine Sechs in der Deutsch-Klassenarbeit bekommen habe. Ich trotte die Treppe hinunter in die Aula. Dort hole ich die Busfahrkarte aus meiner Tasche und ziehe meine Regenjacke an, da es draußen regnet. Dann gehe ich schweren Schrittes aus der Aula auf die Busse zu.

Es kommt mir vor, als sei meine Tasche zehn Kilo schwerer als heute Morgen. Ich bewege mich langsam den nassen Fußgängerweg entlang. Der Bus ist schon da. Ich nehme meine Fahrkarte und zeige sie dem Fahrer. Deprimiert trotte ich jetzt den Gang entlang. In der letzten Bank sitzt André, der mir einen Platz frei gehalten hat. Ich setze mich neben ihn und lege die Tasche auf meine nasse Hose. Nun spüre ich die Nässe noch deutlicher, denn die Tasche drückt den Stoff auf meine Haut.

Ich denke darüber nach, wie ich diese Note meinen Eltern erklären soll. Als ich gerade denke, dass ich ihnen das Missgeschick erst möglichst spät am Abend erklären sollte, schießt es mir durch den Kopf, dass ich diesen Trick schon beim letzten Mal angewandt hatte. Das war nicht sehr erfolgreich gewesen. Deshalb fasse ich den Entschluss, die schlechte Note gleich nach dem Mittagessen zu beichten.

Jetzt fährt der Bus los. Ich unterhalte mich mit gedämpfter Stimme mit André.

In diesem Beispiel wird stellenweise der Versuch unternommen, den seelischen Zustand auf die Außenwelt zu übertragen. Die Schilderung wirkt jedoch nicht ehrlich, weil die Gefühle nur benannt, dem Leser aber nicht überzeugend vermittelt werden. Der Junge lässt den Misserfolg nicht an sich heran, sondern überlegt sich nur Strategien, um Ärger zu Hause zu vermeiden.

Der Aufsatz hat außerdem sprachliche und technische Mängel. So ist beispielsweise der Anfang eher ein Bericht als eine Schilderung.

Nachgestaltung einer Münchhausengeschichte

Tipp Bei der Münchhausengeschichte handelt es sich um einen genau festgelegten Erzähltyp. Im Mittelpunkt steht immer der Baron von Münchhausen. Dieser erzählte Freunden an langen Winterabenden seine angeblichen Abenteuer. Dabei log er, dass sich die Balken bogen.

Münchhausen ist meistens im Auftrag eines Fürsten unterwegs. Zunächst erscheinen die Erlebnisse wie normale Abenteuergeschichten, dann aber stellt sich ihm ein schier übermächtiges Hindernis in den Weg, welches er durch Tapferkeit, List und Gebrauch seines Verstandes stets überwindet. Mit den Hindernissen beginnen auch die Lügen. Am Ende erfüllt der Baron immer seinen Auftrag und kehrt wohlbehalten nach Hause zurück. Münchhausengeschichten sind immer Ich-Erzählungen und in einer altertümlichen Sprache verfasst.

Die Überquerung einer gefährlichen Schlucht

4 **Schreibe eine spannende Erzählung im Stil einer Münchhausengeschichte.**

Beispiel 1

Die Überquerung einer gefährlichen Schlucht

Ich war gerade als Ambassadeur im Dienste des russischen Fürsten Brzobowsky unterwegs nach Zentralafrika, um der dortigen Regierungsmacht eine Botschaft zu überbringen, als ich auf folgendes Hindernis stieß. Mitten im tiefsten Urwald tauchte vor mir eine gewaltige Schlucht auf, welche ich zu überqueren hatte. Dies wäre kein Problem gewesen, hätte auch nur die primitivste Brücke über sie geführt. Doch mein Unstern wollte es, dass weit und breit keine solche zu finden war.

Es hätte mehrere Tage in Anspruch genommen, die Schlucht zu umgehen, und da mein Auftrag von größter Wichtigkeit war, ich ihn folglich so schnell wie möglich auszuführen hatte, beschloss ich, in die Schlucht hinabzusteigen. Obgleich sie mindestens fünf Kilometer tief war, machte ich mir weiter keine Gedanken und setzte mich auf mein Ross, das ich bis dahin am Halfter geführt hatte. Ein kräftiger Klaps auf dessen Hinterteil – wir setzten ins Nichts und schon sausten wir nach unten.

Meine Herren, Sie können sich nicht vorstellen, welches Entsetzen mich am Grunde der Schlucht packte, als ich sah, wie es um mein Pferd stand. Der Aufprall nach dem schier endlosen Flug war so gewaltig gewesen, dass er meinem armen Gefährten die Vorderläufe bis in die Eingeweide gedroschen hatte.

Da die Schlucht zu dieser Jahreszeit kein Wasser führte, kam ich trockenen Fußes auf die andere Seite. Dort nahm ich mein Lasso, das ich zuvor an den Beinen meines Rosses befestigt hatte, und warf es gekonnt über einen Baum, der über der Schlucht stand. Zuförderst kletterte ich am Seil hinauf. Alsdann, als ich oben angelangt war, zog ich mein Reittier nach, wobei ich seine Beine wieder aus dem Inneren seines Körpers befreite.

So konnte ich meinen Auftrag erledigen, habe Ihnen, meine Herren, geholfen, den langen Abend kurzweilig zu verbringen und wünsche Ihnen für heute eine gute Nacht.

☺ ☺ ☺

Der Ton einer Münchhausengeschichte ist sehr gut getroffen. Dies liegt nicht zuletzt an den vielen altertümlichen Wendungen. Der Schüler ist offensichtlich ein fleißiger Leser solcher Geschichten. Achte vor allem auf Formulierungen wie *Ambassadeur* (= Botschafter) *im Dienste des russischen Fürsten Brzobowsky – mein Unstern wollte es, dass …* (= mein Pech war, dass …) – *Der Aufprall nach dem schier endlosen Flug war so gewaltig gewesen, dass … – zuförderst* (= zuerst).

Beispiel 2

Die Überquerung einer gefährlichen Schlucht

Unsere nächste Reise führte uns an die eisige Küste Grönlands. Wir ankerten vor einer kleinen Stadt, deren Namen ich vergessen habe. Wir sollten von dort aus quer durch die Eiswüste marschieren, um lebenswichtigen Elchtran zu besorgen.

So zog ich denn am nächsten Morgen mit meiner Mannschaft los. Wir trotzten mörderischen Schneestürmen und besiegten räuberische Eskimostämme. Am fünften Tag jedoch schien unsere Reise zu enden. Vor uns lag eine ungeheure Schlucht, so tief, dass man den Boden nicht erkennen konnte. Also zogen wir am Rand der Schlucht weiter, immer eine Möglichkeit suchend, um auf die andere Seite zu gelangen. Doch vergebens. Zwölf Mann hatte ich der Kälte wegen schon verloren. Und so fassten wir endlich den Entschluss, die Schlucht zu überqueren. Material für eine Brücke hatten wir nicht. Sie können sich vorstellen, wie aussichtslos unsere Lage war. Zu allem Unglück war der folgende Tag so kalt, dass wir uns kaum bewegen konnten. Wir glaubten schon, unser letztes Stündlein habe geschlagen, als ich die rettende Idee hatte.

Ich kochte, so schnell es ging, einen Eimer siedend heißen Kaffees, nahm den Kübel und schüttete den Inhalt ruckartig in hohem Bogen quer über die Schlucht. Der Kaffee gefror in der Luft sofort zu einer harten Eisplatte und bildete dadurch eine solide Brücke. Wir brachen auf und balancierten mit dem Gepäck, so gut es ging, über die Schlucht. Wir konnten die Reise fortsetzen und kamen ohne weitere Probleme an unserem Ziel, einem kleinen Dorf, an. Man händigte uns den Tran aus. Auf unsere Nachfrage, wie denn die Ureinwohner über die Schlucht gelangten, bot man uns eine Art Hirsche – Rentiere nennt man sie – an. Und in der Tat, wieder an der Schlucht angekommen sprangen die klugen Tiere mit uns auf dem Rücken einfach auf die andere Seite. Ich muss eingestehen, dass ich so etwas noch nicht erlebt hatte.

Nach einigen Tagen kamen wir wieder an unserem Ausgangspunkt der Reise an und hatten auch dieses Abenteuer erfolgreich gemeistert.

In dieser Erzählung wird zwar der Münchhausenton nicht so gut getroffen wie bei Beispiel 1. Das wird aber aufgewogen durch die ausgefallenen Ideen. In dieser Geschichte setzt Münchhausen seinen Verstand ein, um das Problem zu lösen. Die Idee, Kaffee über die Schlucht zu schütten, um eine Eisbrücke zu schaffen, ist äußerst originell. Insgesamt ist die Geschichte sehr fantasievoll.

Beispiel 3

Die Überquerung einer gefährlichen Schlucht

Ich war vor ein paar Monaten im Auftrag Ihrer Majestät, dem König von Schweden, in Richtung Tibet unterwegs. Meine Reise führte mich durch viele ferne Länder, und ich hatte einige Gefahren zu bestehen.

Also, meine Herren, ich war fast in Tibet angekommen, als ich eines Tages vor einer unüberschaubaren Schlucht stand. Ich musste unbedingt hinüber, denn die Schlucht lag inmitten eines riesigen Gebirgszuges. Es war unmöglich, ihn zu umgehen. Zum Hinunterklettern waren die Felsen zu steil. Ich wäre unfehlbar hinuntergestürzt.

Während ich noch überlegte, zogen finstere Wolken herauf, und plötzlich fing es an, wie aus Eimern zu regnen. Ihr müsst wissen, liebe Freunde, dass Tibet ein Land höchster Gegensätze ist. Wenn es regnet, gibt es sofort ungeheure Überschwemmungen. Umgekehrt trocknet die Sonne binnen Minuten große Seen aus. In einigen Sekunden war ich vollkommen durchnässt und zog mich unter einen Felsvorsprung zurück.

Nach etwa 15 Minuten hörte der Regen so plötzlich auf, wie er gekommen war. Als ich zur Schlucht hinüberging, war ich sprachlos. Das Wasser stand mir bis zu den Füßen. Die ganze Schlucht war eine einziger See geworden. Nun musste ich mich beeilen und hinüberschwimmen, denn sobald die Wolken verschwunden wären, würde die Sonne anfangen, unerbittlich zu brennen. Ich sprang ins Wasser und schwamm, so schnell ich konnte, los. Doch der Wasserspiegel sank Zentimeter um Zentimeter. Als ich auf der anderen Seite angekommen war, konnte ich mich gerade noch an einem Felsvorsprung festhalten und mich hinaufziehen. Erschöpft legte ich mich in die Sonne und ließ mich von ihr trocknen.

Dann stand ich auf und setzte meine Reise fort. Ich muss sagen, meine Herren, so ein Abenteuer habe ich nie wieder erlebt.

Die Verfasserin erfüllt die Nachgestaltung einer Münchhausengeschichte nur zum Teil: Sie verwendet die Figur des Barons und lügt hinsichtlich der Landschaft und des Wetters. Ihr Münchhausen lügt jedoch nicht in Bezug auf seine Kräfte oder seine Schlauheit. Einen See schwimmend zu durchqueren liegt im Bereich des Möglichen.

Achte bei der Nachgestaltung einer bestimmten Erzählform darauf, dass die Gesichtspunkte erscheinen, die diese Art von Geschichten unverwechselbar machen.

Nachgestaltung eines modernen Erzähltextes

Peter Weiss: Das Zeugnis

Ich kam mit dem Schulzeugnis nach Hause, in dem ein schrecklicher Satz zu lesen war, ein Satz, vor dem mein ganzes Dasein zerbrechen wollte. Ich ging mit diesem Satz große Umwege, wagte mich nicht mit ihm nach Hause, sah immer wieder nach, ob er nicht plötzlich verschwunden war, doch er stand immer da, klar und deutlich. Als ich schließlich doch nach Hause kam, weil ich nicht die Kühnheit hatte, mich als Schiffsjunge nach Amerika anheuern zu lassen, saß bei meinen Eltern Fritz W. Was machst du denn für ein betrübtes Gesicht, rief er mir zu. Ist es ein schlechtes Zeugnis, fragte meine Mutter besorgt, und mein Vater blickte mich an, als sehe er alles Unheil der Welt hinter mir aufgetürmt. Ich reichte das Zeugnis meiner Mutter hin, aber Fritz riss es mir aus der Hand und las es schon und brach in schallendes Gelächter aus. Nicht versetzt, rief er, und schlug sich mit seiner kräftigen Hand auf die Schenkel. Nicht versetzt, rief er noch einmal, während meine Eltern abwechselnd ihn und mich verstört anstarrten, und zog mich zu sich heran und schlug mir auf die Schultern. Nicht versetzt, genau wie ich, rief er, ich bin viermal sitzengeblieben. Damit war die Todesangst zerstäubt, alle Gefahr war vergangen. Aus den verwirrten Gesichtern meiner Eltern konnte sich keine Wut mehr hervorarbeiten, sie konnten mir nichts mehr vorwerfen, da ja Fritz W., dieser tüchtige und erfolgreiche Mann, alle Schuld von mir genommen hatte und mich dazu noch besonderer Ehrung für würdig hielt.

5 **Versetze dich in die Lage eines Schülers, der – in Anlehnung an die Vorlage von Peter Weiss – das Zeugnis mit der Nichtversetzung erhalten hat. Dein Text spielt vor den Ereignissen in der Geschichte „Das Zeugnis".**

Der Schüler befindet sich auf dem Nachhauseweg. Beschreibe genau seine Gefühle und Gedanken. Sein seelischer Zustand soll sich in der Umgebung widerspiegeln. Schreibe in der Ich-Form.

Beispiel

Heimweg am Zeugnistag

Es hat ja so kommen müssen! Warum habe ich nicht besser gelernt? Das Zeugnis mit den zwei Fünfern drückt meinen Schulranzen fest auf den Rücken. Bald fangen meine Schulterblätter an, zu schmerzen. Komisch, meine sonst weißen Schuhe weisen drei große Schmutzflecken auf. Das habe ich vorher nie bemerkt.

Langsam setze ich einen Fuß vor den anderen. Der nasse Gehsteig ist trostlos grau. Auf meine Kapuze platschen schwere Regentropfen. Es scheint so, als würden sie mich auslachen. Hä, hä, das geschieht dir ganz recht, du Faulpelz. Ein paar Tropfen bleiben an meiner Stirn hängen und baumeln hartnäckig herum. Ich blase sie wütend ab.

Mein Heimweg führt an stacheligen Büschen und Sträuchern vorbei. Ich beachte sie nicht, gehe stur geradeaus, als ich mich an einem Ast verfange. Unwillig schleudere ich das Hindernis zur Seite. Es riecht nass und kalt, so wie ich mich fühle.

Was wird Mama wohl sagen? Ob ich wohl Hausarrest bekommen werde? Meine Gedanken schweifen zurück zu dem Moment, als mir die Klassenlehrerin das schlechte Zeugnis überreicht hat. Ich versuche krampfhaft, die Erinnerung an das höhnische Grinsen von Frau Schmidt zu verdrängen. Ich trotte langsam die Straße entlang, links, rechts, links, rechts. Kleine Kieselsteinchen spritzen unter meinen Füßen weg, als wollten sie vor mir fliehen. Ich nähere mich unserem Haus.

Die weißen Gardinen bewegen sich ein wenig. Dann öffnet meine Mutter die Tür. Sie lächelt mich an und fragt, wie denn das Zeugnis ausgefallen sei.

Die Verfasserin hat sich genau an die Themenstellung gehalten. Sie schildert zunächst ihre Gedanken und überträgt ihre düstere Stimmung auf die Außenwelt. So fällt ihr auf, dass auf den Schuhen Flecken sind. Das nennt man subjektive Wahrnehmung der Umgebung. Diese wird im Verlauf des Heimwegs noch gesteigert, indem alles auf ihre schlimme Situation bezogen wird. Sie bildet sich sogar ein, dass die Regentropfen sie verspotten und die Sträucher sich ihr in den Weg stellen. Dieses Aufsatzbeispiel ist der Verfasserin sehr gut gelungen.

6 **Ausgangspunkt ist der Text „Das Zeugnis" von Peter Weiss (siehe Seite 23).**

Auf dem Weg nach Hause denkt der Junge über seine Situation nach und versucht, sich darüber klar zu werden, wie es weitergehen soll. Verfasse einen entsprechenden inneren Monolog.

Beispiel

Es war ja nicht ganz unerwartet gekommen, aber trotzdem – ich hatte nicht erwartet, dass es mich so umhauen würde. Alle meine Pläne für die Zukunft waren über den Haufen geworfen. Aber vor allem: Muss ich jetzt nicht an mir selbst zweifeln? Soll ich gleich Schluss machen? Wenn meine Eltern davon erfahren? Sofort nach Hause gehen kann ich auf gar keinen Fall. Wenn ich nur daran denke, wie meine Eltern mich ansehen werden, besonders mein Vater …

Komisch, nicht wahr, was so ein kleiner Satz anrichten kann. So ein bisschen Tinte, lieblos aufs Papier gekleckst. Ich gehe einfach nicht nach Hause.

Alle anderen werden jetzt sicher schon daheim sein. Nur ich laufe noch so sinnlos durch die Gegend. Aber wo soll ich denn bloß hin?

Doch was ist das? Salzgeruch? Ja, der salzige Geruch des Meeres. Was wäre denn, wenn ich einfach zum Hafen laufen würde und mich nach Amerika einschiffte? Ich könnte Matrose werden, wie es in den Abenteuerbüchern steht. Ich würde alles machen, alles – das dreckige Deck schrubben, Kohlen schaufeln, sogar die Toiletten würde ich putzen! Ich könnte auch in der Kombüse Kartoffeln schälen. Vor allem aber würde ich das verhängnisvolle Papier mit dem vernichtenden Satz darauf dem Meer übergeben – und nie würde in meiner neuen Heimat jemand davon erfahren.

„Nicht versetzt". Wie können mich zwei Wörter, die eigentlich gar kein richtiger Satz sind, seit mehreren Stunden durch die Gegend irren lassen? Sonst brauche ich für meinen Nachhauseweg nicht einmal zehn Minuten!

Natürlich werde ich nicht auf einem Schiff anheuern, so einen Kleinen wie mich würden sie ja gar nicht mitnehmen. Früher oder später muss ich also nach Hause gehen, um mich dort von meinen Eltern als Versager beschimpfen zu lassen. Natürlich werden sie nicht laut werden, das gibt es bei uns zu Hause nicht.

Vielleicht ist das aber viel schlimmer als ein lauter Streit – dieses stumme Leiden meiner Mutter und der hilflose, enttäuschte Blick von Vater. Ich hätte sie doch ein bisschen vorbereiten sollen. Aber ich wollte es ja selbst überhaupt nicht glauben!

Soll ich noch einmal nachschauen? Unsinn, mein Zeugnis kann sich nicht geändert haben! Nein, ich habe mich nicht verlesen: Dieses furchtbare Wort steht immer noch da. Ich weiß doch genau, was da geschrieben steht. Wie erbärmlich von mir, mich so an eine Hoffnung zu krallen, die es doch gar nicht gibt.

Alle haben es geschafft, sogar Klaus! Auf den hätte ich nicht gewettet. Und dann klopft er mir sogar noch gönnerhaft auf die Schulter. Entsetzlich!

Jetzt trag es wie ein Mann! Jedoch – wäre ein echter Mann überhaupt sitzen geblieben? Nein, wohl nicht. Ich bin ein Versager. So habe ich es auch vor wenigen Stunden in den Augen meines Lehrers gelesen, als er mir mit säuerlichem Gesichtsausdruck das Zeugnis überreichte. Zwar hat er sich jedes Kommentars enthalten – wenigstens die Großmut hat er besessen –, aber ich wusste trotzdem, was er sagen wollte: Nun muss unser Staat noch ein Jahr länger für einen wie dich bezahlen, was für eine Verschwendung. Wie willst du das wieder gutmachen? Nur der Dienst am Vaterland wäre eine hinreichende Entschädigung.

Und so sehr ich meinen Lehrer, den ehemaligen Oberst, auch hasse: Er hat vollkommen Recht. Ich bin ein Versager und ein Feigling dazu, der sich nicht nach Hause traut, es nicht wagt, seinen Eltern unter die Augen zu treten.

Da – der Wind hat gedreht, der Salzgeruch ist verschwunden. Meine letzte Hoffnung, meinen Eltern nicht unter die Augen treten zu müssen, ist dahin. Sogar zu feige, um auf einem Schiff anzuheuern.

Ich gehe jetzt ins Haus.

Die Verfasserin hat die Informationen aus der Vorlage gut umgesetzt. So wird die Tatsache, dass der Ich-Erzähler im Text von Peter Weiss nicht den Mut hat, als Schiffsjunge nach Amerika anzuheuern, auch in der Nachgestaltung aufgenommen und produktiv verwendet.

Die Form des inneren Monologs wird konsequent durchgehalten. Man kann als Leser die Selbstgespräche und inneren Befindlichkeiten des Jungen sehr gut nachvollziehen.

Erzählen aus einer anderen Perspektive

6 **Lies den folgenden Text sorgfältig durch und gestalte ihn um, indem du dich für eine neue Sichtweise entscheidest. Schreibe die Geschichte entweder aus der Sicht von Bine oder aus der des Fiat-Fahrers.**

Hans-Joachim Schädlich: Apfel auf silberner Schale

Bine wollte raus am Sonntag. Ich? Hatte selber Frischluft nötig. Also wir los. Ich kenn 'ne Obstplantage, um die Zeit is da keiner. So halb auf 'm Berg, mit Fernblick auf die LPG, da kannste stundenlang in der Sonne liegen. Haste Kohldampf, schüttelste 'n Baum. Brauchst die Vitamine bloß aufsammeln. Gras gibt's auch, schön weich. Wir also 'n ganzen Tag Adam und Eva. So zwischen fünfe sind wir abgehauen. Bine wollte noch tanzen gehen. Bloß, es fuhr kein Bus. Wir stehen und stehen.

Lieber zelt ich hier als jetzt tippeln, sagt Bine.
Die braucht nich lang warten. Hält so 'n Typ mit 'm blauen Fiat, Marke Polski.
Bine sitzt schon halb, da komm ich.
Na schön, sagt der.
Bine vorn, ich hinten. Stellt sich raus, der Clown fährt gar nich in die Stadt. Is bestimmt 'ne Finte, denk ich und siehste, der muss auf seine, sagt der doch tatsächlich Datsche. Schönschön, Bine in der Laube von dem Onkel da, aber ich bin auch noch hier, was hat sich denn die Halbglatze ausgedacht?

Die Zweitwohnung von dem hättste sehen sollen, Mensch. Ich dacht immer, so was gibt's bloß hinter der Grenze, wo das andere Land wuchert. 'ne komplette Villa am See. Ich erst mal rein und das ganze Ding abgeleuchtet. Ich musst immer an Kutte denken, wie der wohnt mit seinen Wurzeln. Dieser aufgeschwemmte Komiker grinst bloß, schenkt uns was ein, Whisky, für achtzig Mark die Flasche oder von drüben, und Bine, das Stück, tut glatt, als kotzt sie der ganze Mist nicht an. Aalt sich im Ledersessel, der Onkel schmeißt seine Anlage an, 'ne original Rhythmusmaschine, Platten hat er auch, viel zu schade für den, und Bine hilft sich hoch, Zigaretten zwischen den Zähnen, und tanzt, solo.

Öde. Ich geh auf die Terrasse, die Tür lass ich offen, bisschen atmen. Mal sehen, was der Bootsschuppen macht, ich steig runter, vielleicht rudern, is aber alles dicht. Ich steh so am Ufer, eine rauchen.

Wieder zurück, Musik is immer noch, ich komm rein, sitzt doch Bine auf dem Clown sei'm Schoß. Wenn ich dadran denk, kommt mir wieder der Kaffee hoch.
Ich sag, Bine, lass den Sabbel, wir ziehen jetzt Leine.
Aber denkste. Die rotzfrech, sagt, Käs nicht rum, gib mir lieber 'ne Zigarette.
Und jetzt auch der Komiker. Nimm dir was zu trinken, Junge, schieß doch nicht quer, ihr könnt hier übernachten und so weiter.
Nach jedem zweiten Wort kullert der die ganz irre an.

Ich sag noch mal, Der geht mir auf'n Senkel, was willst du denn mit so 'm verschimmelten Affengesicht.
Aber Bine sagt bloß, Mensch, mir schießt gleich's Wasser in de Augen. Lass mir doch. Mir gefällt's hier. Noch drei Jahre, und ich seh aus wie'n alter Apfel. Dann kann ich immer noch unterm Baum liegen.

Ich steh so da und krieg 'ne unheimliche Wut. Bine links und rechts 'n paar kleben, dem Onkel mit 'm Kaminhaken eins über die Rübe, die ganze Bude in Klump hauen, die Gläser, die Fensterscheiben, rumbrüllen, dass die Scherben klirren, das wär jetzt fällig.

Plötzlich denk ich, Mann, den ganzen Scheiß muss ich schon mal irgendwo im Kino gesehen haben. Lieber lauf ich die ganze Nacht als noch drei Sekunden bleiben.
Ich reiß die Tür auf und raus, raus hier.

Bine hab ich sofort vergessen. Und ihr neuer Typ, so was is für mich gestorben, aber das lebt.

Beispiel 1

Bine

Sonntag, ich will raus. Gut, dass Harry auch Frischluft braucht. Is sonst nicht leicht, den Langweiler vom Sofa loszukratzen. Wir ab in 'ne Obstplantage, die ich ihm gezeigt hab', so im Vorbeifahren. Meint jetzt, er hätt' das gefunden, was er da für 'n Paradies aufgetan hat. Mein Held. Na, lass ich ihm mal das Vergnügen, hält meiner einer eben die Klappe.

Da sind wir also, is ja auch echt nett. Stopfen uns mit Äpfeln voll, bis die Verdauung auf Hochtouren arbeitet. Ich will heim, er: Och, nee, 'n bisschen noch. Gut, wenn er denn unbedingt meint. Wir also in der Sonne. Er hat ja vielleicht Haut wie 'n Elefant, aber ich pack 's nicht mehr, is mir einfach zu heiß und so. Langweilig isses auch. Will lieber tanzen heut Nacht, bloß irgend so 'n Schuppen mit 'n bisschen tanzbarer Mucke.

Endlich, schon nach fünfe, könn' wa gehen. Aber ER kann ja keen Fahrplan lesen, nix kann der eigentlich. Es is Sonntag, kein Bus geht, und wir warten. Warten und warten. Echt, langsam geht 's mir auf 'n Senkel, lieber bleib ich hier hocken und penn' unterm Apfelbaum, als den ganzen Weg nach Haus zu tippeln. War'n ja vorhin schon zehn Minuten zu fahren, als wir hergetrampt sind. Schlafen wir halt im Gras, is ja so dolle weich, sagt er. Keine Ahnung von gar nichts, aber auf großer Macker tun. Mann, was wär' ich mehr beeindruckt, würd' er uns nach Hause bringen. Immer muss ich alles allein machen. Also Daumen raus, Auto hält, ich nix wie rein.

Harry steigt ein, der Typ mit dem Fiat, der angehalten hat, wirft mir 'n Muss-der-sein-Blick zu. Mein Oller auf 'm Rücksitz schmollt, is mir egal. Kuckt aus der Wäsche wie 'n Trauerkloß, als wir nicht in die Stadt fahren, nee, viel besser, in so 'n Traumpalast – Schloss am See, meine Fresse. Mann, wie von 'ner Postkarte, ich sag 's ja. Harry schleicht bockig hinterher, aber ich krieg mich nicht ein. Toller Typ, Mann von Welt, wie man so sagt, einer mit richtig Zaster, ziemlich schnieke. Mein Oller sucht die Wohnung ab wie 'n Kriminaler, glotzt rum, als hätt' er so was sein Lebtag nicht geseh'n. Hat er auch nicht, da, wo der herkommt. Peinlich.

Der Fiat-Typ legt mir die Hand auf 'n Oberschenkel. Na, Kleene, gefällt? Hier könnt' man 's schon aushalten, wa? Er schenkt uns Whisky ein, verdammt, 'n teurer Tropfen. Geht einem runter wie Feuer. Ey, denk ich mir, das wär 'ne Partie. Aber ich bleib mal ganz locker, lass mich verwöhnen und halt mich mal bedeckt, kann ja nicht verkehrt sein. Harry, die olle Lusche, kuckt wie sieben Tage Regenwetter, als der Typ 'ne Platte auflegt. Was für 'ne Anlage, Mensch! Und als hätt' er 's gehört! Endlich mal 'n Kerl mit tanzbarer Mucke daheim. Er grinst, schiebt mir 'ne Packung Zigaretten rüber, goldenes Feuerzeug. Zwinkert mir zu, lässt sich in seinen schnieken Sessel zurückkippen, suhlt sich im Leder, in seiner Kohle. Erzählt von seiner Plattensammlung. Jedes Teil so viel wert wie 'ne Monatsmiete von Harry, dem Versager, der mit dem Whiskyglas in der Hand auf der Couch schmollt wie 'n auf Eis gelegter Barsch.

Ich fühl' mich jetzt gut warm, schwing meinen Hintern zur Musik. Hab ihm ja gesagt, ich will heut tanzen. Er zieht beleidigt Leine, greift sich vorher noch 'ne Kippe. Harry draußen auf der Terrasse, haut Richtung Bootsschuppen ab. Krause schnappt sich meine Hand, ich sitz auf seinem Schoß.
Komischen Freund haste da, Kleene. Sag, is der nicht 'n bisschen zu jung, der Grünschnabel? Er schenkt Whisky nach, tätschelt mein Knie. Tür auf, Harry wieder rein, die Nervensäge. Ihm fällt die Kinnlade runter, Mann, da is er

baff. Er, stocksauer, sagt, wir sollen Leine ziehen. Ich will aber lieber noch 'ne Zigarette, is grad so gemütlich. Der Fiat-Typ will ihm nachschenken, sagt, komm, pennt heute hier, und schaukelt mich dabei auf seinen Knien. Harry wird motzig. Ich kann das Gejammer nicht mehr ertragen. Mensch, ich erkenn' doch meine Chance. Unterm Apfelbaum kann ich noch liegen, wenn ich schimmlig bin, den Ledersessel gibt 's nur für knackiges Junggemüse. Ich wird' doch auch nicht jünger, checkt der 's nicht? Denkt, ich krieg' nichts Besseres ab als ihn.

Na is ja klasse, Harry kriegt 'n Koller. Läuft puterrot an, als wollt' er platzen. Soll mir auch recht sein, echt wahr. Bitte platz doch, Harry. Tobt wie Rumpelstilzchen, sieht sich ganz irre um, als könnt' er alles hier in Stücke hau'n – als könnt' er irgendwas hau'n, grad so, als wär' er nicht der Loser, der er is, nicht der olle, lammfromme Harry. Nu zeigt er auf mich, sein Gesicht gebläht wie 'n Wasserballon. Sagt nix, kämpft nicht, macht auf 'm Absatz kehrt und marschiert raus. Viel Spaß beim Heimtippeln, Alter. Morgen Mittag biste sicher da. Vielleicht kriegste sogar 'n Bus. Na und ich? Bleib jetzt erst mal bei dem Kerl mit der Villa, seinen Platten und dem Whisky. Is' noch genug von allem da.

Diese Umgestaltung ist sehr gut gelungen. Die Verfasserin kann sich in Bine sehr gut hineinversetzen, ihre Gefühle und Gedanken daher nachvollziehbar darstellen. Sie schafft es auch, den Ton einer ungefähr 17-jährigen Berlinerin zu treffen. Die Perspektive ist gut durchgehalten, die Erzählweise wechselt geschickt zwischen innerem Monolog und erlebter Rede.

Beispiel 2

Der Mann mit dem Fiat

Na, hallo!, dachte er, das is ja mal 'ne nette Überraschung!, als er mit seinem Fiat Polski um die Ecke bog. Er fuhr sein Auto jeden Sonntagnachmittag spazieren, am liebsten bei so schönem Wetter wie heute. Dann konnte er die Fenster runterkurbeln und sich die frische Luft um die Nase wehen lassen. Kein Vergleich zu der verpesteten Stadtluft, die er während der Woche einatmen musste. Doch wie lange er die Gewohnheit schon pflegte, von seiner Villa am See aus eine kleine Spritztour zu unternehmen, eine Tramperin war ihm dabei noch nie begegnet. Und doch, da stand sie, vom Typ her genau sein Fall, und streckte den Daumen raus.

Er hielt an. Sie sprang ohne Umschweife gleich auf den Beifahrersitz. Als er wieder Gas geben wollte, hüpfte aus dem Gebüsch am Straßenrand ein Witz von einem schlaksigen Jüngling direkt auf die Rückbank und schlug die Tür hinter sich zu. Toll, schleift ihren Macker mit und vermasselt mir die Tour, dachte er grimmig und brummte „na schön", bevor er wieder anfuhr. Dennoch beschloss er, es zu versuchen, wo sich ihm schon mal so eine einmalige Gelegenheit bot. Und so fuhr er nicht in die Stadt, sondern schlug die Straße ein, die zu seiner Villa führte.
Während der Fahrt bemühte er sich, Smalltalk zu betreiben, während er angestrengt nach einer Möglichkeit sann, den Burschen loszuwerden. Der zog auf der Rückbank ein Gesicht, als wäre ihm etwas sauer aufgestoßen. Der kuckte sogar noch finsterer drein, seit sie an der Abzweigung zur Stadt vorbeigefahren und rechts abgebogen waren. Das konnte der Fahrer deutlich im Rückspiegel beobachten.

Schließlich bog der blaue Fiat in die Auffahrt ein. Dem Besucher präsentierte sich der königliche Blick auf die Villa und den See, den Laubwald, der sich dezent um beide schmiegte. Das Wasser funkelte im Sonnenlicht, die Schindeln auf dem Dach leuchteten. Obwohl die beiden jungen Leute sich bemühten, die Gesichtszüge nicht entgleisen zu lassen, war ihnen dennoch deutlich anzusehen, dass sie komplett überwältigt waren. Harry, wie ihn seine Freundin nannte, begab sich gleich auf Patrouille, sobald er aus dem Wagen geklettert war, ohne den Fahrer zuvor noch eines Blickes zu würdigen. Seine Gesichtsfarbe wechselte dabei bemerkenswert schnell zwischen Weiß und Rot ab, wobei er entfernt und an einen Hummer mit Pigmentstörungen erinnerte. Kaum hatte sich der Grünschnabel getrollt, wandte der Fiat-Fahrer sich mit seinem großzügigsten Grinsen an das Mädchen: „Gefällt 's? Hier lässt sich 's aushalten, wa?" Zeit für 'n bisschen Alk, dachte er, während er sie ins Haus führte, um die Stimmung aufzulockern. Ich seh' der Kleinen doch an, dass es ihr taugt. Gefälligen Schrittes federte er zur Minibar herüber, wählte zwischen Wodka und Sekt die gerade angebrochene Whisky-Flasche aus und schenkte gut drei Finger breit in ein Kristallglas. Das dürfte reichen, um sie aufzuwärmen. Schließlich sah die Kleine nicht so aus, als ob sie an harten Stoff gewöhnt wäre. Ihr Macker war ganz offensichtlich auch nicht der reiche Fuzzi, der seiner Freundin ein gewisses Mindestmaß an Luxus bieten konnte.
Ob sie wohl noch einen Nachschlag brauchen würde, bevor sie zu tanzen anfing? Während er noch nachdachte, legte er eine seiner flotteren Scheiben in die Anlage. Klein-Harry, mittlerweile von seinem Erkundungsgang zurückgekehrt, kuckte wie ein saurer Drop aus der Wäsche. Er fragte sich, wie Bine es mit so einem Langweiler bloß aushielt. Schob ihr die Zigaretten rüber. Reizend, sie versuchte, ganz cool zu bleiben, obwohl ihr die Gier nach allem, was es um sie gab, deutlich in den Augen geschrieben stand.

Ohne Zweifel war es ihm bereits gelungen, mächtig Eindruck zu schinden. Ihrem Aussehen und ihrem Verhalten nach zu schließen hatte sie noch nie etwas Vergleichbares gesehen. Glück für ihn. Und schlechte Karten für den Loser-Freund. Der war unterdessen mit schmollendem Gesichtsausdruck offenbar darin versunken, die zweiundfünfzig Schallplatten im Regal zu zählen. Und dem Funkeln in seinen Augen nach war er sich nur überdeutlich des Wertes jeder Scheibe bewusst. Bine rappelte sich umständlich auf – einen Fingerbreit hatte sie bereits in Bestzeit geschafft – und begann, sich vom Rhythmus treiben zu lassen, die Kippe in den Mundwinkel geklemmt. Na bitte! Geht ja schneller als gedacht, 'nen zweiten Drink hat die gar nicht mehr nötig. Harry, der Junge, verdrehte die Augen und trollte sich. Er zog Bine auf seinen Schoß. Die vom Alkoholgenuss erschlaffte Hand bot keinen Widerstand.

„Komischen Freund haste da. Zu jung, der Grünschnabel, find'ste nicht?" Sie nickte heftig, woraufhin er sich nach der Flasche auf dem Tresen der Bar umdrehte und ihr nachschenkte. Bisschen geht noch. Natürlich hatte er ihren Zustand richtig eingeschätzt, dafür besaß er das nötige Talent und auch die Erfahrung. Ohne Mucken ließ sie ihn an ihr Knie. Geht ja. Doch gerade, als es so gut für ihn lief, wurde die Tür dramatisch aufgestoßen und der erzürnte Romeo stierte sie an. Was für ein Timing. Harry begann sie anzuschreien, wollte, dass sie mit ihm ging. Sofort. Doch Bine war nicht willens, ihm zu folgen, schüttelte schwerfällig lallend den Kopf. Sie wusste schon, was sie wollte – oder was sie nach ihrer Alkoholinjektion und in Anbetracht der Tatsache, dass sie sich in einem verdammt edlen Haus befand, zu wollen glaubte.

„Gib mir lieber noch 'ne Kippe, lass mich, motz doch nicht so rum!" Er sollte dem Jungen ins Gewissen reden. Bot ihm noch einen Whisky an. Will er denn nicht übernachten? Bine, ein angenehmes Gewicht auf seinem Schoß, rutschte inzwischen hin und her. Im Nu lagen sich die beiden in den Haaren, Klein-Romeo eifersüchtig auf seinen neuen Konkurrenten. Dann sie. Meinte, sie werde ja auch nicht jünger, blabla.

Noch ein Ton, beschloss er, während immer mehr die Wut über die zu platzen drohende Gelegenheit in ihm aufstieg, noch ein Ton, und ich pack' ihn am Kragen und schmeiß ihn hochkant raus. Der kuckt sich um, als hätt' er Lust, mir jede Platte in zwei Hälften zu zerbrechen. Na, dem werd ich helfen! Und dann, ganz plötzlich, ging er, wortlos, knallrot, einfach so. Knallte die Tür hinter sich zu und es wurde wieder leise. Bis auf die Musik aus der Anlage. Sie vergaßen ihn sofort.

Jetzt war er allein mit ihr, endlich. Und mit genug Musik und Whisky für die ganze Nacht.

Die Verfasserin hat die Sichtweise des Fiat-Fahrers gewählt, was sich als Fehlentscheidung herausstellt. Offensichtlich ist es sehr schwer, sich als Schülerin in die Rolle eines älteren Mannes zu versetzen. Die Geschichte wirkt daher unglaubwürdig.

Die Sprachverwendung ist nicht einheitlich und wechselt zwischen Jugendsprache und Hochsprache. Außerdem stören übertriebene Formulierungen wie:
Seine Gesichtsfarbe wechselte dabei bemerkenswert schnell zwischen Weiß und Rot ab, wobei er entfernt und an einen Hummer mit Pigmentstörungen erinnerte.
Kaum hatte sich der Grünschnabel getrollt (…).

Hier wird deutlich, dass man sich vor Übertreibungen hüten und etwa Farben zur Charakterisierung nur sehr sparsam einsetzen sollte.

Im folgenden Beispiel werden Sprachebenen gemischt – Hochsprache, Jugendsprache, Umgangssprache: *Sie wusste schon, was sie wollte – oder was sie nach ihrer Alkoholinjektion und in Anbetracht der Tatsache, dass sie sich in einem verdammt edlen Haus befand, zu wollen glaubte.*

Bericht

Was muss ich über den Bericht wissen?

- Berichte lassen sich in zwei große Gruppen einteilen. Sie unterscheiden sich im Bezug auf den Adressaten.
- Die eine Gruppe umfasst Berichte, die an das Polizeiprotokoll oder an die Meldung für eine Versicherung angelehnt sind. Diese Art handelt meist von Unfällen, Diebstählen oder Beschädigungen und wird meist in der 5. / 6. Klasse geschrieben.
- Die zweite Gruppe orientiert sich an Berichten, die in der Presse erscheinen. Sie werden für Tageszeitungen, Schülerzeitungen oder Jahresberichte verfasst und beschreiben besondere Ereignisse, sportliche Veranstaltungen oder Klassenfahrten. Um diese Art von Berichterstattung geht es in den folgenden Aufsatzbeispielen.

Was ist in einem Bericht wichtig?

- Gib Antwort auf die W-Fragen: Wo? – Wer? – Was? – Wann? – Wie? – Warum? – Welche Folgen?
- Verzichte auf persönliche Meinungen, Eindrücke, Empfindungen oder Vermutungen.
- Stelle die Ereignisse in der richtigen Reihenfolge dar.
- Bringe keine unwichtigen Einzelheiten, Wichtiges dagegen ganz genau.
- Schreibe sachlich und treffend, nicht spannend.
- Übernimm keine längeren Formulierungen aus der Vorlage.
- Verwende Fachausdrücke, wenn das Thema es erfordert.
- Die grammatische Zeit für den Bericht ist das Präteritum.

Wie ist ein Bericht aufgebaut?

- Die Einleitung gibt Überblicksinformationen: Wo und wann ist was passiert? Wer war am Geschehen beteiligt?
- Im Hauptteil stellst du das Geschehen ausführlich dar: Was ist wie und warum passiert? Wie ist das Ganze abgelaufen?
- Der Schlussteil enthält die Auswirkungen des Geschehens: Was geschah danach? Welche Folgen hatte das Ganze?

Vorsicht, Falle!

Die sechs häufigsten Fehler, die beim Bericht gemacht werden, sind:

- Die W-Fragen sind ungenau, nur teilweise, überhaupt nicht oder falsch beantwortet.
- Die Ereignisse werden nicht in der richtigen zeitlichen Reihenfolge dargestellt.
- Persönliche Eindrücke werden mit Tatsachen vermischt, obwohl man sich auf die objektiven Fakten beschränken muss.
- Der Bericht enthält Erzählelemente und ist daher nicht sachlich-informativ.
- Bei Zeugenaussagen wird nicht unterschieden zwischen wichtigen und unwichtigen Details.
- Notwendige Fachausdrücke werden nicht richtig verwendet.

Bericht für eine Zeitung nach Zeugenaussagen

Einbrecher im Gänsestall

1 **Schreibe mit Hilfe der Zeugenaussagen einen Bericht für die Lokalzeitung. Verwende dabei nur die wichtigen Informationen.**

Anton F. und Klaus H.:
Tja, wir wollten unbedingt Antons neues Zelt ausprobieren. Das hat er letzte Woche zu seinem 13. Geburtstag geschenkt bekommen. Ich bin erst zwölf. Deswegen wollten meine Eltern mich zunächst nicht über Nacht weglassen. Das hat mich mächtig genervt. Was sollte schon passieren im Garten von Friedrichs? Die wohnen Hausnummer 15, also genau neben Schnatters. Deswegen haben wir ja auch alles live mitgekriegt. Von dem Geschnatter sind wir aufgewacht. Zuerst haben wir uns ja totgelacht, als wir den Mann fluchend zwischen den schnatternden Gänsen sahen, wie er mit den Armen fuchtelte. Als er dann aber wegrannte und sich noch ständig umdrehte, ist uns das alles doch seltsam vorgekommen. Außerdem stand das Küchenfenster von Schnatters weit offen. Das Fenster liegt genau über dem Gänsestall, wissen Sie. Na ja, und dann sind wir mal hin und weil wir Licht gesehen haben, haben wir geklingelt.

Herr Heinrichs, der Vater von Klaus:
Nun, jetzt sind wir natürlich mächtig stolz auf die Jungs. Dabei wollten wir sie eigentlich gar nicht weglassen. Schließlich war es ja mitten unter der Woche, am Dienstag, das war der 13. Juni. Schließlich brauchen die Kinder ihren Schlaf, wenn am nächsten Tag Schule ist.

Opa Schnatter:
Ich bin wach geworden, hm, so um halb drei, glaube ich. Ganz leise bin ich die Treppe runtergeschlichen, um meine Frieda nicht aufzuwecken. Und in der Küche hab' ich mich zuerst über den umgefallenen Stuhl und das offene Fenster gewundert. Hm, hören tu' ich ja schon ganz schlecht, so hab' ich mir gedacht, hm, die wird auch immer tatteriger, die Frieda. Na ja, so isses, wenn man alt wird. Aber dann haben meine Gänse so laut geschnattert, dass ich doch mal nachschauen musste. Da haben aber auch schon die beiden Jungs von nebenan geklingelt und von dem Mann erzählt, den sie im Gänsestall gesehen haben. Zuerst wollt' ich ihnen nicht glauben. Wer stiehlt heutzutage noch Gänse? Aber dann haben wir gemerkt, dass die Dose mit dem Geld ▸▸

fehlte. Die steht immer auf dem Küchenbord und Frieda hatte am Vormittag 3000 Euro für unseren Karibik-Urlaub abgehoben. Das war vielleicht ein Schreck. Ja und das Silberbesteck wurde auch mitgenommen. Aber Gott sei Dank hat der Verbrecher im Gänsestall vor Schreck alles fallen lassen. Hm, nur 200 Euro fehlen und der Zaun hat etwas gelitten. Die Jungs haben dann auch gleich die Polizei alarmiert.

Hartlieb Wendehals:
Ich war grad auf 'm Heimweg von der Susi, nä. Die hat wieder mal net aufgemacht. Na ja, auf jeden Fall wohnen Schnatters genau gegenüber, Hausnummer 13, in der Fuchsstraße. Und als ich mir da so die Füße platt trete vor dem Haus und Steinchen gegen 's Fenster schmeiße – es muss so gegen halb drei gewesen sein – geht bei Schnatters das Licht an, nä. Das fehlt mir noch, denk ich mir, dass die Alten wieder alles mitkriegen und nix wie hinter 'nen Baum! Aber da seh' ich doch glatt, wie so 'n Typ aus 'm Fenster hüpft und direkt rein in 'n Gänsestall, nä. Da hab' ich mir gleich gedacht, dass der was ausgefressen hat! Deswegen hab' ich mir auch gleich gemerkt, wie er aussah, der Typ. Na ja, das, was man halt sehen konnte. Es war ja Nacht. Ellenlang, der Typ, mindestens 1 Meter 90 und so 'n richtiger Strubbelkopf und eine spitze Nase, so was hab' ich noch nicht gesehn, echt wahr! Gehumpelt hat er ein bisschen, wird sich bei seinem Stunt in den Gänsestall wohl den Fuß verstaucht haben.

Polizist Wachsam:
In Jagsthausen gab es in den letzten Wochen mehrere solcher Einbrüche. Na ja, es ist ja noch mal glimpflich abgelaufen. Der Schaden begrenzt sich auf die Reparaturarbeiten am Zaun und die 200 Euro, die fehlen. Ach ja, eine neue Kellertür ist wohl fällig, die hat der Einbrecher eingeschlagen, als er in das Haus eindrang. Schnatters sind beide schwerhörig, deswegen wurden sie wohl vom Lärm nicht geweckt. Es ist möglich, dass der Täter das wusste. Möglich ist auch, dass er Frau Schnatter am Vormittag beobachtet hat, als sie das Geld für den Urlaub in der Bank abgeholt hat. Vielleicht ist einigen Kunden der Jagsthausener Bank am Dienstagvormittag gegen 10 Uhr 30 eine Person aufgefallen, auf die die Täterbeschreibung passt. Die Angaben der zwei Jungs und des Herrn W. decken sich ziemlich genau. Wir werden die Bevölkerung auf jeden Fall um Mithilfe bitten. Und die Gänse sollten von Opa Schnatter eine Extraportion Grünzeug bekommen. Das war ja ein erstklassiger Alarm.

Beispiel 1

Einbrecher scheitert im Gänsestall

In der Nacht zum Mittwoch, dem 14. Juni, brach ein Unbekannter ins Haus der Familie Schnatter in der Fuchsstraße 13 in Jagsthausen ein. Er wollte 3 000 Euro in bar und Teile des Silberbestecks stehlen.

Der Täter wusste möglicherweise von der Schwerhörigkeit des Rentnerehepaars und konnte so ungehört über die Kellertreppe ins Haus eindringen. Er entwendete 3000 Euro und Silberbesteck. Als er durch das Küchenfenster fliehen wollte, landete er ungewollt im Gänsestall. Das laute Geschnatter der Gänse bewirkte, dass der Täter die Beute fallen ließ und nur mit 200 Euro flüchtete. Der Lärm erregte die Aufmerksamkeit des Passanten Hartlieb W. Die auf dem Nachbargrundstück zeltenden Kinder Anton F. und Klaus H. klingelten bei dem Rentnerehepaar, das inzwischen ebenfalls auf die Vorgänge aufmerksam geworden war. Die unterdessen verständigte Polizei vernahm die Zeugen.

Der Einbrecher wird wie folgt beschrieben: Es handelt sich um einen etwa 1,90 Meter großen Mann mit einer auffällig spitzen Nase und unordentlichen Haaren. Vermutlich durch den Sprung in den Stall hat der Täter sich eine Verletzung am Bein zugezogen, da er nach Auskunft des Zeugen Hartlieb W. leicht hinkt.

Die Polizei bittet die Bevölkerung um Mithilfe: Zeugen, die am Dienstag gegen 10.30 Uhr beobachtet haben, dass ein Mann, auf den die Täterbeschreibung passt, sich in der Jagsthausener Bank aufgehalten hat, sollen sich mit der Polizei in Verbindung setzen. Diese geht davon aus, dass er gesehen hat, wie Frieda Schnatter einen hohen Geldbetrag abgehoben hat.

Die vom Täter aufgebrochene Kellertür muss erneuert werden. Am Zaun des Gänsestalls entstand geringer Sachschaden. Der Mann entkam mit einer Beute von 200 Euro.

Die Verfasserin hält sich vorbildlich an die Vorgaben für Berichterstatter. Sie beantwortet alle W-Fragen und stellt inhaltlich logische Zusammenhänge her. Eine beachtliche Leistung ist es auch, mit wenigen Worten eine hohe Informationsdichte zu erreichen.

Beispiel 2

Gänse schlagen Alarm

In der Nacht von Dienstag auf Mittwoch wurde gegen 2 Uhr 30 in der Fuchsstraße 13 in Jagsthausen eingebrochen.

Folgendes war passiert: Ein unbekannter Mann drang in das Haus des Ehepaares Schnatter ein. Er schlug die Kellertür ein und verschaffte sich so Zutritt zu den anderen Räumen. Da beide Rentner schwerhörig sind, bemerkten sie zunächst nichts. Der Einbrecher nahm 3000 Euro und das Silberbesteck mit. Danach floh er durch das Küchenfenster. Da er aber nicht wusste, dass sich unter dem Fenster der Gänsestall befand, sprang er mitten hinein und scheuchte die schlafenden Gänse auf, die sofort laut zu schnattern begannen. Zwei Nachbarsjungen hörten den Lärm. Auch Herr Schnatter wurde dadurch geweckt und wollte nach seinen Gänsen schauen. Er wunderte sich, was geschehen war, als die beiden Nachbarsjungen klingelten und von dem Mann im Gänsestall berichteten. Man beschloss, die Polizei zu alarmieren. Als Zeugen vernommen wurden die Nachbarsjungen Anton F. und Klaus H. sowie Hartlieb W.

Die Schnatters hatten Glück im Unglück, denn der Dieb verlor bei der Flucht die Beute. Nur 200 Euro fehlen. Bis auf das fehlende Geld und die Reparaturkosten an Zaun und Kellertür hält sich der Schaden in Grenzen.

Der Täter befindet sich noch auf der Flucht. Ein Zeuge konnte den Eindringling so beschreiben: Der Mann ist circa 1,90 Meter groß, hat eine spitze Nase und einen Strubbelkopf. Es wird vermutet, dass der Täter beobachtet hat, wie Frau Schnatter am Morgen 3000 Euro von der Bank in Jagsthausen abgehoben hat, um damit in den Urlaub zu fahren. Die Polizei bittet um Mithilfe der Bevölkerung.

Der Verfasser dieses Aufsatzes vermittelt alle wesentlichen Informationen zum Einbruch. Allerdings stören unsachliche Formulierungen, also Erzählelemente, und subjektive Einschätzungen, wie zum Beispiel: „Da er aber *nicht wusste*, dass sich unter dem Fenster der Gänsestall befand, *sprang er mitten hinein* und *scheuchte die schlafenden Gänse auf*, die sofort *laut zu schnattern begannen*. – Er *wunderte sich, was geschehen war*, als die beiden Nachbarsjungen klingelten und von dem Mann im Gänsestall berichteten. *Man beschloss*, die Polizei zu alarmieren.

Beispiel 3

Gänse verjagen Einbrecher

Am Mittwoch, 14. Juni, wurde gegen 2 Uhr 30 bei Familie Schnatter in der Fuchsstraße 13 in Jagsthausen eingebrochen. Die Jungen Anton F. und Klaus H. haben, als sie beobachteten, wie der Einbrecher das Haus verließ, die Polizei alarmiert.

Am Mittwoch, den 14. Juni, brach gegen 2 Uhr 30 ein unbekannter Mann die Kellertür des Hauses Nummer 13 auf und drang in die Wohnung ein. Er hatte es wohl auf das Geld und das Silberbesteck der Schnatters abgesehen, ließ aber einen Großteil der Beute fallen, als er aus dem Küchenfenster in den Gänsestall der Schnatters sprang. Anton F. und Klaus H. beobachteten dann, wie der Einbrecher vom Grundstück flüchtete. Der Zeuge Hartlieb W. beschrieb den Einbrecher als einen 1,90 Meter großen Mann mit einer durcheinandergebrachten Frisur und einer spitzen Nase.

Die Polizei nimmt an, dass der Einbrecher Frau Schnatter am Dienstagvormittag beobachtet haben muss, als sie 3000 Euro für einen Karibikurlaub abhob. Die Polizei bittet um Unterstützung und fragt, ob vielleicht einem Kunden der Jagsthausener Bank am Dienstag gegen 10 Uhr 30 ein Mann aufgefallen ist.

Der Schaden ist auf 200 Euro und Kosten für den beschädigten Zaun begrenzt.

Dieser Aufsatz ist zwar einigermaßen sachlich und kurz, aber auch viel zu ungenau. So fehlt das Geschnatter der Gänse völlig, was ja das Berichtenswerte des Tathergangs ausmacht. Außerdem bleiben die Vorgänge in der Bank – also die Vorgeschichte – unklar.

Bericht über ein besonderes Ereignis

Tipp Für diese Variante des Berichts gelten die gleichen Gesichtspunkte wie bei allen Berichtarten.

Beim Aufbau solltest du zusätzlich beachten:

- In der Einleitung nennst du Überblicksinformationen über die Veranstaltung.
- Im Hauptteil geht es um den Anlass, die Vorbereitung und den Ablauf des Geschehens. Innerhalb des Hauptteils nimmt der Abschnitt über den Ablauf der Veranstaltung den größten Raum ein.
- Im Schlussteil nennst du das Ergebnis und führst gegebenenfalls eine Bewertung an.

Bericht über die Klassensprecherwahl

2 **Verfasse nach deiner eigenen Mitschrift einen Bericht über die Klassensprecherwahl für die Schülerzeitung.**

Beispiel 1

Klassensprecherwahl in der 7E

Am Montag, dem 9. Februar 2011, wurde von 10 Uhr 45 bis 11 Uhr 15 unter dem Vorsitz des Deutschlehrers, Herrn Schwarz, in der Klasse 7E die Wahl der Klassensprecher durchgeführt.

Zuerst wurde über die Aufgaben der Klassensprecher informiert, die die Schülerinnen und Schüler, unterstützt von Herrn Schwarz, wie folgt zusammenfassten: Wenn die Klasse oder ein Schüler Probleme mit einem Lehrer hat, muss der Sprecher zwischen beiden Parteien vermitteln. Sollte am Vertretungsplan etwas unklar sein, so fragt er bei der Schulleitung nach und benachrichtigt die Klasse. Er muss zu Klassensprecherversammlungen gehen, in denen über neue Projekte der SMV beraten wird, und die Ergebnisse der Klasse mitteilen.

Nachdem die Aufgaben erläutert worden waren, legten die bisherigen Klassensprecher einen Rechenschaftsbericht über ihre Tätigkeit ab. Dabei stellte die Klasse fest, dass es im letzten Halbjahr keine Probleme gegeben hatte.

Danach wurden die Kandidaten für das Amt des ersten Klassensprechers aufgestellt. Andrea Hauke, Roland Staudt, Max Knödel, Florian Gube und Michael Hänsel stellten sich zur Verfügung. Jeder Schüler bekam einen Zettel und schrieb darauf den Namen seines Wunschkandidaten. Anschließend wurden die Zettel eingesammelt und an der Tafel ausgewertet. Andrea Hauke und Florian Gube mit jeweils drei Stimmen sowie Michael Hänsel mit vier Stimmen konnten keine Mehrheit auf sich vereinigen. Zwischen Max Knödel (6 Stimmen) und Roland Staudt (8 Stimmen) gab es eine Stichwahl, da keiner der Kandidaten die absolute Mehrheit erreichen konnte. Roland Staudt entschied mit 15 Stimmen den zweiten Wahlgang eindeutig für sich.

Für das Amt des zweiten Klassensprechers wurden Stefanie Rasch, Verena Heil und Andrea Hauke vorgeschlagen. Alles lief ab wie beim ersten Mal. Auch hier gab es zwischen der Ersten, Verena Heil (11 Stimmen), und der Zweiten, Andrea Hauke (9 Stimmen), eine Stichwahl, die Verena Heil mit 14 Stimmen gewann.

Beide neu gewählten Sprecher nahmen die Wahl an. Sie werden ab sofort die Klasse 7E vertreten.

Der Schülerin gelingt es sehr gut, die Abläufe der Klassensprecherwahl für Außenstehende genau, sachlich und klar darzustellen. Darüber hinaus ist der Text abwechslungsreich und gut lesbar. Man sieht also, dass man auch ein „trockenes Thema“ sprachlich gewandt präsentieren kann.

Beispiel 2

Klassensprecherwahl in der 7E

Am 9. Februar 2011 wählte die Klasse 7E die Klassensprecher. Der Deutschlehrer, Herr Schwarz, führte mit der Klasse die Wahl durch.

Die Aufgaben der Klassensprecher bestehen darin, dass sie die Klasse bei Problemen mit Lehrern vertreten, aber auch interne Streitigkeiten in der Klasse lösen. Alle zwei Monate finden Versammlungen der SMV statt, denen die Klassensprecher beiwohnen müssen und deren Ergebnisse sie der Klasse übermitteln sollen. Außerdem haben sie noch andere Aufgaben, zum Beispiel wegen Unklarheiten des Vertretungsplans im Sekretariat nachfragen oder bei Klassenleitergeschäften mithelfen.

Nach einem kurzen Rechenschaftsbericht der bisherigen Klassensprecher wurden die Kandidaten für die neue Wahl aufgestellt. Dabei nannten einige Schüler folgende Namen, die an der Tafel notiert wurden: Andrea Hauke, Roland Staudt, Max Knödel, Florian Gube und Michael Hänsel. Dann schrieben wir die Person, die wir uns als Klassensprecher wünschten, geheim auf kleine Zettel, die eingesammelt und von zwei Schülern ausgewertet wurden. Andrea Hauke und Florian Gube mit jeweils drei Stimmen und Michael Hänsel mit vier Stimmen konnten sich nicht für das Amt qualifizieren. Zwischen Max Knödel (6 Stimmen) und Roland Staudt (8 Stimmen) gab es eine Stichwahl, da keiner der Kandidaten die Hälfte der Stimmen erreichen konnte. Roland Staudt entschied mit 15 Stimmen die Wahl für sich.

Für den zweiten Klassensprecher ließen sich Stefanie Rasch, Verena Heil und Andrea Hauke aufstellen. Wir gingen wie bei der ersten Wahl vor. Auch hier gab es eine Stichwahl zwischen Andrea Hauke (9 Stimmen) und Verena Heil (11 Stimmen). Verena Heil gewann mit 14 Stimmen. Da beide Schüler die Wahl annahmen, werden Roland Staudt und Verena Heil ihre beiden Vorgänger ab sofort ablösen.

Die Verfasserin dieses Aufsatzbeispiels informiert gut über das Geschehen, wenn auch nicht ganz so genau und sprachlich überzeugend wie die Verfasserin von Beispiel 1.

Beispiel 3

Klassensprecherwahl in der 7E

Am 5. Februar 2011 wählte die Klasse 7E Roland Staudt und Verena Heil als Klassensprecher für das zweite Halbjahr.

In der vierten Stunde wurde von Herrn Schwarz bekannt gegeben, dass er mit uns die Klassensprecherwahl durchführen würde. Zuerst wurden wir über die Pflichten eines Klassensprechers in Kenntnis gesetzt, die zum Beispiel beinhalten:
- An den Klassensprecherversammlungen der SMV teilnehmen.
- Die Mitschüler über den Inhalt informieren.
- Bei Anliegen und Wünschen der Klasse an die Lehrer herantreten.
- Bei Fragen an die Schulleitung im Namen der Klasse mit dieser sprechen.

Danach wurden fünf Mitschüler/innen vorgeschlagen. Anschließend erfolgte die geheime Wahl. Jeder schrieb den gewünschten Namen auf einen Zettel. Dieser wurde eingesammelt. Nach der Auszählung der Stimmen für den ersten Klassensprecher kamen wir zu folgendem Ergebnis:
- Andrea Hauke 3 Stimmen,
- Roland Staudt 8 Stimmen,
- Max Knödel 6 Stimmen,
- Florian Gube 3 Stimmen,
- Michael Hänsel 4 Stimmen.

Das Ergebnis der Stichwahl lautete folgendermaßen:
- Roland Staudt 15 Stimmen,
- Max Knödel 9 Stimmen.

Damit war Roland Staudt zum ersten Klassensprecher gewählt. Er nahm das Amt an. Für den zweiten Klassensprecher erfolgte die Wahl nach dem gleichen Verfahren. Verena Heil wurde mit 14 Stimmen gewählt. Sie nahm das Amt ebenfalls an. Beide Klassensprecher werden ihren Dienst sofort aufnehmen.

Mit diesem Bericht lässt sich die durchgeführte Klassensprecherwahl zwar nachvollziehen, doch weist er sprachlich und formal große Mängel auf. So muss ein Bericht beispielsweise immer in vollständigen Sätzen abgefasst werden. Bloße Aufzählungen oder stichpunktartige, unvollständige Sätze genügen nicht, um Zusammenhänge klarzumachen.

D

Beschreibung

Was muss ich über die Beschreibung wissen?

- Beschreibungen gehören zu den sachlichen Textarten. Vieles, was du vom Bericht weißt, gilt auch hier.
- Zu den Formen der Beschreibung gehören einerseits Bastel-, Koch- und Spielanleitungen, andererseits Personen-, Bild- und Gegenstandsbeschreibungen.
- Gehe nach einem bestimmten Schema vor und halte die Reihenfolge der einzelnen Schritte ein.
- Achte auf die Vollständigkeit der Beschreibung bzw. der Arbeitsschritte.
- Nenne alle für den Vorgang notwendigen Werkzeuge, Utensilien, Zutaten bzw. alle Einzelheiten des zu beschreibenden Gegenstandes.
- Schreibe im Sachstil und beschreibe so genau wie möglich.
- Überlege dir treffende Verknüpfungen der einzelnen Vorgänge oder Bildbestandteile.
- Verwende – dem Thema entsprechend – treffende Fachausdrücke.
- Die grammatische Zeit der Beschreibung ist das Präsens. Es drückt nicht nur Vorgänge aus, die gerade passieren, sondern es ist die Zeitstufe, mit deren Hilfe allgemein Gültiges beschrieben wird.

Vorsicht, Falle!

Die sechs häufigsten Fehler, die bei einer Beschreibung gemacht werden, sind:

- Das vorgegebene Schema wird nicht eingehalten. Bei der Spielanleitung entstehen dadurch logische Fehler im Ablauf, Bild- und Personenbeschreibungen wirken ungeordnet.
- Es werden nicht alle wichtigen Informationen genannt, um die Beschreibung verstehen zu können.
- Der Text ist nicht im Sachstil geschrieben, sondern erzählend mit eigenen Beurteilungen und Einschätzungen.
- Der Aufsatz ist nicht in Absätze unterteilt; oft fehlen auch Einleitung und Schluss.
- Der Satzbau ist eintönig; außerdem fehlen abwechslungsreiche Adjektive und Verben, die eine Beschreibung anschaulich und gut lesbar machen.
- Die Zeitform des Präsens ist nicht eingehalten.

Spielanleitung

Mein Lieblingsspiel

1 **Beschreibe dein Lieblingsspiel. Achte auf Vollständigkeit und darauf, dass keine logischen Brüche entstehen.**

Beispiel 1

Tabu

Mein Lieblingsspiel Tabu ist ein Gesellschaftsspiel für mindestens vier Personen ab neun Jahren. Das Zubehör für das Spiel besteht aus einem blauen, aufklappbaren Kasten, etwa 200 Spielkarten, einer Sanduhr und einer rosaroten Gummischeibe, die beim Zusammendrücken quietscht. Außerdem legen wir noch Stift und Schreibblock bereit. Bevor wir anfangen, müssen wir den Kasten aufklappen, die Karten mischen und hineinlegen. Die Sanduhr wird aufgestellt. Wir teilen die Spieler in zwei gleich große Gruppen auf, deren Mitglieder abwechselnd am Tisch sitzen. Ziel des Spiels ist es, durch Beschreiben und Erraten von Begriffen möglichst viele Punkte zu erlangen.

Zuerst wird ausgelost, welche Mannschaft anfangen darf. Die Gruppe A bestimmt ein Teammitglied, das aus dem blauen Kasten eine Karte zieht. Auf dieser Karte steht ein Begriff, der zu umschreiben und zu erraten ist. Darunter stehen fünf Wörter, die man bei der Erklärung nicht verwenden darf. Der erste Spieler versucht den Begriff so zu erklären, dass ihn seine Mitspieler möglichst schnell herausfinden und in die Runde rufen. Währenddessen hat der Nachbar des ersten Spielers, also der erste Spieler von Gruppe B, die Sanduhr umgedreht und kontrolliert die gegnerische Mannschaft. Nur diese beiden dürfen in die Karte schauen. Falls der erklärende Spieler einen verbotenen Begriff, also eines der fünf auf der Karte stehenden Tabus gebraucht, muss der Aufpasser mit der Gummischeibe quietschen. Die Karte wird zur Seite gelegt und die nächste gezogen. Genauso wird verfahren, wenn die Gruppe den Begriff nicht schnell genug errät. Ist die Zeit abgelaufen, quietscht der Aufpasser mit der Scheibe und die Punkte des Rateteams werden notiert. Jeder erratene Begriff bringt einen Punkt. Davon wird die Anzahl der weggelegten Kärtchen abgezogen.

Anschließend wechseln ratende und kontrollierende Mannschaft, indem das gesamte Zubehör eine Position nach rechts weitergegeben wird.

Tabu kann man beliebig lange spielen. Sind alle Karten benutzt, kann man sie umdrehen und die Begriffe auf der anderen Seite erklären, denn die Spielkarten sind beidseitig bedruckt. Das Team, das in der Endauswertung die meisten Punkte erzielt, gewinnt.

☺ ☺ ☺

Tabu ist ein kompliziertes und schwer zu beschreibendes Spiel. Trotzdem ist es der Verfasserin gelungen, eine klare Anleitung zu geben. Betrachte noch einmal den sinnvollen Aufbau des Aufsatzes:

- Einleitung: Informationen zu Spielerzahl, Altersempfehlung und Spieltyp
- Hauptteil: Benötigte Spielmaterialien und Vorbereitung sowie genaue Beschreibung der Spielregeln
- Schluss: Spielende, Spielziel, Spieldauer

Beispiel 2

Memory

Memory ist ein Spiel, das die Merkfähigkeit schult. Der englische Name, der „Gedächtnis" bedeutet, weist bereits darauf hin. Das Spiel ist für Kinder ab drei Jahren geeignet. Es können beliebig viele Teilnehmer mitspielen.

Ein Memory-Spiel besteht aus verschieden bedruckten Kärtchen, wobei jeweils zwei Kärtchen das gleiche Motiv haben. Die Rückseite der Kärtchen ist einheitlich gefärbt. Ziel ist es, möglichst viele Kartenpaare zu sammeln.

Die Spielkarten werden gut gemischt und mit den Bildern nach unten auf den Tisch gelegt. Man kann die Karten durcheinander legen oder in Reihen. Wenn man Reihen bildet, ist es natürlich leichter, Paare zu finden.

Nun zum Spielablauf: Der erste Spieler fängt an, zwei Karten aufzudecken. Sollte er gleich ein Motivpaar aufdecken, so darf er es behalten und weitersuchen. Sind es aber zwei unterschiedliche Karten, dreht man sie wieder um und legt sie an den gleichen Ort zurück. Der nächste Spieler kommt an die

Reihe. Alle Spieler versuchen sich zu merken, wo welche Bilder liegen. Wenn sie selbst eine Karte aufdecken und wissen, wo das Gegenstück liegt, können sie ihr Paar vervollständigen.

Es wird so lange gespielt, bis alle Karten aufgedeckt sind. Der Gewinner des Spiels ist derjenige, der am Ende die meisten Kartenpaare besitzt.

Auch diesem Verfasser gelingt es, ein Spiel so zu beschreiben, dass es ohne Mühe nachzuspielen ist. Die Beschreibung ist sehr genau. Besonders schön ist, dass in der Einleitung der Spielname übersetzt und dadurch der Sinn des Spiels erklärt wird.

Beispiel 3

Memory

Bei der Vorbereitung des Spiels muss man alle Karten, ohne sie anzuschauen, mit dem Bild nach unten auf den Tisch legen. Die Mitspielerzahl ist beliebig. Ziel des Spiels ist es, dass man möglichst viele Quartette zusammenbringt.

Der jüngste Mitspieler fängt an, zwei Karten aufzudecken. Wenn es zwei gleiche Karten sind, darf man sie behalten und hat ein Quartett. Sind sie aber verschieden, dreht man sie wieder um und versucht sich zu merken, wo die Bilder liegen, damit man, wenn man später im Spiel das zweite Bild dazu aufdeckt, weiß, wo das erste gelegen hat.

Anschließend ist der nächste Spieler an der Reihe und versucht, auch ein Quartett zusammenzubringen. Ende des Spiels ist, wenn keine Karten mehr auf dem Tisch liegen. Jetzt hat der gewonnen, der die meisten Karten hat.

Dieser Aufsatz ist nicht gut gelungen, weil wichtige Angaben fehlen. Es gibt keine Einleitung. Deshalb erfährt der Leser nichts über den Spieltypus und das benötigte Material. Dieser Fehler entsteht, wenn man bei einem so bekannten Spiel wie Memory davon ausgeht, dass der Leser es schon gespielt hat. Darum geht es aber nicht. Außerdem weiß der Verfasser offenbar nicht, was ein Quartett ist. Natürlich braucht man beim Quartett vier zusammengehörige Teile, während beim Memory zwei genügen.

Personenbeschreibung

Tipp Die Personenbeschreibung dient dazu, eine Person zu erkennen oder wiederzuerkennen. Der Leser soll sich die beschriebene Person also sehr gut vorstellen können. Es soll ein Foto mit Worten entstehen. Dazu ist es wichtig, sichtbare und überprüfbare Merkmale eines Menschen genau, sachlich und trotzdem anschaulich darzustellen.

Beschreibe vom allgemeinen Erscheinungsbild zum Detail und gehe dabei von oben nach unten vor. Nicht nur Körperbau und Kleidung, sondern auch Mimik und Gestik gehören dazu. Am Anfang stehen grundsätzliche Angaben wie Name, Geschlecht, Alter usw. Am Schluss können Besonderheiten wie auffällige Verhaltensweisen, Vorlieben oder Charaktereigenschaften stehen.

2 **Du darfst die Ferien bei einer Freundin/einem Freund verbringen. Ihr/sein älterer Bruder holt dich am Bahnhof ab. Da er dich noch nie gesehen hat, beschreibst du dich so genau wie möglich.**

Beispiel 1

Ich bin 13 Jahre alt, 1,65 Meter groß und von sportlich-kräftiger Gestalt. Mein Gesicht mit der breiten Stirn, den gut durchbluteten Wangen und dem runden Kinn bildet ein Oval. Das dunkelblonde, gesäßlange, leicht gewellte Haar ist aus der Stirn gekämmt und zu einem französischen Zopf geflochten. An den kleinen Ohren trage ich silberne Ohrstecker. Unter den dunkelblonden, breiten Augenbrauen schauen graublaue Katzenaugen hervor. Ich habe eine kleine Stupsnase mit vielen Sommersprossen und einen kleinen Mund mit vollen Lippen. Wenn ich lache, sieht man eine regelmäßige Zahnreihe. Rechts und links am Hals habe ich auf ungefähr gleicher Höhe zwei gleich große Muttermale.

Bekleidet bin ich mit einem dunkelblauen Strickpullover mit drei verschiedenen Zopfmustern, der sich am Hals anschmiegt. Als Schmuck habe ich nur am linken Handgelenk eine gelb-schwarze Sportuhr. Meine Hose ist noch recht neu und weißblau gestreift, wobei die blauen Streifen etwas breiter sind als die weißen. Die ebenfalls dunkelblauen Wildlederschnürhalbschuhe haben eine dicke Kreppsohle.

Meine Haltung ist ziemlich aufrecht und ich neige dazu, meine linke Hand in die Hosentasche zu stecken.

Die Personenbeschreibung ist gut gelungen. Das Mädchen ist für den Bruder der Freundin sofort zu erkennen. Dies liegt vor allem an den recht detaillierten Angaben zum äußeren Erscheinungsbild: *Das dunkelblonde, gesäßlange, leicht gewellte Haar ist aus der Stirn gekämmt und zu einem französischen Zopf geflochten.* Achte auch auf die Verbindung zwischen körperlicher Erscheinung und Schmuck: *An den kleinen Ohren trage ich silberne Ohrstecker.*

Beispiel 2

Ich bin 13 Jahre alt und 1,69 Meter groß. Meine glatten, braunen Haare sind schulterlang. Ich trage sie meistens zu einem Pferdeschwanz gebunden, wobei ein dünner Pony in die Stirn fällt und knapp über den Augen endet. Dadurch sind meine dichten Brauen ein wenig verdeckt. Meine schmalen Augen, deren Iris die Farbe grüngrau hat, stehen nicht weit auseinander. Eher gerade und nicht übermäßig breit ist meine Nase geformt. Ich habe einen kleinen, hellroten Mund mit dünnen Lippen, der durch meinen etwas dunkleren Teint heraussticht. Das spitze Kinn vollendet die ovale Form meines Gesichts. Ich bin von schlanker Statur, aber trotzdem nicht schlaksig, sondern sportlich.

Bei meiner Ankunft werde ich eine Jeans in der Größe 29/32 tragen. Mein Oberteil wird ein dunkelblaues Sweatshirt mit dem Aufdruck „2smart4u" von Aprila sein. An den Füßen werde ich weiße Pudas-Turnschuhe mit hellblauen Glitzerstreifen haben. Meine Jacke besteht aus schwarzem Leder und ist von KLM. Am linken Handgelenk trage ich eine sonnengelbe Wiltsch-Uhr, deren Ziffernblatt eckig ist. Außerdem befinden sich in beiden Ohrläppchen silberne Ohrringe aus der letzten Kollektion von Murxx.

Wahrscheinlich hast du gleich erkannt, was an diesem Aufsatz nicht gut ist. Die Verfasserin ist viel zu stark damit beschäftigt, Markennamen ins Spiel zu bringen. Während der erste Teil durchaus gelungen ist und Kopf, Gesicht sowie die Haare gut beschrieben werden, bringt der zweite Teil Informationen, die für das Erkennen der Person nicht hilfreich sind. So sind beispielsweise Jeansgröße und Herkunft der Lederjacke uninteressant.

Beispiel 3

Ich bin 12 Jahre alt und 1,55 Meter groß. Ich habe eine mittelschlanke Figur und, wie ich finde, sehr kurze Beine. Mein Kopf ist eher rund mit einem nicht allzu spitzen Kinn. Ich habe eine helle Hautfarbe. Meine Augen sind groß und blaugrün mit dunklen Wimpern. Darüber sitzen hellbraune, schmale Augenbrauen. Ein besonderes Kennzeichen meines Gesichts bildet der Höcker auf der normal großen, mit Sommersprossen geschmückten Nase. Auf meiner tiefen Stirn sitzen ein paar Pickel. Der schmale Mund ist sehr rot, wie ich meine. Meine schulterlangen blonden Haare mit ein paar dunkel gefärbten Strähnen verdecken die kleinen, anliegenden Ohren.

Ich trage hellblaue Wildlederturnschuhe. Mein Beinkleid ist eine hellblaue Jeansschlaghose mit dunkelblauen Längsstreifen. Damit die Hose nicht rutscht, befestige ich sie mit einem schwarzen Glattledergürtel. Meinen Oberkörper kleidet ein weißes T-Shirt. Darüber trage ich eine graue Strickjacke. Diese ist nicht mit Knöpfen versehen, sondern hat in Höhe der Brust zwei Schleifen, mit denen die Jacke zusammengeschnürt werden kann. An der linken Hand trage ich einen schlichten silbernen Ring am Ringfinger und am Mittelfinger einen ebenfalls silbernen Ring mit violettem Stein. An der rechten Hand steckt an meinem Mittelfinger ein Silberring mit einem goldenen Adler. Um meinen Hals hängt eine Perlenkette mit weißen und dunkelblauen Perlen, die abwechselnd aufgefädelt sind. Meine gesamte Erscheinung ist, wie ich denke, doch sehr seriös.

Dieser Aufsatz wirkt an manchen Stellen unfreiwillig komisch. Das liegt an mehreren Fehlern. Die Verfasserin hat gelernt, dass Begründungen wichtig sind, was allerdings auch zu Banalitäten führen kann: *Damit die Hose nicht rutscht, befestige ich sie mit einem schwarzen Glattledergürtel.* Hinzu kommt die Kombination verschiedener Sprachebenen, wie zum Beispiel *Beinkleid* für Hose, *seriöse Erscheinung* oder *wie ich meine*. Insgesamt entsteht der Eindruck, dass die Verfasserin eine völlig schiefe und daher unpassende Einschätzung ihrer eigenen Person vermittelt.

E Textzusammenfassung

Was muss ich über die Textzusammenfassung wissen?

- Egal, welche Textart (Sachtext oder literarischer Text) vorliegt: Deine Zusammenfassung muss sachlich und in einer vom Text unabhängigen Sprache geschrieben werden.
- Nach dem genauen Duchlesen überlegst du dir die Kernaussage des Textes und die einzelnen Handlungsschritte. Dann kürzt du den Text, indem du Unwichtiges weglässt und die Handlung raffst.
- Stelle Sinnzusammenhänge durch Satzgefüge her. Verwende dabei Konjunktionen, wie zum Beispiel denn, deshalb, also, folglich, schließlich, weil, da, als, nachdem. Mache Handlungsmotive, Ursachen, Folgen und Wirkungen deutlich.
- Wörtliche Rede muss durch andere Aussageformen ersetzt werden. Das kann durch Umformen in indirekte Rede oder in Handlung geschehen. Die wichtigen Inhalte der direkten Rede müssen in der Zusammenfassung vorkommen.
- Verwende als Tempus Präsens bei Gleichzeitigkeit und Präteritum bei Vorzeitigkeit.
- Darstellungsform: Wandle die Sicht, aus der die Geschichte erzählt wird, in eine Er- / Sie-Form um.

Die vier Schritte der Textzusammenfassung sind:

- Lesen und Verstehen des Textes: Worum geht es?
- Markieren und Aufschreiben der Handlungsschritte sowie Festlegung der Kernaussage: Welche ist die wichtigste Aussage des Textes? Welche Schritte führen dorthin?
- Bewertung der Handlungsschritte (= Weglassen von Unwichtigem, Verdichten der Informationen): Warum geschieht etwas? Welche Auswirkungen hat ein Handlungsschritt?
- Schreiben: Wie ersetze ich die wörtliche Rede? Wie stelle ich Sinnzusammenhänge her?

Vorsicht, Falle!

Die sechs häufigsten Fehler, die bei der Textzusammenfassung gemacht werden, sind:

- Die Kernaussage wird nicht sorgfältig herausgearbeitet. Dadurch wird der Sinn der Geschichte nicht erfasst.
- Die Handlungsschritte werden nicht bewertet, das heißt, Wichtiges wird nicht von Unwichtigem getrennt.
- Die Sätze werden nicht sinnvoll miteinander verknüpft.
- Wörtliche Rede und Erzählelemente werden verwendet. Einzelne Formulierungen aus der Geschichte werden einfach abgeschrieben.
- Das Tempus Präsens wird nicht durchgehend eingehalten.
- Die Vorlage ist zu sehr nachgestaltet: Die im Text vorgegebene Sichtweise wird übernommen. Wichtig: Du darfst in der Textzusammenfassung nie die Ich-Form verwenden.

Kalendergeschichte

1 **Gib den Inhalt der folgenden Geschichte mit eigenen Worten wieder.**

Johann Peter Hebel: Der geheilte Patient

Reiche Leute haben trotz ihrer gelben Vögel doch manchmal auch allerlei Lasten und Krankheiten auszustehen, von denen gottlob der arme Mann nichts weiß, denn es gibt Krankheiten, die nicht in der Luft stecken, sondern in den vollen Schüsseln und Gläsern und in den weichen Sesseln und seidenen Betten, wie jener reiche Amsterdamer ein Wort davon reden kann. Den ganzen Vormittag saß er im Lehnsessel und rauchte Tabak, wenn er nicht zu träge war, oder hatte Maulaffen feil zum Fenster hinaus, aß aber zu Mittag doch wie ein Drescher, und die Nachbarn sagten manchmal: „Windet's draußen, oder schnauft der Nachbar so?" – Den ganzen Nachmittag aß und trank er ebenfalls bald etwas Kaltes, bald etwas Warmes, ohne Hunger und ohne Appetit, aus lauter Langerweile bis an den Abend, also, dass man bei ihm nie recht sagen konnte, wo das Mittagessen aufhörte und wo das Nachtessen anfing. Nach dem Nachtessen legte er sich ins Bett und war so müd, als wenn er den ganzen Tag Steine abgeladen oder Holz gespalten hätte. Davon bekam er zuletzt einen dicken Leib, der so unbeholfen war wie ein Maltersack. Essen und Schlaf wollten ihm nimmer schmecken, und er war lange Zeit, wie es manchmal geht, nicht recht gesund und nicht recht krank; wenn man aber ihn selber hörte, so hatte er 365 Krankheiten, nämlich alle Tage eine andere. Alle Ärzte, die in Amsterdam sind, mussten ihm raten. Er verschluckte ganze Feuereimer voll Mixturen und ganze Schaufeln voll Pulver und Pillen wie Enteneier so groß, und man nannte ihn zuletzt scherzweise nur die zweibeinige Apotheke. Aber alle Arzneien halfen ihm nichts, denn er folgte nicht, was ihm die Ärzte befahlen, sondern sagte: „Fouder, wofür bin ich ein reicher Mann, wenn ich soll leben wie ein Hund, und der Doktor will mich nicht gesund machen für mein Geld?" Endlich hörte er von einem Arzt, der 100 Stund weit weg wohnte, der sei so geschickt, dass die Kranken gesund werden, wenn er sie nur recht anschaue, und der Tod geh' ihm aus dem Weg, wo er sich sehen lasse. Zu dem Arzt fasste der Mann ein Zutrauen und schrieb ihm seinen Umstand.

Der Arzt merkte bald, was ihm fehlte, nämlich nicht Arznei, sondern Mäßigkeit und Bewegung und sagte: „Wart, dich will ich bald kuriert haben." Deswegen schrieb er ihm ein Brieflein folgenden Inhalts: „Guter Freund, Ihr habt einen schlimmen Umstand, doch wird Euch zu helfen sein, wenn Ihr folgen wollt. Ihr habt ein bös Tier im Bauch, einen Lindwurm mit sieben Mäulern. Mit dem Lindwurm muss ich selber reden, und Ihr müsst zu mir kommen. Aber fürs erste so dürft Ihr nicht fahren oder auf dem Rösslein reiten, sondern auf des Schuhmachers Rappen, sonst schüttelt Ihr den Lindwurm und er beißt Euch die Eingeweide ab, sieben Därme auf einmal ganz entzwei. Fürs andere dürft Ihr nicht mehr essen als zweimal des Tages einen Teller voll Gemüs, mittags ein Bratwürstlein dazu und nachts ein Ei, und am Morgen ein Fleischsüpplein mit Schnittlauch drauf. Was Ihr mehr esset, davon wird nur der Lindwurm größer, also dass er Euch die Leber erdrückt, und der Schneider hat Euch nimmer viel anzumessen, aber der Schreiner. Dies ist mein Rat, und wenn Ihr mir nicht folgt, so hört Ihr im andern Frühjahr den Gukuk nimmer schreien. Tut, was Ihr wollt!"

Als der Patient so mit ihm reden hörte, ließ er sich sogleich den andern Morgen die Stiefel salben und machte sich auf den Weg, wie ihm der Doktor befohlen hatte. Den ersten Tag ging es so langsam, dass wohl eine Schnecke hätte können sein Vorreiter sein, und wer ihn grüßte, dem dankte er nicht, und wo ein Würmlein auf der Erde kroch, das zertrat er. Aber schon am zweiten und am dritten Morgen kam es ihm vor, als wenn die Vögel schon lange nimmer so lieblich gesungen hätten wie heut, und der Tau schien ihm so frisch und die Kornrosen im Feld so rot, und alle Leute, die ihm begegneten, sahen so freundlich aus, und er auch, und alle Morgen, wenn er aus der Herberge ausging, war's schöner, und er ging leichter und munterer dahin, und als er am 18. Tage in der Stadt des Arztes ankam und den andern Morgen aufstand, war es ihm so wohl, dass er sagte: „Ich hätte zu keiner ungeschicktern Zeit können gesund werden als jetzt, wo ich zum Doktor soll. Wenn's mir doch nur ein wenig in den Ohren brauste, oder das Herzwasser lief mir."

Als er zum Doktor kam, nahm ihn der Doktor bei der Hand, und sagte ihm: „Jetzt erzählt mir denn noch einmal von Grund aus, was Euch fehlt." Da sagte er: „Herr Doktor, mir fehlt gottlob nichts, und wenn Ihr so gesund seid wie ich, so solls mich freuen."

Der Doktor sagte: „Das hat Euch ein guter Geist geraten, dass Ihr meinem Rat gefolgt habt. Der Lindwurm ist jetzt abgestanden. Aber Ihr habt noch Eier im Leib, deswegen müsst Ihr wieder zu Fuß heimgehen und daheim fleißig Holz sägen, dass niemand sieht, und nicht mehr essen, als Euch der Hunger ermahnt, damit die Eier nicht ausschlupfen, so könnt Ihr ein alter Mann werden", und lächelte dazu. Aber der reiche Fremdling sagte: „Herr Doktor, Ihr seid ein feiner Kauz, und ich versteh Euch wohl", und hat nachher dem Rat gefolgt, und 87 Jahre, 4 Monate, 10 Tage gelebt, wie ein Fisch im Wasser so gesund, und hat alle Neujahr dem Arzt 20 Dublonen zum Gruß geschickt.

Beispiel 1

Ein reicher, träger Mann aus Amsterdam führt ein sehr bequemes Leben. Er steigt nur aus dem Bett, um zu essen. An jedem Morgen fühlt er sich krank und schwach. Er bezahlt viel Geld für Ärzte, die ihm trotz vieler Medikamente jedoch nicht helfen können.

Als der Patient von einem sehr geschickten Arzt hört, der aber weit entfernt von Amsterdam wohnt, schöpft er noch einmal Hoffnung und schreibt ihm einen Brief, in dem er über seine Leiden klagt. Der Doktor erkennt rasch den Bewegungsmangel des Mannes und sendet ihm eine Antwort, in der er ihn anweist, sich zu Fuß auf den Weg zu ihm zu machen. Er behauptet, der Patient habe einen Lindwurm im Bauch, der nicht zu sehr gerüttelt werden dürfe. Außerdem solle er nicht zu viel essen, damit der Wurm nicht größer werde.

Der reiche Mann führt die Anweisungen genau aus. Als er am 18. Tag seiner Wanderung beim Arzt ankommt, fühlt er sich so gesund wie nie zuvor. Der Doktor ist zufrieden mit ihm. Der Lindwurm sei zwar tot, habe aber Eier hinterlassen. Deshalb solle der Patient wieder zu Fuß nach Hause gehen, weiterhin wenig essen und sich viel bewegen. Dann könne er alt werden.

Der Reiche versteht nun die List des Doktors und erkennt den Grund seiner Krankheit. Er hält sich an die Worte des Arztes, erreicht tatsächlich ein hohes Alter und schickt dem Doktor aus Dankbarkeit jedes Jahr Geld.

Die Verfasserin dieser Zusammenfassung schafft es, sich vollkommen von der Vorlage zu lösen, aber trotzdem die Kernaussage des Textes zu vermitteln. Darüber hinaus vollzieht sie genau die Handlungsschritte nach. Das Ergebnis ist ein rundum gelungener Aufsatz.

Beispiel 2

Ein reicher Mann hat jeden Tag nichts anderes zu tun, als im Lehnsessel zu sitzen, zu rauchen und viel zu essen. Die Ärzte verschreiben ihm alle möglichen Medikamente, weil er sich krank fühlt. Aber nichts hilft ihm. Er hört von einem berühmten Arzt, der weit weg wohnt, und schreibt ihm einen Brief über seine Leiden. Dieser erkennt, dass dem Mann nur Bewegung und eine Diät fehlen. Er verordnet ihm, zu Fuß zu ihm zu kommen und weniger zu essen. Damit der Patient sich an die Anweisung hält, erzählt er ihm die Geschichte von einem Lindwurm, der angeblich in seinem Magen sei und seine Leber erdrücke, wenn er weiterhin so viel esse.

Der reiche Mann befolgt die Anordnungen des Arztes. Als er nach einem tagelangen Marsch bei ihm ankommt, fühlt er sich schon fast wieder gesund. Der Arzt sagt zum Patienten, der Lindwurm sei jetzt zwar abgestanden, er solle aber trotzdem zu Fuß nach Hause gehen, weiterhin wenig essen und daheim fleißig Holz sägen, wenn er alt werden wolle. Ansonsten würden die Lindwurmeier in seinem Bauch ausschlüpfen. Der Mann durchschaut den Arzt und erkennt seine frühere ungesunde Lebensweise. Er befolgt die Anweisungen und wird 87 Jahre alt. Zum Dank schickt er dem Arzt alle Neujahr 20 Dublonen.

Dieses Aufsatzbeispiel gibt die Kernaussage der Geschichte richtig wieder und fasst den Text sinnvoll zusammen. Aber der Verfasser bleibt stellenweise zu nah am Text und übernimmt Formulierungen, zum Beispiel: *im Lehnsessel zu sitzen und Tabak zu rauchen – seine Leber erdrücke – der Lindwurm sei zwar jetzt abgestanden – daheim fleißig Holz sägen – Lindwurmeier in seinem Bauch ausschlüpfen – alle Neujahr 20 Dublonen.*

Beispiel 3

Ein Amsterdamer sitzt den ganzen Tag über im Sessel, raucht, isst und trinkt viel zu viel, bis er eines Tages einen so dicken Bauch hat und es ihm so miserabel schlecht geht, dass er zum Arzt gehen muss.

Doch kein Arzt aus Amsterdam kann ihm helfen, obwohl er haufenweise Medikamente bekommt. Schließlich hört er von einem Arzt, der sehr gut sein soll, und schreibt diesem von seinem Leiden. Der Arzt weiß, was zu tun ist, und lässt ihn zu Fuß kommen, damit der Amsterdamer sich sein Fett abläuft, sagt ihm aber, er habe einen Lindwurm im Bauch, der seine Innereien auffresse, wenn er mit dem Pferd komme.

Da macht sich der Mann auf den Weg. Am ersten Tag fällt ihm das Gehen so schwer, dass er vor Wut sogar die Würmer auf dem Weg zertritt und niemanden grüßt. Am zweiten Tag geht es ihm schon besser und er ist gut gelaunt. Am 18. Tag kommt er in der Stadt an, in der der Arzt wohnt, und stellt fest, dass ihm nichts mehr fehlt. Er ärgert sich, dass er nicht einmal mehr Ohrensausen hat. Als er beim Doktor ist, muss er ihm gestehen, dass seine Leiden fort sind.

Der Arzt schickt ihn wieder zu Fuß nach Hause unter dem Vorwand, der Lindwurm sei tot, aber seine Eier seien noch im Bauch des Mannes. Deshalb solle er sich zu Hause viel bewegen und nur so viel essen wie nötig, damit die Eier nicht ausschlüpfen. Der Mann wird sehr alt und bleibt gesund.

Der Autor dieses Aufsatzes formuliert äußerst selbstständig. Problematisch ist dabei, dass der Text unsachlich und umgangssprachlich wirkt (zum Beispiel *miserabel schlecht, haufenweise Medikamente, sich sein Fett ablaufen*). Außerdem hat er Wichtiges vergessen – wie etwa die Selbsterkenntnis des Patienten oder die alljährliche Belohnung für den Arzt – und Unwichtiges eingefügt, zum Beispiel die Würmer auf dem Weg und das Ohrensausen.

Sachtext

Tipp Sachtexte haben keine Handlung. Sie sind informierende Texte. Es geht also hauptsächlich darum, die wesentlichen Gedanken zu erkennen und selbst zu formulieren. Ein Problem besteht darin, dass in Sachtexten Beispiele und Einzelheiten genannt werden. Diese müssen zum Teil weggelassen, zum Teil neu zusammengestellt werden. Man entscheidet also zunächst, welche Details für die Zusammenfassung ausgewählt werden sollen. Ansonsten wird, genau wie bei Erzähltexten, die Kernaussage herausgearbeitet.

Folgende Aufgaben sind bei der Zusammenfassung eines Sachtextes zu bewältigen:

- Du überlegst dir die Kernaussage des Sachtextes und die einzelnen gedanklichen Schritte.
- Dann musst du den Text kürzen, indem du Unwichtiges weglässt und die Darstellung raffst.
- Wörtliche Rede muss ersetzt werden durch andere Aussageformen.
- Deine Zusammenfassung ist sachlich und in einer vom Text unabhängigen Sprache geschrieben.
- Obwohl bereits ein sachlicher Text deiner Zusammenfassung zu Grunde liegt, darfst du nicht einzelne Formulierungen oder gar ganze Textabschnitte der Vorlage übernehmen.
- Reine Textzusammenfassungen beschreiben den Inhalt ohne Hinweis auf Autor oder Titel der Geschichte. Bei Sachtexten ist es jedoch wichtig und interessant zu wissen, wer den Artikel geschrieben hat sowie wo und wann er veröffentlicht wurde.

2 **Schreibe eine Zusammenfassung zum wissenschaftlichen Artikel von Norbert Holst. Achte darauf, die Zusammenhänge logisch darzustellen.**

Tsunamis – mörderische Wellen

Die größten Meereswellen erleben wir an der Küste jeden Tag. Es sind Gezeitenwellen, auch bekannt als Ebbe und Flut. Sie entstehen durch die Anziehungskraft des Mondes und durch die Erdumdrehung. Auf einem Schiff bemerkt man sie nicht, dafür aber an der Nordsee, wenn das Meer kommt oder geht.

An der Nordseeküste verbreiten die Sturmfluten Angst und Schrecken, wenn bei Orkan hohe Wellen oder Brecher gegen die Deiche schlagen und die Küstenbewohner sich fragen, ob die Deiche standhalten werden. Die Wellen einer Sturmflut sind immer mit Wind und Sturm verbunden. Vom Wind ist auch die Höhe des Wellenkamms oder Wellenberges abhängig. Bei Windstärke sechs zum Beispiel ragen die Wellenkämme fünf Meter über den Meeresspiegel.

Während man eine Sturmflut aufgrund des Windes leicht vorhersagen und gut vor ihr warnen kann, trifft ein Tsunami auch bei schönstem Wetter auf eine Küste. Denn ein Tsunami wird nicht durch Wind, sondern meistens durch ein Seebeben, seltener durch eine Lawine oder einen Vulkanausbruch ausgelöst. Am 26. Dezember 2004 kam es vor der Nordspitze der indonesischen Insel Sumatra sechs Kilometer unter dem Meeresgrund zu einem der gewaltigsten Beben, das je gemessen wurde. Wenn sich der Ozeanboden so plötzlich hebt oder senkt, dann lässt dies das Wasser darüber nicht in Ruhe, sondern das Wasser folgt der Bewegung des Bodens, sodass sich an der Oberfläche eine Delle oder ein Wasserberg bildet. So entstehen die Wellen, die nun mit einer unglaublich hohen Geschwindigkeit von über 700 Stundenkilometern durch den Ozean rasen. Ein Tsunami ist so schnell wie ein Düsen-Jet.

Die Höhe des Wellenkamms ist bei offener See nur sehr gering, wohl geringer als ein Meter. An Bord eines Schiffes bemerkt man einen Tsunami also gar nicht. Seine mörderische Gewalt entfaltet der Tsunami erst, wenn er durch eine Küste gebremst wird. Der ansteigende Meeresboden stoppt die Welle: Sie wird höher. Ein Tsunami kann 30 bis 40 Meter hoch wachsen. So erklärt sich auch der Name. Das japanische Wort Tsunami bedeutet: „Hafen-Welle". Da durch das Abbremsen die Geschwindigkeit in Höhe umgewandelt wird, ist die Welle, wenn sie das Ufer erreicht, ungefähr so schnell wie ein Fahrrad oder Auto.

Bevor ein Tsunami auf die Küste schlägt, wird er in der Regel durch ein paar flache Wellen angekündigt. Dann wird in einem ungeheuren Sog so viel Wasser abgezogen, dass nicht nur die Häfen, sondern auch der Meeresboden in Küstennähe, der selbst auch bei tiefster Ebbe mit Wasser bedeckt ist, trocken fällt. Manche lassen sich durch die auf dem Grund zappelnden Fische anlocken. Doch wer Bescheid weiß, rennt um sein Leben. Denn dem Wellental folgt der todbringende Wellenberg, wie es im Indischen Ozean geschah.

Hätte man die Katastrophe verhindern können? Vielleicht. Es wurde eine Tsunami-Warnung für Südostasien wenige Minuten nach dem verheerenden Seebeben vor Sumatra im Internet veröffentlicht. Man war jedoch nicht auf eine solche Katastrophe vorbereitet und hat wohl auch nicht an eine so mörderische Welle geglaubt, die dann Millionen Menschen überraschte.

Im Gegensatz zu den Tieren. In Sri Lanka zum Beispiel wurden keine Kadaver wilder Tiere gefunden. Die Tiere besitzen wohl einen sechsten Sinn für Katastrophen und konnten die Welle spüren. Auch den Meeressäugetieren wie Walen und Delfinen dürfte aus diesem Grund wenig zugestoßen sein. Auch sie spürten die Tsunamis und konnten sich wahrscheinlich in tieferen Gewässern in Sicherheit bringen.

Norbert Holst, Tsunamis – mörderische Wellen, aus: Erlanger Nachrichten, 25. Mai 2005.

Beispiel 1

In dem Artikel „Tsunamis – mörderische Wellen" vom 25. Mai 2005 aus den „Erlanger Nachrichten", verfasst von Norbert Holst, wird über Tsunamis und ihre Entstehung geschrieben.

Große Gezeitenwellen sieht man an Küsten oft. Sie entstehen durch die Anziehungskraft des Mondes und die Erdumdrehung. Bei Sturmfluten fragt man sich, ob die Sicherheitsvorkehrungen ausreichen, denn die Höhe der Wellen hängt vom Wind ab. Solche Stürme können früh erkannt werden, Tsunamis jedoch kaum, da sie nicht durch den Wind, sondern durch Seebeben, Lawinen oder Vulkanausbrüche entstehen. Deshalb bewegt sich die Wasseroberfläche; die dadurch erzeugten Wellen schießen mit einer Geschwindigkeit von mehr als 700 Stundenkilometern auf die Küste zu.

Der Tsunami entsteht aber erst am Strand, da er hier gebremst wird, wodurch er dann bis zu 40 Meter Höhe anwächst. Dem entsprechend bedeutet das japanische Wort „Tsunami" „Hafen-Welle". Flache Wellen und ein Sog, der das ganze Wasser aus den Häfen zieht, kündigen kurzfristig die Tsunamis an.

Trotzdem können Menschen oft nicht rechtzeitig gewarnt werden, wie das auch 2004 beim Tsunami in Südostasien der Fall gewesen ist. Tiere dagegen haben ein Gespür für solche Naturkatastrophen, sodass sie sich rechtzeitig retten können.

Die Zusammenfassung gibt das Wesentliche ohne jede Übernahmen aus dem Artikel und ohne unwichtige Details wieder. Der Inhalt wird sachlich und knapp dargelegt. Die Zusammenhänge werden sehr genau dargestellt. Der Sachstil wird immer eingehalten.

Beispiel 2

In dem Artikel „Tsunamis – mörderische Wellen“ von Norbert Holst aus den „Erlanger Nachrichten“ vom 25. Mai 2005 wird über den Ablauf und die Folgen von Tsunamis geschrieben.

Große Meereswellen, die durch die Gezeiten entstehen, sind für Küstenbewohner nichts Neues. Die Sturmfluten, die mit Wind und Sturm verbunden sind, versetzen die Leute jedoch in Angst und Schrecken. Sturmfluten kann man aber, im Gegensatz zu Tsunamis, vorhersagen. Die Tsunamis werden nämlich nicht durch Wind, sondern durch ein Seebeben ausgelöst. Im Dezember 2004 gab es auf der Insel Sumatra ein gewaltiges Beben. Es entsteht, wenn der Ozeanboden sich hebt oder senkt und das Wasser der Bewegung folgt und sich somit ein Wasserberg bildet, der mit einer Geschwindigkeit von 700 Stundenkilometern durch den Ozean rast. Der Tsunami entfaltet sich erst, wenn er durch eine Küste gebremst wird, und dann kann er bis zu 40 Meter hoch werden. Das Wort „Tsunami“ kommt aus dem Japanischen und heißt „Hafen-Welle“. In der Regel kommen ein paar flache Wellen vor dem Tsunami und kündigen ihn an. Nach dem Sog kommt das nächste Wellental und dann der Wellenberg. Man weiß nicht, ob man eine Tsunami-Katastrophe verhindern kann. Man kann sich zwar vorbereiten, aber nicht einschätzen, wie hoch und kräftig die Wellen sind. Da keine toten Tiere gefunden wurden, vermutet man, dass sie wohl einen sechsten Sinn für Katastrophen haben und die Wellen spüren und sich somit in tiefere Gewässer retten können.

Auch diese Zusammenfassung gibt den Inhalt des Artikels verständlich wieder. Allerdings werden die Zusammenhänge bei weitem nicht so klar wie beim ersten Beispiel. Dies liegt auch daran, dass die Sätze sehr häufig mit *und* verknüpft werden anstelle von *darum, deshalb* etc.

Der Schreibstil ist zwar flüssig, aber an der Erzählung orientiert und daher unsachlich. Oft werden wörtliche Formulierungen aus dem Text übernommen, wie zum Beispiel *einen sechsten Sinn für Katastrophen*.

F Inhaltsangabe

Was muss ich über die Inhaltsangabe wissen?

- Die Inhaltsangabe ist die Weiterentwicklung der Textzusammenfassung. Es kommt eine eigene Einleitung, der so genannte Basissatz, dazu. Dieser nennt Textart, Titel, Autor, Inhalt, Personen und Kernaussage.
- Du musst also zuerst überlegen, um welche Art von Geschichte es sich handelt, welchen Titel sie trägt und wer sie geschrieben hat. Dann legst du fest, was das Wichtigste in der Geschichte ist. Das ist die Kernaussage. Sie steht ganz für sich und darf keinesfalls in den Hauptteil übergehen.
- Deine wesentliche Leistung besteht im Herstellen von Sinnzusammenhängen. Handlungsmotive, Ursachen, Folgen und Wirkungen werden beispielsweise durch geschickt verknüpfte Sätze (Verwendung von Konjunktionen) deutlich.
- Beachte besonders, dass du weder Perspektive noch Erzählton der Vorlage übernehmen darfst und alles in deinen eigenen Worten darstellen musst.

Die fünf Arbeitsschritte bei der Inhaltsangabe sind:

- Lesen und Verstehen des Textes: Worum geht es?
- Markieren und Aufschreiben der Handlungsschritte sowie Festlegung der Kernaussage: Welche ist die wichtigste Aussage des Textes? Welche Schritte führen dorthin?
- Bewertung der Handlungsschritte (= Weglassen von Unwichtigem, Verdichten der Informationen): Warum geschieht etwas? Welche Auswirkungen hat ein Handlungsschritt?
- Vorformulierung des Basissatzes / der Einleitung: Wie heißen Textart, Titel, Autor? Was muss in der Überblicksinformation stehen?
- Schreiben: Wie ersetze ich die wörtliche Rede? Wie stelle ich Sinnzusammenhänge her?

Vorsicht, Falle!

Die sechs häufigsten Fehler, die bei der Inhaltsangabe gemacht werden, sind:

- Die Einleitung wird nicht sorgfältig vom Hauptteil getrennt und enthält nicht die notwendigen Bestandteile. Außerdem wird die Kernaussage nicht genau erfasst.
- Im Hauptteil wird die Kernaussage nicht sorgfältig herausgearbeitet; dadurch wird der Sinn der Geschichte nicht deutlich.
- Die Handlungsschritte werden nicht bewertet, das heißt, dass Wichtiges nicht von Unwichtigem getrennt wird.
- Wörtliche Rede und Erzählelemente werden verwendet. Einzelne Formulierungen aus der Geschichte werden einfach abgeschrieben und/ oder die eigenen Sätze nicht sinnvoll miteinander verbunden.
- Das Tempus Präsens wird nicht durchgehend eingehalten.
- Die Vorlage ist zu sehr nachgestaltet: Die im Text vorgegebene Sichtweise wird übernommen. Wichtig: Du darfst in der Inhaltsangabe nie die Ich-Form verwenden.

Sage

1 **Verfasse zum folgenden Text eine zweigliedrige Inhaltsangabe. Achte dabei besonders auf einen sinnvollen Basissatz.**

Gustav Schwab: Orpheus und Eurydike

In den Urzeiten der Menschheit konnte niemand so schön singen und so bezaubernd die Leier schlagen wie Orpheus, der Sohn der Muse Kalliope. Sie lehrte ihn die Sangeskunst, und von Apollon erhielt er ein herrlich klingendes goldenes Saitenspiel. Götter und Menschen liebten ihn und lauschten entzückt seinen Weisen. Die wilden Tiere des Waldes und die gefiederten Sänger, die Vögel, eilten herbei und saßen friedlich geeint zu seinen Füßen. Selbst die Fische schwammen herzu und hoben die Köpfe aus den Wellen, um ihn zu hören. Ja, sogar Berge und Bäume wanderten, losgelöst von der Erde, zu ihm, wenn er seine Stimme erhob und die Lieder mit göttlichem Saitenspiel begleitete. Die ganze Natur hielt den Atem an, und vom Himmel neigten die Götter sich huldvoll ihm zu.

Orpheus hatte zur Gattin die liebliche Nymphe Eurydike, die er innig liebte. Doch bald traf sie ein grausames Schicksal. Als sie im Frühling auf blumenbunter Wiese mit anderen Nymphen lustwandelte, hob heimlich eine Natter ihren Kopf aus dem Grase und biss die Nichtsahnende mit ihren Giftzähnen in den Fuß. Sterbend sank sie ihren Begleiterinnen in die Arme. Berg und Tal hallten wider von ihren Klagen und den Wehrufen der Vögel, der Hirsche, der Rehe und der Quellen. Orpheus weinte laut über den Tod seiner über alles geliebten Gattin. Lieder unendlicher Wehmut entquollen seiner Leier, sodass Felsen zersprangen und Wasser vor Mitleid erstarrten. Aber all seine Trauer konnte Eurydike nicht mehr erwecken, sie blieb im Totenreich.

Da entschloss er sich, lebend mit seiner Leier zu Hades und Persephone, die das Schattenreich beherrschten, hinabzusteigen. Sie wollte er um die Rückkehr seiner Gemahlin bitten. Tag und Nacht wanderte er, bis er endlich an den Berg Tainaros kam, an dessen Fuß er einen Zugang zur Unterwelt wusste. Furchtlos stieg er in die Tiefe hinab und rührte die Saiten. Sehnsüchtig umschwebten ihn die Schatten der Toten, denn sie erkannten ihn als einen Menschen der Oberwelt, die sich im Glanze der goldenen Leier widerspiegelte und die Finsternis erhellte. Der dreiköpfige Höllenhund Kerberos bellte grimmig und stellte sich Orpheus entgegen, doch sein Saitenspiel machte ihn stumm und zahm.

Orpheus überwand alle Hindernisse der Unterwelt und gelangte zu Hades und Persephone, die bleich auf ihrem Thron saßen und staunend den Lebenden vor sich sahen. Hoffnungsvoll erhob er seine Leier und schlug ihre Saiten, dass sie wie eine klagende Menschenstimme erklangen. Und er sang: „O Fürst über Tote und Frevler, weinend durchirr' ich die Länder, schuldlos war sie und rein. O Fürstin, lass dich erweichen! O gebt mir zurück die Geliebte oder ruft mich selbst zu den Schatten!" Die Toten ringsum weinten über den Schmerz und das ergreifende Spiel des Unglücklichen. Und jene, die zu qualvoller Strafe verurteilt waren, wie Tantalos, Sisyphos und die Danaiden, hielten ein in ihrem vergeblichen Tun. Selbst die unbarmherzigen Rachegeister, die Erinyen, weinten vor Mitleid. Hades und Persephone waren tief gerührt und gewährten Orpheus die Bitte. Die Herrscherin des Totenreichs führte selbst den Schatten der geliebten Gattin dem Sänger zu und sprach zu ihm: „Nimm sie mit dir, um die du uns bittest. Sie wird hinter dir schreiten und sich droben zu neuem Erdenleben verjüngen. Doch wisse, sie ist dir ewig verloren, sobald du dich auf eurem Weg in der Unterwelt nur ein einziges Mal nach ihr umwendest." Mit Worten des Dankes eilten die Glücklichen der Oberwelt zu. Schon waren beide dem Sonnenlicht nahe, da war Orpheus im Zweifel, ob Eurydike ihm folge, weil er ihren Schritt nicht hörte. Angestrengt lauschte er, ob er nicht ihren Atem vernehme, doch vergeblich. Da vergaß er die Mahnung und blickte mit Angst und Sehnsucht hinter sich. Voller Freude sah er die Gattin, die als stummer Schatten hoffnungsvoll hinter ihm ging. Doch als er sich umwandte, erschrak sie und entschwand mit wehen Klagelauten seinen Blicken. Von ferne vernahm er ihre schmerzerfüllte Stimme: „Lebe wohl, mein geliebter Gatte, du siehst mich nimmermehr!" So sank sie wieder ins Schattenreich zurück. Orpheus stürzte ihr nach wie einer, der den Verstand verloren, aber der Fährmann Charon versagte ihm die Fahrt über den Styx nach dem Tartaros. Sieben Tage und sieben Nächte irrte er klagend und bittend das Ufer des schwarzen Flusses entlang, ohne zu essen und zu trinken. Sein Saitenspiel öffnete ihm nicht mehr die Unterwelt. Allein musste er an die Oberwelt zurückkehren. Lange hing seine Leier stumm an einem Baume. Einsam wanderte er durch die Wälder und über die Berge. Wohl sang und spielte er wieder, aber es waren nur Klagelieder.

Beispiel 1

In der griechischen Sage „Orpheus und Eurydike", nacherzählt von Gustav Schwab, wird die traurige Geschichte des Sängers Orpheus erzählt, der seine geliebte Frau Eurydike für immer verliert.

Orpheus, der Sohn der Muse Kalliope, ist der bekannteste Sänger und Leierspieler seiner Zeit. Mensch und Tier lieben seinen Gesang. Er verzaubert alle mit seiner Musik. Orpheus ist vermählt mit der Nymphe Eurydike, die er sehr liebt. Als diese jedoch von einer Natter gebissen wird und stirbt, entschließt er sich, ins Reich der Toten, das Schattenreich, zu gehen und die beiden Herrscher dort, Hades und Persephone, um die Rückgabe seiner Gattin zu bitten. Nach langer Wanderung erreicht er den Eingang der Unterwelt am Berg Tainaros.

Während er hinabsteigt, spielt er so schön, dass selbst der dreiköpfige Höllenhund Kerberos verzückt wird und ihn passieren lässt. Als er endlich vor Hades und Persephone steht, beginnt er in Form eines Liedes um die Rückkehr seiner Gemahlin zu bitten. Die beiden Herrscher haben Mitleid und holen Eurydikes Schatten. Doch Persephone stellt folgende Bedingung für den Rückweg: Eurydike dürfe nur dann wieder mit Orpheus in der Menschenwelt leben, wenn dieser sich auf dem Weg nach oben nie nach seiner Frau umdrehe. Sonst müsse sie für immer im Schattenreich bleiben.

Kurz vor dem Ziel sind Eurydikes Schritte nicht mehr zu hören. Orpheus macht sich Sorgen und dreht sich um. Eurydike gleitet zurück ins Totenreich und ist für immer verloren. Orpheus versucht, ihr ein zweites Mal ins Reich der Toten zu folgen, aber es gelingt ihm nicht mehr. Nun lebt er allein weiter in der Oberwelt und singt nur noch traurige Lieder.

☺ ☺ ☺

Heutzutage kann man nicht davon ausgehen, dass griechische Sagengestalten der Allgemeinheit so bekannt sind, dass die bloße Nennung ihrer Namen genügt. Die Schülerin, die das Aufsatzbeispiel verfasst hat, erklärt deshalb kurz die Verwandtschaftsverhältnisse und die Bedeutung der Figuren. Außerdem stellt sie Sinnzusammenhänge her; dadurch gelingt es ihr, dem Leser die Inhalte dieser berühmten griechischen Sage sachlich zu vermitteln. Es ist ein sehr guter Aufsatz.

Beispiel 2

Im antiken Griechenland ist Orpheus der beste Sänger und Leierspieler. Götter und Tiere hören ihm zu. Orpheus ist mit der Nymphe Eurydike verheiratet. Er liebt sie über alles. Sie wird von einer giftigen Natter gebissen und stirbt. Ihr Mann beschließt, ins Totenreich zu gehen und um ihre Rückgabe zu bitten. Am Berg Tainaros steigt er hinab und überwindet den Höllenhund. Dann singt er vor dem Herrscherpaar um das Leben von Eurydike. Die Herrscher sind gerührt und gewähren ihm die Bitte. Er dürfe sich auf dem Weg zur Oberwelt aber nicht umdrehen. Die beiden wandern nach oben. Kurz davor dreht Orpheus sich um. Seine Frau verschwindet sofort. Der Sänger startet einen zweiten Versuch, jedoch ohne Erfolg. Er muss allein auf der Oberwelt weiterleben.

An diesem Beispiel ist deutlich erkennbar, was passiert, wenn die Sätze nicht miteinander verknüpft sind. Der Aufsatz ähnelt mehr einem Lexikonartikel als einer Inhaltsangabe. Die Handlungsschritte werden zwar genannt, aber nicht miteinander verbunden. So entsteht kein Gang durch die Geschichte, sondern eine sprunghafte Darstellung einzelner Ereignisse. Außerdem fehlt die wichtige Einleitung.

Erzählung I

2 **Verfasse zum folgenden Text eine zweigliedrige Inhaltsangabe.**

Federica de Cesco: Spaghetti für zwei

Heinz war bald vierzehn und fühlte sich sehr cool. In der Klasse und auf dem Fußballfeld hatte er das Sagen. Aber richtig schön würde das Leben erst werden, wenn er im nächsten Jahr seinen Töff [= Moped] bekam und den Mädchen zeigen konnte, was für ein Kerl er war. Er mochte Monika, die Blonde mit den langen Haaren aus der Parallelklasse, und ärgerte sich über seine entzündeten Pickel, die er mit schmutzigen Nägeln ausdrückte. Im Unterricht machte er gerne auf Verweigerung. Die Lehrer sollten bloß nicht auf den Gedanken kommen, dass er sich anstrengte.

Mittags konnte er nicht nach Hause, weil der eine Bus zu früh, der andere zu spät abfuhr. So aß er im Selbstbedienungsrestaurant, gleich gegenüber der Schule. (…) Einen Kaugummi im Mund, stapfte er mit seinen Cowboystiefeln die Treppe zum Restaurant hinauf. Die Reißverschlüsse seiner Lederjacke klimperten bei jedem Schritt. (…)

Viel Geld wollte Heinz nicht ausgeben; er sparte es lieber für die nächste Kassette. „Italienische Gemüsesuppe" stand im Menü. Warum nicht? Immer noch seinen Kaugummi mahlend, nahm Heinz ein Tablett und stellte sich an. Ein schwitzendes Fräulein schöpfte die Suppe aus einem dampfenden Topf. Heinz nickte zufrieden. Der Teller war ganz ordentlich voll. Eine Schnitte Brot dazu und er würde bestimmt satt. Er setzte sich an einen freien Tisch, nahm den Kaugummi aus dem Mund und klebte ihn unter den Stuhl. Da merkte er, dass er den Löffel vergessen hatte. Heinz stand auf und holte sich einen. Als er zu seinem Tisch zurückstapfte, traute er seinen Augen nicht: Ein Schwarzer saß an seinem Platz und aß seelenruhig seine Gemüsesuppe! Heinz stand mit seinem Löffel fassungslos da, bis ihn die Wut packte. Zum Teufel mit diesen Asylbewerbern! Der kam irgendwo aus Uagadugu, wollte sich in der Schweiz breitmachen, und jetzt fiel ihm nichts Besseres ein, als ausgerechnet seine Gemüsesuppe zu verzehren! Schon möglich, dass so was den afrikanischen Sitten entsprach, aber hierzulande war das eine bodenlose Unverschämtheit! Heinz öffnete den Mund, um dem Menschen lautstark seine Meinung zu sagen, als ihm auffiel, dass die Leute ihn komisch ansahen. Heinz wurde rot. Er wollte nicht als Rassist gelten. Aber was nun?

Plötzlich fasste er einen Entschluss. Er räusperte sich vernehmlich, zog einen Stuhl zurück und setzte sich dem Schwarzen gegenüber. Dieser hob den Kopf, blickte ihn kurz an und schlürfte ungestört die Suppe weiter. Heinz presste die Zähne zusammen, dass seine Kinnbacken schmerzten. Dann packte er energisch den Löffel, beugte sich über den Tisch und tauchte ihn in die Suppe. Der Schwarze hob abermals den Kopf. Sekundenlang starrten sie sich an. Heinz bemühte sich, die Augen nicht zu senken. Er führte mit leicht zitternder Hand den Löffel zum Mund und tauchte ihn zum zweiten Mal in die Suppe. Seinen vollen Löffel in der Hand, fuhr der Schwarze fort, ihn stumm zu betrachten. Dann senkte er die Augen auf seinen Teller und aß weiter. Eine Weile verging. Beide teilten sich die Suppe, ohne dass ein Wort fiel. Heinz versuchte nachzudenken. „Vielleicht hat der Mensch kein Geld, muss schon tagelang hungern. Dann sah er die Suppe da stehen und bediente sich einfach. Schon möglich, wer weiß? Vielleicht würde ich mit leerem Magen ähnlich reagieren? Und Deutsch kann er anscheinend auch nicht, sonst würde er da nicht sitzen wie ein Klotz. Ist doch peinlich. Ich an seiner Stelle würde mich schämen. Ob Schwarze wohl rot werden können?"

Das leichte Klirren des Löffels, den der Afrikaner in den leeren Teller legte, ließ Heinz die Augen heben. Der Schwarze hatte sich zurückgelehnt und sah ihn an. Heinz konnte seinen Blick nicht deuten. In seiner Verwirrung lehnte er sich ebenfalls zurück. Schweißtropfen perlten auf seiner Oberlippe, sein Pulli juckte und die Lederjacke war verdammt heiß! Er versuchte den Schwarzen abzuschätzen. „Junger Kerl. Etwas älter als ich. Vielleicht sechzehn oder sogar schon achtzehn. Normal angezogen: Jeans, Pulli, Windjacke. Sieht eigentlich nicht wie ein Obdachloser aus. Immerhin, der hat meine halbe Suppe aufgegessen und sagt nicht einmal danke! Verdammt, ich habe noch Hunger!" Der Schwarze stand auf. Heinz blieb der Mund offen. „Haut der tatsächlich ab? Jetzt ist aber das Maß voll! So eine Frechheit! Der soll mir wenigstens die halbe Gemüsesuppe bezahlen!" Er wollte aufspringen und Krach schlagen. Da sah er, wie sich der Schwarze mit einem Tablett in der Hand wieder anstellte. Heinz fiel unsanft auf seinen Stuhl zurück und saß da wie ein Ölgötze. „Also doch: Der Mensch hat Geld! Aber bildet der sich vielleicht ein, dass ich ihm den zweiten Gang bezahle?" Heinz griff hastig nach seiner Schulmappe. „Bloß weg von hier, bevor er mich zu Kasse bittet! Aber nein, sicherlich nicht. Oder doch?" Heinz ließ die Mappe los und kratzte nervös an einem Pickel. Irgendwie wollte er wissen, wie es weiterging. Der Schwarze hatte einen Tagesteller bestellt. Jetzt stand er vor der Kasse und – wahrhaftig – er bezahlte! Heinz schniefte: „Verrückt!" dachte er. „Total gesponnen!"

Da kam der Schwarze zurück. Er trug das Tablett, auf dem ein großer Teller Spaghetti stand, mit Tomatensauce, vier Fleischbällchen und zwei Gabeln. Immer noch stumm, setzte er sich Heinz gegenüber, schob den Teller in ▶▶

die Mitte des Tisches, nahm eine Gabel und begann zu essen, wobei er Heinz ausdruckslos in die Augen schaute. Heinz'Wimpern flatterten. Heiliger Strohsack! Dieser Typ forderte ihn tatsächlich auf, die Spaghetti mit ihm zu teilen! Heinz brach der Schweiß aus. Was nun? Sollte er essen? Nicht essen? Seine Gedanken überstürzten sich. Wenn der Mensch doch wenigstens reden würde! „Na gut. Er aß die Hälfte meiner Suppe, jetzt esse ich die Hälfte seiner Spaghetti, dann sind wir quitt!" Wütend und beschämt griff Heinz nach der Gabel, rollte die Spaghetti auf und steckte sie in den Mund. Schweigen. Beide verschlangen die Spaghetti. „Eigentlich nett von ihm, dass er mir eine Gabel brachte", dachte Heinz. „Da komme ich noch zu einem guten Spaghettiessen, das ich mir heute nicht geleistet hätte. Aber was soll ich jetzt sagen? Danke? Saublöd! Einen Vorwurf machen kann ich ihm auch nicht mehr. Vielleicht hat er gar nicht gemerkt, dass er meine Suppe aß. Oder vielleicht ist es üblich in Afrika, sich das Essen zu teilen? Schmecken gut, die Spaghetti. Das Fleisch auch. Wenn ich nur nicht so schwitzen würde!" Die Portion war sehr reichlich. Bald hatte Heinz keinen Hunger mehr. Dem Schwarzen ging es ebenso. Er legte die Gabel aufs Tablett und putzte sich mit der Papierserviette den Mund ab. Heinz räusperte sich und scharrte mit den Füßen. Der Schwarze lehnte sich zurück, schob die Daumen in die Jeanstaschen und sah ihn an. Undurchdringlich. Heinz kratzte sich unter dem Rollkragen, bis ihm die Haut schmerzte. „Heiliger Bimbam! Wenn ich nur wüsste, was er denkt!" Verwirrt, schwitzend und erbost ließ er seine Blicke umherwandern. Plötzlich spürte er ein Kribbeln im Nacken. Ein Schauer jagte ihm über die Wirbelsäule von den Ohren bis ans Gesäß. Auf dem Nebentisch, an den sich bisher niemand gesetzt hatte, stand – einsam auf dem Tablett – ein Teller kalter Gemüsesuppe.

Heinz erlebte den peinlichsten Augenblick seines Lebens. Am liebsten hätte er sich in ein Mauseloch verkrochen. Es vergingen zehn volle Sekunden, bis er es endlich wagte, dem Schwarzen ins Gesicht zu sehen. Der saß da, völlig entspannt und cooler, als Heinz es je sein würde, und wippte leicht mit dem Stuhl hin und her.

„Äh ...", stammelte Heinz, feuerrot im Gesicht. „Entschuldigen Sie bitte. Ich ..." Er sah die Pupillen des Schwarzen aufblitzen, sah den Schalk in seinen Augen schimmern. Auf einmal warf er den Kopf zurück, brach in dröhnendes Gelächter aus. Zuerst brachte Heinz nur ein verschämtes Glucksen zustande, bis endlich der Bann gebrochen war und er aus vollem Hals in das Gelächter des Afrikaners einstimmte. Eine Weile saßen sie da, von Lachen geschüttelt. Dann stand der Schwarze auf, schlug Heinz auf die Schulter. „Ich heiße Marcel", sagte er in bestem Deutsch. „Ich esse jeden Tag hier. Sehe ich dich morgen wieder? Um die gleiche Zeit?" Heinz' Augen tränten, sein Zwerchfell glühte und er schnappte nach Luft. „In Ordnung", keuchte er. „Aber dann spendiere ich die Spaghetti!"

Beispiel 1

Die Erzählung „Spaghetti für zwei" von Federica de Cesco handelt davon, dass zwei Jugendliche verschiedener Hautfarbe sich durch einen Irrtum näher kennenlernen.

Der 14-jährige Heinz geht mittags nach der Schule in ein Selbstbedienungsrestaurant und bestellt sich dort eine italienische Gemüsesuppe. Nachdem er diese auf einem Tisch abgestellt hat, verlässt er noch einmal seinen Platz, um sich einen Löffel zu holen. Als er zurückkommt, sieht er am Nachbartisch einen schwarzen Jungen essen, der sich das gleiche Gericht gekauft hat wie er. Heinz meint jedoch, der Schwarze esse seine Mahlzeit, da er die eigene Suppe auf dem Tisch daneben nicht bemerkt. Der Schüler ist über das seiner Meinung nach dreiste Verhalten des Afrikaners entsetzt und kann nicht verstehen, warum der Fremde einfach seine Suppe isst. Doch dann setzt sich der Schüler, da er merkt, dass er von anderen Gästen beobachtet wird, zu dem schwarzen Jungen und taucht seinen Löffel in die Suppe des Farbigen. Er ist immer noch der Meinung, dass er im Recht sei. Schweigend verzehren die beiden Jugendlichen das Mahl zusammen.

Danach erhebt sich der Ausländer, immer noch schweigend, und holt eine Portion Spaghetti. Das überrascht Heinz, hatte er doch gedacht, der Schwarze esse ihm seine Suppe aus Geldmangel weg. Der Farbige hat ihm eine Gabel mitgebracht und fordert ihn stumm auf, mitzuessen. Zögernd isst Heinz mit dem Fremden auch diese Mahlzeit. Als er sich danach unsicher umsieht, sieht er die eigene Suppe auf dem Nachbartisch stehen und erkennt seinen Irrtum. Peinlich berührt will der Schüler sich entschuldigen, aber der Afrikaner lacht nur. Heinz stimmt schließlich in das Gelächter ein. Die Jungen machen sich, durch das Lachen entspannt, miteinander bekannt. Schließlich verabreden sie sich für den nächsten Tag um die gleiche Uhrzeit im Restaurant.

Dieser Aufsatz erfüllt alle Kriterien einer guten Inhaltsangabe. Der Basissatz gibt die Kernaussage wieder, im Hauptteil werden alle Handlungsschritte folgerichtig dargestellt. Das mag seltsam erscheinen, da die Verfasserin doch den Witz der Geschichte gleich „verrät": Der Grund für das Missverständnis – Heinz verwechselt die Tische – wird an den Anfang gestellt. Danach wird das Geschehen Schritt für Schritt aufgerollt. Der Leser der Zusammenfassung weiß sofort, dass Heinz einen Fehler macht. Dadurch kann keine Spannung aufkommen – und das ist genau richtig. Eine Zusammenfassung ist keine Nacherzählung und darf weder Spannung noch Pointe enthalten.

Beispiel 2

Die Erzählung „Spaghetti für zwei“ von Federica de Cesco handelt von einem 14-jährigen Jungen namens Heinz, der nicht immer zum Mittagessen nach Hause kommt. So isst er häufig in einem Selbstbedienungsrestaurant.

Eines Tages kauft er sich dort eine Gemüsesuppe. Als Heinz sich an einen freien Tisch setzt, merkt er, dass er vergessen hat, sich einen Löffel mitzunehmen. In dem Augenblick, in dem der Junge mit dem Löffel zurückkommt, bemerkt er, dass ein Schwarzer an seinem Platz sitzt und seine Suppe isst. Heinz weiß nicht, was er tun soll, aber als alle Leute ihn anstarren, setzt er sich schweigend zu dem Farbigen und verliert kein Wort über den Vorfall. Er beginnt die Suppe mit dem anderen zu essen. Als sie fertig gegessen haben, holt der Afrikaner Spaghetti mit zwei Gabeln, und abermals beginnen beide zu essen. Doch nach der Mahlzeit blickt Heinz sich um und sieht, dass auf dem Nachbartisch ein Teller mit kalter Minestrone steht.

Der Junge erkennt, dass er aus dem Teller des anderen gegessen hat. Nun entschuldigt er sich und beide lachen. Heinz erfährt, dass der Schwarze Marcel heißt, und sie verabreden sich für den nächsten Tag wieder im Restaurant.

Dieser Aufsatz erfüllt die Aufgabenstellung nicht in allen Punkten. Zuerst fällt auf, dass es keinen richtigen Basissatz gibt. Zwar werden Textart, Titel und Autor genannt; aber dann geht der Satz nahtlos in den Hauptteil über. Das ist falsch.

Außerdem werden fast nur die äußeren Handlungsschritte dargestellt. Der Leser erfährt nichts über Heinz' innere Beweggründe. Die gesamte Rassismusproblematik der Geschichte bleibt unklar.

Novelle

Tipp In diesem und in den nächsten Kapiteln geht es um die sogenannte dreigliedrige Inhaltsangabe. Was ist damit gemeint?

- Die klassische Inhaltsangabe enthält neben dem einleitenden Basissatz und dem Hauptteil mit den Handlungsschritten auch einen abrundenden Schlussteil. Man fängt damit an, sich eigene Gedanken zum vorgelegten Text zu machen und diese ausformulieren.
- Später geht man einen Schritt weiter und versucht herauszufinden, warum der Autor diese Geschichte geschrieben hat und was er damit bezwecken / aussagen wollte. Es geht also darum, die Absicht des Autors zu ergründen.

Der Aufbau einer dreigliedrigen Inhaltsangabe sieht so aus:

- Einleitung: Textart, Titel, Autor und Überblicksinformation
- Hauptteil: Inhalt, gegliedert in Handlungsschritte (Gründe und Folgen)
- Schluss: Gedanken zum Text; Aussage des Autors / Absicht des Autors

3 **Verfasse zur folgenden Novelle aus der Sammlung „Decamerone" von Giovanni Boccaccio eine dreigliedrige Inhaltsangabe. Achte besonders darauf, die wörtliche Rede sinnvoll zusammenzufassen.**

Giovanni Boccaccio: Die Kraniche

Konrad Gianfiliazzo war einer der edelsten, freigiebigsten und prachtliebendsten Kavaliere und führte mit Hunden und Vögeln ein herrschaftliches Leben, ohne um wichtige Geschäfte sich zu bekümmern.

Einst fing er mit seinem Falken bei Peretola einen fetten jungen Kranich, den er seinem Koche Chichibio, einem geborenen Venezianer, zum Abendessen aufs Beste zuzurichten befahl. Chichibio, dem der Schelm aus den Augen sah, brachte den Kranich gehörig zubereitet ans Feuer. Als er beinahe fertig war und bereits herrlich duftete, trat Brunetta, eines Nachbars Mädchen, die Chichibio heftig liebte, in die Küche, und bat, gelockt durch Aussehen und Geruch, den Koch, ihr eine Keule zu geben.

„Ihr bekommt sie nicht, Jungfer Brunetta, Ihr bekommt sie nicht“, antwortete er ihr singend. „Wahrhaftig“, erwiderte das Mädchen, „wenn du sie mir nicht gibst, tu' ich dir in meinem Leben keinen Gefallen mehr.“ Und bald gerieten sie miteinander in Streit. Endlich schnitt Chichibio, um seine Schöne nicht weiter zu erzürnen, eine Keule herunter, gab ihr diese und setzte Konrad, der einen Fremden bei sich hatte, den Kranich so auf die Tafel. Verwundert ließ Konrad den Koch rufen und fragte, wo die andre Keule des Kranichs hingekommen sei.

„Mein Herr“, antwortete der venezianische Vogel sogleich, „der Kranich hat ja nur eine Keule und ein Bein.“ „Den Henker auch“, entgegnete Konrad zornig, „hat er nur eine Keule und ein Bein; ich müsste in meinem Leben sonst keinen weiteren gesehen haben.“ „Wahrhaftig“, fuhr Chichibio fort, „ich will es Euch, wenn Ihr's verlangt, an einem lebendigen zeigen.“ Aus Achtung für den Gast wollte Konrad weiter kein Gerede machen. „Wenn du mir in der Natur etwas zeigen kannst, was ich nie gesehen, noch davon gehört habe, so will es morgen früh sehen, und es mag gut sein; ist es aber nicht so, so schwöre ich dir, will ich dich so zurichten, dass du lebenslang an mich denken sollst.“ Damit hatte der Streit für diesen Abend ein Ende.

Bei Anbruch des Tages stand Konrad, der den Zorn keineswegs verschlafen hatte, noch ganz missmutig auf, ließ die Pferde satteln und ritt mit Chichibio nach einem Flusse, wo man immer Kraniche antraf. „Nun wollen wir bald sehn“, sprach er, „wer gestern Abend Unrecht gehabt hat, ich oder du!“ Chichibio, in Verlegenheit wegen seiner Beweisführung, folgte seinem erzürnten Herrn mit äußerster Furcht. Gern hätte er, wenn's möglich gewesen wäre, die Flucht ergriffen, aber das ging nicht an. Er sah daher bald vor, bald hinter sich, bald seitwärts und hielt alles, was ihm vorkam, für einen auf zwei Beinen stehenden Kranich. Nicht mehr weit vom Flusse entfernt sah er zuerst ungefähr ein Dutzend Kraniche am Ufer, ihrer Gewohnheit nach, schlafend auf einem Bein stehen. „Nun, da könnt Ihr deutlich sehn“, sagte er, sie Konrad zeigend, „dass ich gestern Abend mit Recht behauptete, die Kraniche hätten nur einen Schenkel und ein Bein. Seht Ihr sie dort?“

„Warte“, erwiderte Konrad, „ich will dir gleich zeigen, dass sie deren zwei haben“, näherte sich den Kranichen und schrie: Ho! Ho!, auf welches Geschrei die Kraniche das andere Bein hervorstreckten und nach etlichen Schritten davonflogen. „Nun, Schurke“, fuhr Konrad, sich zu Chichibio wendend, fort, „siehst du, dass sie zwei haben?“ „Ja, mein Herr“, antwortete er in der größten Bestürzung, „aber gestern schriet Ihr nicht: Ho, Ho! Hättet Ihr das getan, würde er das andere Bein auch ausgestreckt haben.“ Diese Antwort gefiel Konrad so, dass sein ganzer Zorn sich in Heiterkeit und Lachen verwandelte. „Du hast Recht, Chichibio“, sagte er, „das hätte ich tun sollen.“ So entging jener dank seiner geschwinden Antwort der Strafe und besänftigte seinen Herrn.

Beispiel 1

In der Geschichte „Die Kraniche" von Giovanni Boccaccio geht es um einen Koch, der seinen Herrn, einen italienischen Adligen, betrügt, seiner Strafe aber durch eine pfiffige Antwort entgeht.

Konrad Gianfiliazzo, ein italienischer Edelmann, fängt auf der Jagd einen Kranich und lässt sich diesen von seinem Koch Chichibio zum Abendessen zubereiten. Als der Vogel fast gar ist, bittet die Geliebte des Kochs diesen, ihr eine Keule zu geben. Nach einem kurzen Streit gibt er nach und serviert schließlich den Kranich nur mit einer Keule. Als Konrad Chichibio deswegen zur Rede stellt, meint dieser, alle Kraniche hätten nur ein Bein. Doch der Herr verlangt einen Beweis für diese unsinnige Aussage.

Am folgenden Tag reiten beide an eine Stelle, an der oft Kraniche zu sehen sind. Sie treffen tatsächlich einige Kraniche an, die beim Schlafen auf einem Bein stehen. Chichibio nutzt die Gelegenheit und weist seinen Herrn darauf hin, dass er wohl doch Recht habe. Doch als der Herr laut schreit, strecken die Tiere das zweite Bein hervor und fliegen davon. Nun gibt der schlaue Koch zu bedenken, dass sein Herr am Tag zuvor den Kranich auf dem Tisch nicht erschreckt habe. Deshalb habe der das zweite Bein verborgen gehalten. Diese kluge Antwort gefällt Konrad so sehr, dass er lachen muss und auf die beabsichtigte Bestrafung verzichtet.

Der Autor Boccaccio zeigt mit diesem Text, dass man sich durch Schlagfertigkeit aus einer schwierigen Situation befreien kann.

Dieser sehr gute Aufsatz bietet dem Leser schöne Verknappungen, beispielsweise durch geschickte Satzverknüpfungen:
Als der Vogel fast gar ist, bittet die Geliebte des Kochs diesen, ihr eine Keule zu geben. Nach einem kurzen Streit gibt er nach und serviert schließlich den Kranich nur mit einer Keule.

Die Verfasserin hat darüber hinaus gewandt formuliert und die einzelnen Handlungsschritte gut abstrahiert. Was damit gemeint ist, zeigt die Wiedergabe des Streitgesprächs zwischen Konrad und Chichibio. Die wörtliche Rede des Adligen wird in Handlung umgewandelt und die des Kochs in indirekte Rede. Die Abstraktion besteht darin, den Hintergrund der einzelnen Aussagen zu erfassen: *Doch der Herr verlangt einen Beweis (...).*

Beispiel 2

In der Geschichte „Die Kraniche“ von Giovanni Boccaccio geht es darum, dass sich ein italienischer Koch durch eine gewitzte Antwort der Strafe durch seinen Herrn entzieht.

Konrad Gianfiliazzo, ein Adeliger, der in seiner Freizeit auf die Jagd geht, fängt einen Kranich und verlangt von seinem Koch Chichibio, er solle den Vogel zubereiten. Als dieser fast fertig ist, kommt die Nachbarstochter Brunetta, vom Geruch verleitet, in die Küche und möchte eine Keule des Kranichs haben. Die beiden streiten, und schließlich schneidet der Koch ihr eine Keule ab. Den Rest des Vogels setzt er seinem Herrn, der Besuch hat, vor. Konrad und der Koch streiten wegen der verschwundenen Keule. Chichibio behauptet, der Vogel habe nur ein Bein. Darauf antwortet Konrad, am nächsten Tag solle er ihm einen Kranich mit nur einem Bein zeigen. So reiten sie zu einem Fluss, wo die Kraniche, auf einem Bein stehend, schlafen. Der Koch behauptet, er habe Recht, und meint, er sei gerettet, als sein Herr die Vögel erschreckt, die einige Schritte auf zwei Beinen machen und sich in die Luft erheben. Darauf bemerkt Chichibio, der Herr habe den gebratenen Kranich am Vorabend nicht erschreckt. Darum sei das zweite Bein versteckt geblieben. Wegen dieser witzigen Aussage lässt Konrad seinen Koch in Ruhe. Dieser entgeht der Strafe.

Boccaccio zeigt in dieser unterhaltsamen Geschichte, dass man durch Schlagfertigkeit manch heikler Situation entgehen kann.

Dieser Aufsatz enthält das Wesentliche, ist dabei aber ausführlicher. Der Verfasser verwendet Nebensätze statt dem Nominalstil. Das macht den Unterschied im Umfang aus. Außerdem bleibt er manchmal im Detail hängen:
Als dieser fast fertig ist, kommt die Nachbarstochter Brunetta, vom Geruch verleitet, in die Küche *und möchte ein Keule des Kranichs haben. Die beiden streiten, und schließlich schneidet der Koch ihr eine Keule ab.*

In Beispiel 1 ist dies viel besser beschrieben.

Kurzgeschichte I

4 **Schreibe zur folgenden Kurzgeschichte eine dreigliedrige Inhaltsangabe.**

William M. Harg: Der Retter

Der Schoner „Christoph" ging so sanft unter, dass Senter, der einzige Mann am Ausguck, nichts empfand als Staunen über das Meer, das zu ihm emporstieg. Im nächsten Augenblick war er klatschnass, das Wasser schlug über ihm zusammen, und das Takelwerk, an das er sich klammerte, zog ihn in die Tiefe. Also ließ er los.

Senter schwamm benommen und verwirrt, wie ein Mensch, dessen Welt plötzlich versunken ist. Mit einem Mal hob sich, wie aus der Kanone geschossen, eine Planke mit einem Ende aus dem Wasser und fiel mit Dröhnen zurück. Er schwamm darauf zu und ergriff sie. Er sah, dass noch etwas auftauchte, und das musste einer seiner acht Kameraden sein. Als aber der Kopf sichtbar wurde, war es nur der Hund. Senter mochte den Hund nicht, und da er erst so kurze Zeit zur Bemannung gehörte, erwiderte das Tier seine Abneigung. Aber jetzt hatte es die Planke erblickt. Es mühte sich ab, sie zu erreichen, und legte die Vorderpfoten darauf. Dadurch sank das eine Ende tiefer ins Wasser. Senter überkam die furchtbare Angst, sie könnte ganz untergehen. Er zog verzweifelt an seinem Ende: Die Pfoten des Hundes rutschten ab, und er versank. Aber der Hund kam wieder hoch, und wieder schwamm er schweigend, ohne Hass oder Nachträglichkeit, zur Planke zurück und legte seine Pfoten darauf. Wieder zog Senter an seinem Ende, und wieder versank der Hund. Das wiederholte sich ein dutzend Mal, bis Senter, vom Ziehen ermüdet, mit Entsetzen und Verzweiflung erkannte, dass der Hund es länger aushalten konnte als er.

Senter wollte nicht mehr an das Tier denken. Er stützte die Ellenbogen auf die Planke und hob sich, so weit es ging, aus dem Wasser empor, um sich umzusehen. Der Schrecken seiner Lage überwältigte ihn. Er war Hunderte von Meilen vom Land entfernt. Selbst unter den günstigsten Umständen konnte er kaum hoffen, aufgefischt zu werden. Mit Verzweiflung sah er, was ihm bevorstand. Er würde sich einige Stunden lang an der Planke festhalten können – nur wenige Stunden. Dann würde sich sein Griff vor Erschöpfung lösen, und er würde versinken. Dann fiel sein Blick auf die geduldigen Augen des Hundes. Wut erfüllte ihn, weil der Hund offenbar nicht begriff, dass sie beide sterben mussten. Seine Pfoten lagen am Rande der Planke. Dazwischen hatte er die Schnauze gestützt, sodass die Nase aus dem Wasser ragte und er atmen konnte. Sein Körper war nicht angespannt, sondern trieb ohne Anstrengung auf dem Wasser. Er war nicht aufgeregt wie Senter. Er spähte nicht nach einem Schiff, dachte nicht daran, dass sie kein Wasser hatten, machte sich nicht klar, dass sie bald in ein nasses Grab versinken mussten. Er tat ganz einfach, was im Augenblick getan werden musste.

In der halben Stunde, seit sie sich beide an der Planke festhielten, war Senter bereits ein dutzend Mal gestorben. Aber der Hund würde nur einmal sterben. Plötzlich war es Senter klar: Wenn er selbst zum letzten Mal ins Wasser rutschte, würde der Hund noch immer oben liegen. Er wurde böse, als er das begriff, und er zog sich die Hosen aus und band sie zu einer Schlinge um die Planke. Und er triumphierte, denn er wusste: So konnte er es länger aushalten. Dann aber warf er einen Blick auf die See, und Entsetzen erfasste ihn aufs Neue. Schnell sah er den Hund an und versuchte, so wenig an die Zukunft zu denken wie das Tier.

Am Nachmittag des zweiten Tages fingen die Pfoten des Hundes an, von der Planke abzurutschen. Mehrere Male schwamm er mit Anstrengung zurück, aber jedesmal war er schwächer. Jetzt wusste Senter, dass der Hund ertrinken musste, obwohl er selbst es noch nicht ahnte. Aber er wusste auch, dass er ihn nicht entbehren konnte. Ohne diese Augen, in die er blicken konnte, würde er an die Zukunft denken und den Verstand verlieren. Er zog das Hemd aus, schob sich vorsichtig auf der Planke vorwärts und band die Pfoten des Tieres fest. Am vierten Abend kam ein Frachter vorüber. Seine Lichter waren abgeblendet. Senter schrie mit heiserer, sich überschlagender Stimme, so laut er konnte. Der Hund bellte schwach. Aber auf dem Dampfer bemerkte man sie nicht. Als er vorüber war, ließ Senter in seiner Verzweiflung und Enttäuschung nicht ab, zu rufen. Aber als er merkte, dass der Hund aufgehört hatte zu bellen, hörte auch er auf zu rufen. Danach wusste er nicht mehr, was geschah, ob er lebendig war oder tot. Aber immer suchten seine Augen die Augen des Hundes.

Der Arzt des Zerstörers „Vermont", der zur Freude und Aufregung der Mannschaft einen jungen Kameraden und einen Hund auf der See entdeckt und sie hatte auffischen lassen, schenkte den abgerissenen Fieberfantasien des jungen Menschen keinen Glauben. Denn danach hätten die beiden sechs Tage lang auf dem Wasser getrieben, und das war offenbar unmöglich. Er stand an der Koje und betrachtete den jungen Seemann, der den Hund in den Armen hielt, sodass eine Decke sie beide wärmte. Man hatte ihn erst beruhigen können, als auch der Hund gerettet war. Jetzt schliefen beide friedlich. „Können Sie das verstehen", fragte der Arzt einen neben ihm stehenden Offizier, „warum in aller Welt ein junger Bursche, der den gewissen Tod vor Augen sah, sich solche Mühe gab, das Leben eines Hundes zu retten?"

Beispiel 1

In der Kurzgeschichte „Der Retter" von William M. Harg geht es um einen jungen Matrosen, der zusammen mit einem Hund als Einziger den Untergang seines Schiffes überlebt.

Nach dem Untergang des Segelschiffs „Christoph" hält sich der junge Matrose Senter zusammen mit einem Hund, den er eigentlich nicht leiden kann, an einer Schiffsplanke fest. Sie treiben auf dem offenen Meer und kämpfen um das rettende Stück Holz. Senter merkt, dass der Hund offensichtlich länger überleben wird, weil er beharrlich ist. Nach Momenten der Verzweiflung nimmt sich der Matrose den Hund zum Vorbild, denn das Tier ist ganz entspannt und spart so Kräfte.

Der Mann bindet sich mit seiner Hose am Brett fest, um sich nicht länger mit den Händen daran festhalten zu müssen. Während er sich Sorgen über die Zukunft macht, beobachtet er den Hund. Dem Tier ist es anscheinend egal, was als Nächstes passiert. Das gibt Senter die Kraft, nicht aufzugeben. Aber am nächsten Tag wird der Hund schwächer und rutscht oft vom Brett ab. Senter weiß, dass er den Hund braucht, und bindet dessen Pfoten mit seinem Hemd fest. Zwei Tage später kommt ein Schiff vorbei, aber die Mannschaft kann den rufenden Senter und den bellenden Hund weder hören noch sehen. Der Matrose ist verzweifelt und merkt noch stärker, dass er auf den Hund angewiesen ist.

Sechs Tage lang treiben die Schiffbrüchigen auf dem Meer, bis ein Zerstörer sie findet und an Bord holt. Der Schiffsarzt glaubt der Schilderung Senters nicht und wundert sich darüber, weshalb der Mann so an dem Hund hängt.

Senter und der Hund sind gute Freunde geworden, weil sie sich gegenseitig das Leben gerettet haben.

Diese Geschichte ist nicht ganz einfach und stellt hohe Anforderungen. Sicherlich hast du gleich erkannt, dass es nicht genügt, den äußeren Handlungsverlauf darzustellen. Vielmehr musst du auch darauf eingehen, was in Senter vorgeht. Es geht also um seinen seelischen Zustand. Das nennt man Innensicht – im Gegensatz zur Außensicht, bei der nur die sichtbaren Handlungsschritte benannt werden.

Der Verfasserin gelingt es, Innensicht und Außensicht miteinander zu verknüpfen. Dadurch entsteht ein stimmiges Gesamtbild der Handlung – und die Kernaussage wird deutlich. Die Inhaltsangabe ist nicht zu lang, da der Informationsgehalt pro Satz sehr hoch ist:
Nach Momenten der Verzweiflung *nimmt sich der Matrose den Hund zum Vorbild, denn das Tier ist ganz entspannt und spart so Kräfte*.

An diesem Satz kannst du sehen, wie vier verschiedene Informationen miteinander verbunden werden. Die Hauptaussage ist, dass sich der Matrose den Hund zum Vorbild nimmt. Das wird durch drei verknüpfte Aussagen ergänzt. Der Matrose war vorher verzweifelt, sieht dann das entspannte Tier, zieht daraus den Schluss, dass man so Kräfte sparen kann – und nimmt sich an dem Hund ein Beispiel. Die Informationen werden knapp, aber trotzdem präzise präsentiert.

Beispiel 2

Die Geschichte „Der Retter" von William M. Harg spielt auf See und erzählt von einem Matrosen, der nach einem Schiffbruch von einem Hund gerettet wird.

Der Matrose Senter und ein Hund, den dieser anfangs nicht ausstehen kann, versuchen, nachdem sie Schiffbruch erlitten haben, sich am Leben zu erhalten, indem sie sich an ein Brett klammern, das im Meer treibt. Weil Senter glaubt, dass die Planke ihn und den Hund kaum über Wasser halten kann, will er das Brett für sich allein. Er versucht, das Tier von der Planke fern zu halten, denn er vermutet, dass der Hund ausdauernder ist. Trotz seiner Todesangst bemerkt der Seemann die Ruhe des Hundes und überlegt, dass er vielleicht nicht untergeht, wenn er die Haltung des Tieres übernimmt. Nach zwei Tagen scheinen den Hund jedoch die Kräfte zu verlassen. Senter bindet ihn an der Planke fest. Der Hund ist nun seine innere Stütze, weshalb er ihn nicht verlieren will. Nach sechs Tagen werden sie von einem Zerstörer gerettet, doch man glaubt Senter nicht, dass er sich für so lange Zeit an einem Brett hat festklammern können. Niemand versteht, warum der Hund dem Matrosen so wichtig ist.

Diese Geschichte zeigt, dass ein Tier, das nur seinem Instinkt folgt, für einen Menschen lebensnotwendig werden kann, wenn dieser sich nicht mehr selbst zu helfen weiß.

Diese Inhaltsangabe ist recht gut, da sie knapp ist sowie Innen- und Außensicht miteinander verknüpft. Dazu ist sie sprachlich gelungen. Allerdings werden wichtige Details vergessen, wie zum Beispiel der Frachter, dessen Besatzung die Schiffbrüchigen nicht entdeckt. Dadurch verzweifelt Senter fast völlig; die Bedeutung des Hundes für ihn wird zusätzlich betont.

Positiv an dieser Arbeit ist der gelungene Schlusssatz:
Diese Geschichte zeigt, dass ein Tier, das nur seinem Instinkt folgt, für einen Menschen lebensnotwendig werden kann, wenn dieser sich nicht mehr selbst zu helfen weiß.

Die Aufgabe des Schlusssatzes besteht ja nicht darin, noch einmal zu schreiben, was bereits im Basissatz steht. Vielmehr geht es darum, die Kernaussage in einen allgemeinen Zusammenhang zu stellen. Genau das macht der Verfasser: Er geht vom Einzelfall (= Senter / Hund) zum Allgemeingültigen (= Mensch / Tier) über.

Beispiel 3

In der Kurzgeschichte „Der Retter“ geht es um einen Schiffsuntergang, bei dem sich die einzigen Überlebenden, ein Hund und ein Matrose, anfreunden und sechs Tage auf der offenen See treiben.

Als der Schoner „Christoph“ langsam untergeht, gibt es keine Hoffnung für den jungen Seemann Senter, zu überleben. Doch nach langer Verzweiflung und langem Umherschwimmen erblickt der Matrose plötzlich eine Planke. Aus Angst, dass sie untergehen könnte, verjagt er den Hund immer von ihr. Als er schließlich einsieht, dass ihm, wenn er sich kräftig an die Bohle klammern würde, die Puste ausgehen würde, bindet er sich und den Hund mit seiner Kleidung fest an das starke Brett. Er sieht immer in die Augen des Hundes, der ohne Angst an der Planke hängt. Das hilft ihm, nicht an die Zukunft zu denken. Als ein Frachter die beiden nicht bemerkt, weiß Senter nicht, wie es weitergehen soll, und gibt die Hoffnung auf. Doch am sechsten Tag werden Mensch und Tier von einem Schiff an Bord genommen. Niemand will glauben, dass Hund und Matrose so lange auf dem offenen Meer getrieben sind. Seemann und Hund sind inzwischen Freunde geworden und sie erholen sich schnell.

Die Geschichte zeigt eindrucksvoll und dramatisch die Gefühle des Matrosen Senter und beweist, wie sich Mensch und Tier in großen Nöten anfreunden können.

Diese Inhaltsangabe orientiert sich zu sehr an der Textvorlage. So kommt es, dass der Aufsatz einige Erzählelemente enthält. Insgesamt ist der Stil zu unsachlich.

Es wirkt übertrieben, den Autor für seinen Text zu loben und erweckt den Eindruck, man wolle indirekt auch den Lehrer loben, der einen so tollen Text ausgewählt hat.

Einleitung und Schlusssatz sind nicht gut: Wichtig ist nicht, dass Senter und der Hund sich anfreunden sowie sechs Tage auf dem Meer treiben, sondern dass der Mensch erkennt, wie wichtig die beiden füreinander sind.

Erzählung II

5 **Fasse die folgende Erzählung in einer dreigliedrigen Inhaltsangabe zusammen. Stelle dabei eine logische Reihenfolge her und achte auf die Gründe sowie auf die Folgen des Geschehens.**

Frederik Hetmann: Geräusch der Grille – Geräusch des Geldes

Eines Tages verließ ein Indianer die Reservation und besuchte einen weißen Mann, mit dem er befreundet war.

In einer Stadt zu sein, mit all dem Lärm, den Autos und den vielen Menschen – all dies war ganz neuartig und auch ein wenig verwirrend für den Indianer. Die beiden Männer gingen die Straße entlang, als plötzlich der Indianer seinem Freund auf die Schulter tippte und ruhig sagte: „Bleib einmal stehen. Hörst du auch, was ich höre?" Der weiße Freund des roten Mannes horchte, lächelte und sagte dann: „Alles, was ich höre, ist das Hupen der Autos und das Rattern der Omnibusse. Und dann freilich auch die Stimmen und die Schritte der vielen Menschen. Was hörst du denn?" „Ich höre ganz in der Nähe eine Grille zirpen", antwortete der Indianer. Wieder horchte der weiße Mann. Er schüttelte den Kopf. „Du musst dich täuschen", meinte er dann, „hier gibt es keine Grillen. Und selbst wenn es hier irgendwo eine Grille gäbe, würde man doch ihr Zirpen bei dem Lärm, den die Autos machen, nicht hören."

Der Indianer ging ein paar Schritte. Vor einer Hauswand blieb er stehen. Wilder Wein rankte an der Mauer. Er schob die Blätter auseinander, und da – sehr zum Erstaunen des weißen Mannes – saß tatsächlich eine Grille, die laut zirpte. Nun, da der weiße Mann die Grille sehen konnte, fiel auch ihm das Geräusch auf, das sie von sich gab. Als sie weitergegangen waren, sagte der Weiße nach einer Weile zu seinem Freund, dem Indianer: „Natürlich hast du die Grille hören können. Dein Gehör ist eben besser geschult als meines. Indianer können besser hören als Weiße." Der Indianer lächelte, schüttelte den Kopf und erwiderte: „Da täuschst du dich, mein Freund. Das Gehör eines Indianers ist nicht besser und nicht schlechter als das eines weißen Mannes. Pass auf, ich will es dir beweisen!"

> Er griff in die Tasche, holte ein 50-Cent-Stück hervor und warf es auf das Pflaster. Es klimperte auf dem Asphalt, und Leute, die mehrere hundert Meter von dem roten und dem weißen Mann entfernt gingen, wurden auf das Geräusch aufmerksam und sahen sich um. Endlich hob einer das Geldstück auf, steckte es ein und ging seines Weges. „Siehst du", sagte der Indianer zu seinem Freund, „das Geräusch, das das 50-Cent-Stück gemacht hat, war nicht lauter als das der Grille, und doch hörten es viele der weißen Männer und drehten sich danach um, während das Geräusch der Grille niemand hörte außer mir. Der Grund dafür liegt nicht darin, dass das Gehör der Indianer besser ist. Der Grund liegt darin, dass wir alle stets das gut hören, worauf wir zu achten gewohnt sind."

Beispiel 1

In der Erzählung „Geräusch der Grille – Geräusch des Geldes" von Frederik Hetmann geht es um einen Indianer, der zu Besuch bei seinem weißen Freund ist und diesem beweist, dass Indianer nicht besser hören als Weiße.

Ein Indianer verlässt sein Reservat und besucht seinen weißen Freund in der Stadt. Die beiden gehen eine Straße entlang. Im Gegensatz zu seinem Freund, der wegen des Straßenlärms nichts bemerkt, hört der Indianer eine Grille zirpen, was der Weiße ihm nicht glaubt. Als der Indianer an einer Hauswand unter einer Pflanze die Grille findet und sie dem Freund zeigt, behauptet dieser, Indianer könnten besser hören als Weiße.

Aber der Indianer beweist ihm das Gegenteil: Er holt ein Geldstück aus seiner Tasche und wirft es auf den Boden. Durch das Geklimper werden viele Leute, auch weit entfernte, auf das Geldstück aufmerksam. Einer hebt es auf und geht damit davon. Der Indianer sagt nun, das Geräusch des Geldstücks sei nicht lauter gewesen als das der Grille. So kann er beweisen, dass das Gehör von Indianern nicht besser ist als das Hörvermögen der Weißen. Jeder beachtet nur die Geräusche, die er aus seiner Umgebung kennt.

Der Autor will uns mit der Geschichte wohl sagen, dass jeder Mensch das wahrnimmt, was ihm wichtig ist.

Die Verfasserin hat die Erzählung sehr gut zusammengefasst und konzentriert sich auf das Wesentliche: *Im Gegensatz zu seinem Freund, der wegen des Straßenlärms nichts bemerkt, hört der Indianer eine Grille zirpen, was der Weiße ihm nicht glaubt.*

Lies noch einmal die Passage in der Geschichte, um ermessen zu können, worin die gedankliche Leistung dieser Raffung besteht. Außerdem kannst du sehen, was es bedeutet, direkte Rede in Handlung umzuformen.

Beispiel 2

In der Erzählung geht es um einen weißen Mann und seinen Freund, einen Indianer, die herausfinden, dass die Menschen nur das gut hören, was sie zu hören gewohnt sind.

Ein Indianer verlässt eines Tages das Reservat und besucht seinen weißen Freund in der Stadt. Als sie zusammen die Straße entlanggehen – die Geräusche sind neu und etwas irritierend für den Indianer –, bleibt dieser plötzlich stehen und sagt zu dem Weißen, dass dieser auch stehen bleiben solle. Dann fragt ihn der Indianer, ob er auch höre, was er, der Indianer, höre. Daraufhin lauscht der weiße Mann und meint, das Einzige, was er höre, sei der Lärm der Autos und der Lärm der Menschen. Doch der Indianer erklärt ihm, dass er ganz in der Nähe eine Grille zirpen höre. Der Weiße schüttelt den Kopf und sagt zum Indianer, dass er sich sicher irre, da es hier keine Grillen gebe, und wenn, dann würden sie sicher vom Lärm der Straße übertönt werden. Der Indianer geht zu einer Hauswand und zeigt dem Weißen eine Grille, woraufhin dieser erwidert, dass das Gehör eines Indianers eben besser ausgebildet sei und er nur deshalb die Grille habe zirpen hören. Doch der Indianer belehrt seinen Freund eines Besseren und sagt, dass die Indianer kein besseres Gehör als die Weißen hätten und dass er es ihm beweisen wolle. Dann zieht er ein 50-Cent-Stück aus der Tasche und lässt es auf den Boden fallen. Wegen des Geklimpers des Geldstücks drehen sich viele Leute um. Da sagt der Indianer zu seinem weißen Freund, dass das Geräusch, welches das 50-Cent-Stück gemacht habe, nicht lauter gewesen sei als das Zirpen der Grille. Trotzdem habe nur er das Zirpen gehört. Der Grund liege darin, dass man stets nur das gut höre, worauf man zu hören gewohnt sei.

Dieser Aufsatz erreicht nicht die Informationsdichte von Beispiel 1. Die Verfasserin demonstriert aber ihren sicheren Umgang mit der indirekten Rede. Auffällig ist, dass kein Schlussteil vorhanden ist. Das hat einen Grund: Die Schülerin meint, in der Einleitung schon alles gesagt zu haben. Daher hält sie einen Schlusssatz für unnötig.

Erzählung III

6 **Schreibe zur folgenden Erzählung eine dreiteilige Inhaltsangabe. Beachte vor allem die zeitliche Abfolge der Ereignisse.**

Stefan Andres: Das Trockendock

Das erste Trockendock in Toulon, das gegen Ende des 18. Jahrhunderts von einem Ingenieur namens Grognard erbaut wurde, verdankt seinen Ursprung einer merkwürdigen Begebenheit. Schauplatz war ein Seearsenal, im eigentlichen Sinne aber das Gesicht eines Galeerensträflings – das Antlitz eines für einen Augenblick um seine Freiheit verzweifelt ringenden Menschen.

Bevor es den von Grognard erbauten Wasserbehälter gab, der mit seinem steigenden Spiegel das Schiff in den Fluss hinausschob, war es üblich, dass ein Galeerensträfling die letzten Dockstützen des vom Stapel laufenden Schiffes, freilich unter Lebensgefahr, wegschlug, worauf dann im gleichen Augenblick der Koloss donnernd und mit funkenstiebendem Kiel ins Wasser schoss. Gelang es dem die Stützen fortschlagenden gefangenen Manne, nicht nur dem Schiff die erste Bewegung zu geben, sondern auch sich selbst mit einem gedankenschnellen riesigen Satz aus der Nachbarschaft des herabrutschenden hölzernen Berges zu bringen, dann war er im gleichen Augenblick in seine Freiheit und in ein neues Leben gesprungen, gelang es ihm nicht, blieb von seinem Körper nichts übrig als eine schleimige Blutspur.

Der Ingenieur Grognard, der sich erstmalig zu einem solchen Stapellauf eingefunden hatte, ergötzte seine Augen an den übrigen festlichen Gästen auf den Tribünen und ließ, ganz den düsteren und ehernen Wundern des Arsenals hingegeben, den Silberknauf seines Stockes zu den immer neuen Märschen mehrerer Militärkapellen auf die hölzerne Balustrade fallen, wo er sich mit anderen Ehrengästen befand. Die Kommandos gingen in der Musik unter, gleichwohl bewegten sich die Arbeiter, die freien und die Sträflinge, des gewohnten Vorgangs wie stumme Ameisen kundig, mit Tauen und Ketten und Stangen hantierend, als hinge ein jeder an einem unsichtbaren Faden.

Grognard hatte einen der besten Plätze, er stand dem Bug, etwa fünfzig Schritt entfernt, gerade gegenüber. Wiewohl er vom Hörensagen wusste, auf welch gefährliche Weise man das Schiff flott machte und ins Wasser ließ, so hatte er sich doch nicht den Vorgang aus den Worten in eine deutliche Vorstellung überführt. Ja, er war sogar unbestimmt der Ansicht, dass es menschlich und gut sei, wenn ein ohnehin verwirktes Leben durch einen kühnen Einsatz sich entweder für die Allgemeinheit nützlich verbrauche oder für sich selber neu beginne. Nun aber, als endlich die Stützen am Schiffsrumpf alle bis auf die am Bug fortgenommen, als die Arbeiter zurückkommandiert und die Matrosen an Bord gegangen waren, als schließlich die Musik mit ihren in die Weite schreitenden Takten plötzlich abbrach, als nur noch ein Trommelwirbel dumpf und knöchern gegen die düsteren Mauern des Arsenals anrollte – und verstummte –, da kam ein einzelner Mann in seiner roten Sträflingsjacke mit den schweren hufnagelbeschlagenen Schuhen über das Pflaster gegen das Schiff geschlurft. Er trug einen riesigen Zuschlaghammer in der Hand, der zuerst herabhing, dann, je näher der Mann dem schwarzen Schiffsbauch kam, sich zögernd hob und, als seine winzige Gestalt der Fregatte so nahe war, dass ihr gewölbter Rumpf ihn wie ein schwarzer Fittich überschattete, einmal pickend und vorsichtig pochend eine Stütze berührte, schließlich aber in der Hand des Mannes auf dieselbe Weise herabhing.

Es lag eine gefährliche Stille über der Fregatte und den Zuschauern. Grognard bemerkte, dass er zitterte und mit dem Silberknauf seines Stockes die vorsichtig antastende Bewegung des Zuschlaghammers mitgetan hatte. Und als ob dieses winzige Geräusch des Stockes sein Ohr erreicht hätte, – der Sträfling wandte sich plötzlich wie hilfesuchend um. Grognard konnte die Nummer an der grünfarbenen Mütze des lebenslänglich Verurteilten lesen – es war die Nummer 3222 – und zugleich mit der Zahl und wie durch sie hindurch sah er das zitternde Lächeln, in welchem der Sträfling seine Zähne entblößte und einmal langsam die Augen verdrehte, als wollte er Schiff, Zuschauer, Mauern und Himmel mit diesem einen Blick gierig verschlingen. Aber sofort wandte er sich wieder dem Schiff zu – mit einem Ruck, so als könnte die Fregatte etwa hinter ihm arglistig ohne sein Zutun entrinnen. Einen Atemzug lang blieb er regungslos stehen, den Hammer gesenkt, dann hob er ihn langsam. Es ging ein Stöhnen über den Platz, man wusste nicht, kam es aus dem Publikum, dem ächzenden Gebälk des Schiffes oder der Brust des Mannes, der im gleichen Augenblick zuschlug: einmal, zweimal, hin- und herspringend, gelenkig wie ein Wiesel und wild wie ein Stier, und dreimal zuschlug und viermal –, man zählte nicht mehr. Das Schiff knackte, mischte seine vom Hammer geweckte Stimme in dessen Schläge – und da, als noch ein Schlag kam, sprang es mit einem Satz vor, und auch der Mann sprang, den Hammer wie in Abwehr gegen den plötzlich bebenden Schiffsrumpf werfend, sprang noch einmal, blieb aber, als nun alles aufschrie, das Gesicht in den Händen, stehen, wie ein Mensch im Traum – und der Schiffsrumpf rüttelte zischend und dröhnend über ihn fort.

Dieser Vorgang, der nur wenige Atemzüge lang gedauert hatte, löste einen brünstigen vieldeutigen Schrei aus, der hinter der Fregatte herschnob – über die blutige Spur fort, die alsbald einige Sträflinge mit Sand zu tilgen kamen.

Auch Grognard hatte im allgemeinen Jubel einen Schrei getan und mit dem Schrei zugleich einen Schwur. Dieser Schwur aber enthielt im ersten Augenblick seines Entstehens einen Kern: und in diesem barg sich das Bild eines Trockendocks. Als hätte er gewusst, dass seine Lächerlichkeit damit besiegelt sei, wenn er die eigentliche Triebkraft zu diesem Plan enthüllte: er führte nur Beweggründe ins Feld, die das öffentliche Wohl und den Fortschritt betrafen. Und als endlich trotz aller Widerstände das Dock mit Becken und Schleusentor fertig war, geschah es, dass der Urheber, der sich nun von jenem zwischen Hoffnung und Todesangst verzerrten Lächeln des Galeerensträflings erlöst glaubte, von einem Gefangenen mit einem Hammer niedergeschlagen wurde – es war, als Grognard gerade den Platz am Trockendock überschritt. Der Gefangene trug die grüne Wollmütze der Lebenslänglichen und schleppte seine Kette gemächlich hinter sich her. Eine Welle war er um Grognard in immer enger werdenden Kreisen langsam herumgegangen, bis er schließlich vor ihm stand. Grognard sah offenbar zuerst nur die Mütze und die Nummer daran, bei deren Anblick er wie über einer geheimnisvollen Zahl jäh erstarrte. Doch da schrie auch schon der Mensch, seinen Hammer schwingend: „Das ist der Mann des Fortschritts, der uns den Weg zur Freiheit nahm! Zur Hölle mit dir!" Die herbeieilenden Wachen, die sich des Sterbenden annahmen, sahen, wie der noch einmal die Augen aufschlug, und hörten, wie er mit einer Stimme, die voller Verwunderung schien, flüsterte: „Ah – 3222 – Pardon – ich habe mich geirrt!"

Beispiel 1

Die Erzählung „Das Trockendock" von Stefan Andres spielt gegen Ende des 18. Jahrhunderts in Frankreich und handelt von einem Ingenieur, der durch die Erfindung des Trockendocks eine grausame Sitte beendet, deshalb aber umgebracht wird.

Im 18. Jahrhundert hat ein zu lebenslänglich verurteilter Sträfling die Möglichkeit, seine Freiheit zu erhalten, indem er beim Stapellauf eines Schiffes die letzten Halterungen am Bug entfernt. Dies kann aber auch mit dem Tod des Sträflings enden, wenn er sich nicht schnell genug in Sicherheit bringt und vom Schiff überrollt wird. Als ein Ingenieur namens Grognard bei einem Stapellauf dabei ist, muss er mit ansehen, wie einen Sträfling genau dieses Schicksal ereilt, weil er sich nicht schnell genug entfernt hat. Da Grognard diese Grausamkeit beenden will, beschließt er, eine ungefährliche Art von Docks zu entwickeln. Er erfindet das Trockendock. Nach dessen Fertigstellung jedoch wird der Ingenieur von einem Galeerensträfling erschlagen. Der Sträfling beschuldigt ihn, allen Gefangenen die Möglichkeit, begnadigt zu werden, genommen zu haben. Der Ingenieur entschuldigt sich mit seinen letzten Worten bei ihm.

Diese Geschichte zeigt, dass man es, auch wenn man es gut meint, nicht jedem recht machen kann.

☺ ☺ ☺

Die Verfasserin hat die Aufgabenstellung genau erfasst und gut umgesetzt. Der Inhalt der Geschichte wird viel deutlicher, wenn man zuerst erklärt, welches Interesse die Sträflinge am Stapellauf haben. Im Originaltext wird diese Erklärung erst im zweiten Abschnitt nachgereicht. Durch die Vorwegnahme wird die Zusammenfassung entlastet. Außerdem sollte hervorgehoben werden, dass die Geschichte – die inhaltlich und erzählerisch äußerst anspruchsvoll ist – im Aufsatzbeispiel bemerkenswert klar und transparent wiedergegeben ist.

Beispiel 2

Die Erzählung „Das Trockendock" spielt in Toulon am Ende des 18. Jahrhunderts und handelt von dem Ingenieur Grognard, der als Ehrengast beim Stapellauf eines Schiffes zunächst von der Art und Weise, wie das Schiff ins Wasser gelangt, beeindruckt ist, danach aber, durch die Grausamkeit des Vorgehensweise negativ gestimmt, das Trockendock für das öffentliche Wohl und den Fortschritt erfindet und dabei den Galeerenhäftlingen eine Chance nimmt, die Freiheit zu erreichen.

Der Ingenieur Grognard ist Ehrengast bei einem Stapellauf. Das Schiff steht kurz vor dem Eintritt ins Wasser. Die letzten Stützen, die das Schiff noch zurückhalten, muss ein Galeerensträfling mit dem Vorschlaghammer aus dem Weg räumen. Dabei riskiert er sein Leben. Überlebt er, wird er freigelassen und darf ein neues Leben beginnen. Grognard ist der Meinung, es sei gut, wenn sich ein nutzloser Gefangener so für die Allgemeinheit einsetzen könne und dafür eventuell noch ein neues Leben geschenkt bekomme. Als er aber mit eigenen Augen sieht, wie der Galeerenhäftling mit der Nummer 3222 ihn anblickt, kurz bevor er sein Schicksal in die Hände nimmt, vom Schiff mitgerissen wird und nur eine Blutspur von dem Mann übrig bleibt, beschließt er, eine neue, bessere Erfindung zu machen – das Trockendock!

So nimmt er den Kampf mit den Behörden und den missgünstigen Nebenbuhlern auf und macht das Trockendock zur Realität. Kurz nach der Vollendung seines Werks wird er aber von einem Galeerensträfling mit einem Vorschlaghammer erschlagen. Bevor der Ingenieur endgültig die Augen schließt, macht sein Mörder ihm klar, dass er ihm den Weg, in Freiheit ein besseres Leben zu führen, mit der Erfindung des Trockendocks verbaut habe.

Ich fand die Geschichte gut, weil sie zeigt, dass man, auch wenn man es gut meint, alle Seiten bedenken soll.

Die Schülerin erfasst den Inhalt der Erzählung und erkennt die Aussage des Textes. Sicher hast du aber sofort bemerkt, dass es für sie schwierig war, eine Kernaussage zu finden. Lies noch einmal die Einleitung: Sie ist viel zu lang. Wesentliches wird nicht von Unwesentlichem getrennt. So entsteht schon eine Inhaltszusammenfassung in der Einleitung. Das ist aber nicht ihre Funktion. Ein weiteres Problem besteht darin, dass die Verfasserin sich selbst zur Autorin berufen fühlt und die drastischen Passagen der Geschichte mit eigenen Erzählelementen wie Ausruf, anschaulichen Adjektiven und starker Bildhaftigkeit nachgestaltet.

Beispiel 3

Die Erzählung „Das Trockendock" von Stefan Andres handelt von einer Erfindung, die im 18. Jahrhundert von einem Ingenieur namens Grognard gemacht wird und welche bei der Einweihung einen Toten fordert.

Grognard, ein Ingenieur des 18. Jahrhunderts, stellt an einem Fest seine Erfindung vor. Er hat ein Hilfsmittel gebaut, welches man benutzt, wenn man neu gebaute Schiffe zu Wasser lassen will. Er sitzt auf dem Fest in edler Gesellschaft, um sich die Einweihung seiner Erfindung anzuschauen. Mit festlicher Musik werden die für die Einweihung gebrauchten Sträflinge mit scharfen Kommandos zum Hafen, an dem sich alle Gäste versammeln, gebracht. Einer von den Sträflingen wird ausgesucht und bekommt einen Hammer, mit dem er den Klotz, auf dem das Schiff steht, wegschlagen soll. Die Arbeit ist nicht ganz ungefährlich. Überlebt sie der Sträfling, bekommt er die Freiheit.

Der Mann, der die Nummer 3222 auf seiner grünen Mütze trägt, nimmt den Hammer und geht auf das Schiff zu. Er holt aus und schlägt mehrmals zu. Dabei springt er wie ein Wiesel hin und her. Das Schiff knackt. Er läuft weg und schleudert dabei den Hammer gegen das Schiff. Plötzlich bleibt er stehen und das Schiff überrollt ihn. Jubel und Geschrei erfüllen den Hafen. In diesem Moment schwört sich Grognard, seine Erfindung abzusetzen, weil sie zu viele Leben kostet. Männer holen den Sträfling, der dem Tode nahe ist, und bringen ihn weg.

In dieser Geschichte zeigt der Autor, dass Grognard nur an den Fortschritt gedacht hat und nicht daran, wie gefährlich dieses Trockendock ist.

Leider hat die Verfasserin von Beispiel 3 die Geschichte völlig falsch verstanden. Das erkennt man unter anderem an der Fehldeutung der Erzählung im Schlusssatz.

Das solltest du erkannt haben: Die Erzählung von Stefan Andres besteht aus zwei unabhängigen Teilen. Die Vorgeschichte erzählt Grognards Erlebnis, das zu seinem Entschluss führt, für den Stapellauf eine humane Lösung zu finden. Im zweiten Teil, zeitlich wesentlich später, wird geschildert, was diese Erfindung für die Sträflinge bedeutet.

Kurzgeschichte II

7 **Schreibe eine dreiteilige Inhaltsangabe. Füge außerdem einige Sätze an, in denen du den Versuch einer Deutung unternimmst.**

Erich Junge: Der Sieger

Vielleicht hatte er erwartet, als er uns jetzt herausfordernd der Reihe nach anblickte, dass wir über seine Niederlage in lauten Jubel ausbrechen würden? Aber wir taten ihm den Gefallen nicht; wir hatten uns alle gut in der Gewalt, denn es war gefährlich, ihn zu reizen. Wir mochten ihn nicht, diesen Kraftprotz, der, wenn er einmal den Mund aufmachte, was höchst selten geschah, von nichts anderem sprach als von seinen Kräften, vom Expanderziehen, Gewichtheben, Ringen und Boxen. Diese Niederlage hatte er verdient, und es gab wohl keinen unter uns, der sie ihm nicht von Herzen gönnte.
Es herrschte eine Art Spannung, die jeder spürte, und die doch jeder zu ignorieren versuchte, und von der man nicht wusste, wie sie sich lösen würde; aber es war klar, dass dies hier nur der Anfang war, dazu kannten wir ihn zu genau. Wir hatten vor allem etwas Angst um Bert, der so unbeschwert glücklich war, weil er den Fünfkampf gewonnen hatte und an nichts anderes mehr denken konnte. Erst als Dr. Brenner vom unteren Ende des Platzes heraufkam (er hatte sich von dem letzten, entscheidenden Wurf Berts persönlich überzeugt), wirkten alle ein bisschen gelöster.
„Großartig", sagte er, „Riedel, das haben Sie großartig gemacht", und er schüttelte Bert die Hand.
Und dann gingen wir alle hin und schüttelten ihm die Hand, klopften ihm auf die Schulter und sagten „prima" oder „fabelhaft hast du das hingekriegt, alter Junge", wie man das so sagt mit siebzehn, achtzehn.
„Dannwitz", sagte Dr. Brenner, „gehen Sie hin und gratulieren Sie ihm!"
Dannwitz blieb stehen und rührte sich nicht, den kräftigen, muskulösen Oberkörper nach vorn geneigt, mit unruhig hin und her pendelnden Armen stand er da und rührte sich nicht, tat keinen Schritt, und als Bert von sich aus auf ihn zu ging, drehte er sich um, zeigte sein breites Kreuz und zog sich umständlich die Trainingsjacke über den Kopf. Vielleicht hatte der Lehrer es nicht bemerkt; er tat jedenfalls so, zog den Notizblock hervor und rechnete die Punkte noch einmal zusammen. Außerdem hatte er es eilig, er musste die Siegerurkunden ausschreiben, denn heute Abend war Schulfest, und da sollten sie verteilt werden.

Wir hatten geduscht und fühlten uns wunderbar erfrischt und dachten im Augenblick an nichts anderes mehr als an den kommenden Abend. Wir gingen über den sonnenbeschienenen Platz, hatten die Trainingsblusen über dem Arm, und Bert ging in der Mitte, zwischen Bruno und mir.
„Wie hast du das nur gemacht?" fragte Bruno.
„Es war Technik", sagte Bert, „ich habe viel geübt, und vor allem habe ich mir genau angesehen, wie es die Diskus- und Speerwerfer machen. Jeder von euch kann das ebenso gut."
„Na, na", sagte Bruno, „und Dannwitz, hast du den gesehen?"
„Der ist viel stärker als ich", sagte Bert, „aber er macht es eben nur mit der rohen Kraft, wenn der noch die richtige Technik beherrschte, wäre er nicht zu schlagen."
Die Straßen waren kühl und mittagsleer, aber wir gingen am Rande der Stadt entlang zum Fluss hinunter, den Weg, der von Büschen und einem hüfthohen Zaun umsäumt war und über den Ameisen und blitzende kleine Käfer liefen. Wir hatten es gar nicht bemerkt, dass er uns gefolgt war, denn wir sprachen über den Abend und über das Fest und über das Mädchen, das jeder von uns eingeladen hatte. Mit einem Mal war er plötzlich da. Sein Schatten lag breit und gefährlich vor unseren Füßen. Wir standen wie auf Kommando still. Sein Atem ging keuchend, und wir froren, als wir ihm ins Gesicht sahen. Der Weg lief hier in eine Wiese hinein, durch die ein kleines Gewässer plätschernd zum Fluss hinunterglitt. Eine Ziege lag in der Wiese, starr, wie ein weißer Fleck.
Bert hatte gerade gesagt: „Sie hat mir versprochen, dass sie kommt."
Dannwitz' Adamsapfel ging auf und nieder; sein Gesicht war schweißnass, und die Haare hingen ihm wie Fransen in die Stirn.
„Ihr seid doch drei", sagte er kaum hörbar, „kommt, ihr seid doch drei …"
Niemand antwortete.
Nach einer Weile sagte Bert: „Geht man, geht man nach Hause, ich will nicht, dass ihr da hineingezogen werdet."
Er schob uns zur Seite und stellte sich mit hängenden Armen hin.
„Nun fang an", sagte er flüsternd. „Ich wehre mich nicht einmal, ich weiß, dass es keinen Zweck hat, sich zu wehren, also, fang an ..."
Die Glocken der Michaeliskirche läuteten plötzlich über den Mittag hin. Die Ziege erhob sich träge und kam langsam an den Weg heran.
Dannwitz stand da, mit geballten Fäusten und einem flackernden Licht in den Augen, das aber langsam erlosch. Sein Unterkiefer fiel herab, was seinem Gesicht einen merkwürdig hilflosen Ausdruck verlieh, seine breiten Schultern sackten zusammen, die Fäuste lösten sich, und wahrhaftig, er weinte. Wir sahen es fassungslos. Und dann, so plötzlich, wie er gekommen war, drehte er sich auf dem Absatz herum und trabte davon mit schwankenden Schritten, wie ein großer, verwundeter Bär.
„Er hat geweint", sagte ich zu Hause bei Tisch. „Nie hätten wir so etwas für möglich gehalten."

„Seit wann ist er bei euch?", fragte der Vater.
„Ich glaube, seit anderthalb Jahren, aber wir mochten ihn nicht, von Anfang an mochten wir ihn nicht, ganz besonders nicht, als er anfing, seine Kräfte auszuspielen."
„Womit hätte er euch sonst imponieren sollen?"
„Imponieren?"
„Na ja, was sonst", sagte mein Vater. „Ihr seid doch eine Clique, nicht wahr, ihr kennt euch seit zehn und mehr Jahren. Er kam dazu, ein Fremder, einer, der neu war, ist es nicht so?"
Ich schwieg.

Es war Abend, und der Abend war mild und weich. Sie hatten bunte Lampions aufgehängt, die Musiker waren schon da, und ich freute mich auf jeden und auf alles. Und da sah ich ihn stehen, er stand unter den Buchen, nicht vom Licht des Festplatzes getroffen, er stand da, wesenlos, wie ein Schatten, und ich erkannte nur die Konturen seines Gesichtes. Ich ging schweigend an ihm vorbei, aber mein Herz schlug mir im Halse. Hatte ich etwa Angst? Nein, Angst war es nicht, was mir die Kehle zuschnürte.
Bert rief mich an. „Die Mädchen sind da", sagte er. Die anderen kamen hinzu, der Kreis war geschlossen. Ich blickte verstohlen zu den dunklen Buchen hin. Ich ging fort und setzte mich an einen Tisch, über dem ein roter Mond baumelte. Ich stieß den Mond mit dem Finger an, und er schaukelte hin und her. „Was ist?", fragte Bert, und er setzte sich neben mich.
Ich zuckte mit den Schultern. – „Er steht da", sagte ich nach einer Weile und wies mit dem Kopf in die Richtung der Buchen. „Du kannst seinen Schatten sehen, mehr nicht, er steht da, als ob er nicht zu uns gehörte." Wir schwiegen beide. Der Mond über uns schwang hin und her.
„Ich würde es versuchen", sagte ich dann, „aber ich kann es nicht, deinetwegen."
„Was soll ich denn tun?"
„Hör zu, Bert, wir haben ihm niemals eine Chance gegeben, niemals, ich glaube, das ist es!"
„Gut", sagte Bert und stand auf. „Falls du es vergessen haben solltest", rief ich ihm nach, „er heißt Werner."
Ich weiß nicht, was sie miteinander gesprochen haben, ich will es auch nicht wissen. Aber sie kamen zusammen zwischen den Bäumen hervor, lässig gingen sie nebeneinander, als sei es schon immer so gewesen, und ich dachte, wer von ihnen hat nun eigentlich heute gewonnen?
Der Mond über mir stand still. Ich gab ihm noch einen kräftigen Schubs. Als wir zu dritt den Festplatz erreichten, begann die Musik zu spielen.

Beispiel 1

Die Kurzgeschichte „Der Sieger" von Erich Junge erzählt von einem jungen Mann, der von seinen Klassenkameraden ausgegrenzt wird, weil diese sein Verhalten falsch deuten. Am Ende klärt sich alles und er findet doch Freunde.

Werner Dannwitz lebt seit anderthalb Jahren in einer neuen Stadt. Er wird von seinen Klassenkameraden nicht akzeptiert, weil er mit seiner überdurchschnittlichen Körperkraft angibt. Seine Mitschüler werten das als Arroganz. In Wahrheit will er jedoch damit nur imponieren, um in die Gemeinschaft integriert zu werden. Eines Tages wird Dannwitz von einem anderen Schüler im Fünfkampf geschlagen. Alle Anwesenden gratulieren dem Schüler, nur Dannwitz schließt sich ihnen, selbst als er von einem Lehrer dazu aufgefordert wird, nicht an. Nach dem Wettkampf gehen Bert, der Sieger, und dessen Freunde nach Hause und unterhalten sich über ein Fest, das am Abend stattfinden soll.

Dannwitz, der ihnen unbemerkt gefolgt ist, stellt sich den Jungen in den Weg. Bert, der nun mit Dannwitz' Rache rechnet, bittet seine Freunde, wegzugehen, damit sie nicht in eine Schlägerei verwickelt werden. Diese bleiben aber und sehen mit an, wie Dannwitz in Tränen ausbricht und davonläuft. Als einer von Berts Freunden, der Ich-Erzähler, zu Hause mit seinem Vater über den Vorfall spricht, bringt dieser ihn auf den Gedanken, dass die Jungen Dannwitz nie eine Chance gegeben hätten. Berts Freund unterhält sich auf der Feier mit Bert darüber, und sie erkennen, dass der Vater Recht gehabt hat. Bert spricht noch am selben Abend mit Dannwitz, der sich in der Nähe des Festplatzes aufhält und zunächst abseits steht. Nach diesem Gespräch besteht die Chance, dass Dannwitz in die Gruppe aufgenommen wird.

Ich fand es beeindruckend, wie stark sich Berts Haltung im Verlauf der Geschichte ändert. Die Überschrift zu dieser Geschichte ist doppeldeutig: Beide Jungen haben etwas gewonnen, Bert den Fünfkampf und eine Erkenntnis, Dannwitz neue Freunde.

Das ist eine wirklich gelungene Inhaltsangabe! Geschickt ist bei dieser Zusammenfassung besonders, dass der Schüler sich nicht an der Erzählstruktur orientiert, sondern zunächst die Voraussetzungen für das Verständnis der Hintergründe schafft. Er sammelt alle Informationen über Dannwitz, abstrahiert sie geschickt und erzählt dann die Vorkommnisse nach dem Fünfkampf.

Beispiel 2

Die Kurzgeschichte „Der Sieger" von Erich Junge handelt von einem Schüler, der in seiner Klasse keinen Anschluss findet, bis ein Mitschüler sein Problem erkennt und dafür sorgt, dass er in seine Clique aufgenommen wird.

Dannwitz, der sich bei allen als der Stärkste aufspielt, wird beim Fünfkampf von seinem Mitschüler Bert besiegt. Er weigert sich, ihm zu gratulieren. Als der Gewinner mit seinen Freunden nach Hause geht, folgt Dannwitz ihnen unauffällig und will sich an ihnen rächen. Doch keiner ist bereit, mit ihm zu kämpfen. Daher weiß er nicht, was er tun soll, fängt schließlich an zu weinen und geht weg. Die Freunde sind fassungslos.

Nachdem einer der Freunde seinem Vater zu Hause die Geschichte erzählt hat, erklärt ihm dieser, dass Dannwitz wahrscheinlich mit seinen Kräften nur angibt, um Anschluss zu finden.

Am Abend findet eine Feier statt, bei der Dannwitz abseits unter einem Baum steht. Sein Mitschüler ist durch die Worte des Vaters nachdenklich geworden und erzählt Bert davon. Dieser geht zu Dannwitz, redet mit ihm und bringt ihn mit zur Feier. Jetzt hat Dannwitz die Möglichkeit, in die Clique aufgenommen zu werden.

Der Autor dieser Kurzgeschichte will uns zeigen, dass man keinen Menschen vorschnell verurteilen sollte, wenn man ihn noch gar nicht richtig kennt.

Auch diese Inhaltsangabe ist recht gut gelungen. Beachte, dass die Verfasserin ganz anders vorgegangen ist als der Autor von Beispiel 1, da sie innerhalb der Erzählstruktur der Kurzgeschichte geblieben ist. Auch so ist es möglich, eine sinnvolle Inhaltsangabe zu verfassen. Diese Vorgehensweise empfiehlt sich, wenn du noch nicht so viele Erfahrungen mit Inhaltsangaben gesammelt hast.

Beispiel 3

In der Kurzgeschichte „Der Sieger" geht es um zwei Schüler, die sich nicht mögen, dann aber gute Freunde werden.

Ein Schüler, der sehr kräftig ist, verliert bei einem Fünfkampf gegen Bert, der schwächer ist als er. Alle Schüler freuen sich darüber, denn sie mögen Werner, den Verlierer, nicht, weil der immer mit seiner Kraft angibt. Werner soll Bert gratulieren, aber das tut er nicht und verschwindet. Auf dem Nachhauseweg von der Schule folgt Werner Bert und seinen Freunden, denn er will sich mit Bert schlagen. Bert sagt, dass Werner ihn verprügeln könne und er werde sich auch nicht wehren. Während er das sagt, fängt Werner an zu weinen und geht weg. Zu Hause erzählt ein Schüler, was passiert ist. Sein Vater sagt daraufhin, dass Werner neu sei und keine Freunde habe. Deshalb fühle er sich einsam und versuche mit seiner Kraft aufzufallen. Da schweigt der Schüler. Am Abend geht Bert auf das Schulfest. Er sieht Werner, der unter einem Baum steht, ganz allein. Bert geht an ihm vorbei, ohne Angst zu haben, und trifft seine Freunde. Sie reden über Werner, der ganz allein ist. Einer der Schüler sagt, dass sie ihm niemals eine Chance gegeben hätten. Bert geht zu Werner, um sich mit ihm zu unterhalten. Sie kommen zusammen zurück, als ob sie schon immer die besten Freunde gewesen seien.

Ich denke, der Autor will damit sagen, dass man auf andere zugehen und niemanden ausschließen soll, auch wenn dieser Mensch anders ist als man selbst.

Dieser Aufsatz ist nicht ganz so gelungen und weist einige Kritikpunkte auf. Der Schüler fasst sehr wenig zusammen und verliert sich manchmal in Einzelheiten: *Werner soll Bert gratulieren, aber das tut er nicht und verschwindet. Auf dem Nachhauseweg von der Schule folgt Werner Bert und seinen Freunden, denn er will sich mit Bert schlagen. Bert sagt, dass Werner ihn verprügeln könne und er werde sich auch nicht wehren.*
Besser wäre: Werner verweigert Bert die Anerkennung.

Außerdem wurden Einzelheiten in der Geschichte missverstanden. Vor allem im letzten Teil werden Bert und der Ich-Erzähler miteinander verwechselt: *Am Abend geht Bert auf das Schulfest. Er sieht Werner, der unter einem Baum steht, ganz allein. Bert geht an ihm vorbei, ohne Angst zu haben, und trifft seine Freunde.*

Sachtext

Tipp Sachtexte haben keine Handlungsstruktur – es sind informierende Texte. Es geht also hauptsächlich darum, die Hauptgedanken / Informationen zu erkennen.

Das Problem, besonders bei Reportagen und Interviews, besteht darin, dass viele Beispiele und Einzelheiten genannt werden. Diese müssen zum Teil weggelassen oder neu zusammengestellt werden. Du musst also zunächst entscheiden, welche Details für die Inhaltsangabe wichtig sind. Außerdem soll – wie bei Erzähltexten – die Kernaussage herausgearbeitet werden.

Folgende Aufgaben sind bei der Inhaltsangabe eines Sachtextes zu bewältigen:

- Überlege dir die Kernaussage des Textes und seine einzelnen gedanklichen Schritte.
- Kürze den Text, indem du Unwichtiges weglässt und die Darstellung raffst.
- Ersetze wörtliche Rede durch andere Aussageformen.
- Schreibe deinen Aufsatz sachlich und in einer vom Text unabhängigen Sprache. Auch wenn die Grundlage deiner Inhaltsangabe ein sachlicher Text ist, darfst du keine Formulierungen oder gar ganze Abschnitte übernehmen.

8 **Fasse den folgenden Zeitungstext in einer dreigliedrigen Inhaltsangabe sinnvoll zusammen.**

Michaela Haas: Der Hilfeschrei der Rabenmutter

München, im Oktober – Rabenmutter. Monster. Stephanie Klinger dreht den Kopf zur Seite und spuckt diese Wörter aus, als würden sie übel schmecken. Sie habe das schon zu oft gehört, als dass es noch weh tun könnte, sagt sie. Von Freunden. Von Nachbarn. Auch von Ärzten. Es schmerzt ein bisschen, das schon, auch deshalb will sie nicht, dass wir ihren richtigen Namen nennen, aber weh tun andere Dinge. Zum Beispiel, dass die eigenen Kinder über Wochen hin jedesmal weinten und davonliefen, wenn die Mama zu Besuch kam. „Das", sagt sie, „könnte ich nicht noch mal durchmachen, das war schlimm, wirklich schlimm." Als müsse sie sich nachträglich vergewissern, dass es vorbei ist, setzt sie hinzu. „Ich bin kein Monster."

Stephanie Klinger ist bei ihren beiden kleinen Töchtern öfter „die Hand ausgerutscht", wie sie sagt, einmal „auch der Kochlöffel", und zwar, „vom derbsten, da will ich ehrlich sein". Warum, darüber kann sie selber nur Mutmaßungen anstellen. Von „Überforderung" spricht sie, vom „Klick im Kopf", von dem Moment, „wo man kein Ende mehr findet". Aber es klingt so ratlos, als hätte sie die Frau, die das getan hat, vor langer Zeit aus den Augen verloren. Stephanie Klinger ist erst 22 Jahre alt, von Beruf Gärtnerin, eine auffallend hübsche und blasse junge Frau mit langen, dunklen Haaren. Ihre beiden Töchter Sabine und Andrea sind ihr wie aus dem Gesicht geschnitten, zart und hellhäutig und ein bisschen zu klein für ihre drei und vier Jahre. Wunschkinder, sagt sie mit lebhafter Gestik, seien beide nicht gewesen, der werdende Vater, ihr Noch-Ehemann, habe bei jeder Schwangerschaft beharrlich auf eine Abtreibung gedrängt, „aber ich habe mich total auf die Kleinen gefreut". Bis zur Geburt der zweiten Tochter. „Wenn eine in der Küche brüllte, fing die andere im Schlafzimmer an", erinnert sich Stephanie Klinger an eine dieser Situationen, in denen sie die Nerven verlor, „diese Stereoschreierei habe ich nicht ausgehalten. Ich wollte, dass Ruhe ist, ich habe gebrüllt, das hat natürlich nichts geholfen, und irgendwann bin ich ausgerastet" – bis die beiden Töchter letztes Jahr, kurz vor Weihnachten, ins Harlachinger Krankenhaus eingeliefert werden mussten, eine mit einer Platzwunde am Kopf, die andere mit grünen und blauen Flecken am ganzen Körper, auch im Gesicht.

Das ist, auch wenn es zynisch klingt, ein Routinefall. Alltag. Stephanie Klingers Kinder sind nur zwei von Hunderten, die jedes Jahr in der Statistik des Allgemeinen Sozialdienstes (ASD) auftauchen. Mit den Vermerken: verwahrlost, misshandelt, missbraucht. Die Kurve in dieser zermürbenden Statistik steigt quer durch alle sozialen Klassen unheimlich stetig. Im letzten Jahr allerdings hat sie noch einmal einen derart steilen Satz nach oben gemacht, dass die Frage nach den Gründen unausweichlich ist: Die Zahl kletterte allein in München auf 1400 misshandelte oder vernachlässigte Kinder, ein Drittel mehr als bisher, und jeder weiß, dass die aktenkundigen Fälle nur ein Bruchteil der wirklichen Gewalt sind.

Verunsichert jonglieren Jugendschützer mit möglichen Ursachen für diese massiv zunehmenden Gewaltausbrüche: „Es liegt nicht etwa daran, dass mehr Misshandlungen von uns erfasst werden. Wir spüren voll die Auswirkungen davon, dass das soziale Netz schwächer wird", sagt Arthur Mosandl vom ASD, „die Verschlechterung der wirtschaftlichen Verhältnisse, größere Arbeitslosigkeit, höhere Scheidungsraten, die Enge in zu kleinen Wohnungen, in denen man sich nicht ausweichen kann, das alles schlägt auf die Schwächsten zurück, die Kinder." Vor allem Alleinerziehende mit ▸▸

mehreren kleinen Kindern, so hat der ASD herausgefunden, „haben so ein hohes Risikopotenzial, dass man viel mehr vorbeugen müsste und nicht abwarten, bis es knallt". Aber daran ist in der Praxis nicht zu denken. „Wir sind so kippevoll", klagt Mosandl, „dass wir zum Beispiel von der Polizei gar nicht wissen wollen, bei welchen familiären Streitigkeiten, zu denen sie gerufen wird, Kinder betroffen sind. Wir könnten uns eh nicht darum kümmern." Ein spektakulärer Prozess wie zuletzt 1993 nach dem Tod des kleinen Tobias rückt kurz ins öffentliche Bewusstsein, dass oft etwas faul ist in den Familien, die zu Keimzellen der Gewalt werden können. Aber die öffentliche Empörung hat sich bald verbraucht. Heute werden wieder Stellen gestrichen und Gelder für Einrichtungen, die da helfen könnten. Reiner Kirchmann vom Kinderschutzzentrum sagt, „dass wir meistens nur kurzfristig reagieren können, wenn es schon gekracht hat. Aber nötig wäre, so was anzugehen, bevor ein Fall fällig wird."

Seit Januar sitzt Stephanie Klinger jeden Montag im Kinderschutzzentrum am Sendlinger Tor, um mit Hilfe ihres Familienberaters zu verarbeiten, was in den letzten drei Jahren passiert ist. Das war die Bedingung des Kinderschutzzentrums. Die Gegenleistung: die Chance, ihre Kinder zurückzubekommen. „Wir arbeiten mit der Freiwilligkeit der Eltern", sagt Reiner Kirchmann, „nicht nur die Kinder brauchen Hilfe, sondern auch die Eltern, sonst kann sich nichts ändern."

Mühsam versucht Stephanie Klinger seither, dem nachzuspüren, was zu der Katastrophe geführt hat. „Verdammt hart" sei das, sagt sie, vor allem, weil es das ehrliche Eingeständnis ihres Scheiterns bedeutet. Langsam kommen die Erinnerungen an die eigene unglückliche Kindheit wieder hoch, die Prügel der Mutter damals, die Wutausbrüche ihrer Eltern. „Ich hatte das völlig verdrängt." Aber wenn die Erinnerungen sie einmal überfallen, erzählt Stephanie Klinger ohne Komma und Pause, als würde sich die Last der Vergangenheit durch Reden erleichtern lassen: von der Hochzeit mit 18 Jahren, der missratenen Ehe, handgreiflichen Auseinandersetzungen zwischen ihr und ihrem Mann, schließlich der Trennung. Danach sei sie mit den Kindern „total überfordert" gewesen. „Nie war jemand da, der sie mir mal für ein paar Stunden abnahm, damit ich mal wieder eine Nacht durchschlafen konnte."

Seit der Einlieferung ins Krankenhaus leben Stephanie Klingers Töchter nicht mehr zu Hause. „Sie haben sie mir weggenommen", sagt die Mutter bitter und setzt nach einer Pause überraschenderweise hinzu, „aber eigentlich muss ich zugeben: zu Recht". Alle paar Tage besucht die Mutter die Töchter in der Kinderwohngruppe – einem in München neuen und einzigartigen Hilfsangebot für seelisch und körperlich verwundete Kinder.

Die großzügige, lichtdurchflutete Villa in Nymphenburg ist im Augenblick für acht Kinder zwischen drei und 14 Jahren ein Raum der Geborgenheit – ein von Ärzten und Jugendschützern lange herbeigesehntes Modellprojekt. Vorbilder gibt es nur in Köln und Berlin. Jedes Kind hat seinen eigenen Bezugspädagogen, rund um die Uhr ist jemand da. „Als die Kinder herkamen, konnten sie kaum sprechen", berichtet die Sozialpädagogin Martina Sittl, die Sabine und Andrea in der Wohngruppe betreut, „sie waren überhaupt nicht altersgemäß entwickelt, sehr verängstigt und auch aggressiv, haben sich gegenseitig blutig geschlagen."

Mittlerweile hat sich das Verhältnis zwischen den Kindern und der Mutter „so sehr verändert, wie wir das am Anfang nicht zu träumen gewagt hätten", sagt Martina Sittl. „Die Mutter hat in den Spielstunden erlebt, dass sie ihren Kindern mehr Freiraum lassen kann, und die Kinder haben gelernt, dass ihre Mutter zärtlich ist und ihnen auch sagen kann, dass sie sie lieb hat." Anders als in Heimen wohnen Kinder hier nur, wenn die Eltern damit einverstanden sind – und das nicht auf Dauer, sondern bis auf wenige Ausnahmen längstens für ein halbes Jahr. „Schon dass die Eltern einwilligen, an sich zu arbeiten, ist für uns ein Erfolg", sagt Martina Sittl. „Wir arbeiten im Sinne der Kinder darauf hin, dass sie zu ihren Eltern zurückkönnen, und erst wenn das nicht möglich ist, denken wir über andere Lösungen nach." Hier passiert es nicht, dass Kinder in ein ungewisses Zuhause entlassen werden – die Familien werden anschließend weiterbetreut.

Seit Wochen malt Stephanie Klinger sich aus, wie es sein wird, wenn die Kinder zum ersten Mal wieder nicht nur zu Besuch, sondern ganz nach Hause kommen – bald soll es so weit sein. Sie hat Plätze in einer heilpädagogischen Tagesstätte organisiert, die Zweizimmerwohnung renoviert, das Kinderzimmer frisch gestrichen, lauter gute Vorsätze für einen Neuanfang. Aber die Zweifel nagen wie Gewissensbisse. „Wenn ich ganz, ganz ehrlich bin, dann muss ich zugeben, dass ich noch nicht so weit bin. Ich traue es mir noch nicht zu. Bis jetzt", sagt Stephanie Klinger und schüttelt bedrückt den Kopf, sind „die Folgen meines Verhaltens schon schlimm genug gewesen, aber nochmal, nein, es darf einfach nicht passieren, dass ich nochmal ausraste. Ich nehme die Kinder erst wieder, wenn ich mir wirklich sicher bin, dass ich mich im Griff habe." Zu 80 Prozent sei sie sich sicher, sagt sie, „aber 80 Prozent sind nicht genug".

Beispiel 1

Die Zeitungsreportage „Der Hilfeschrei der Rabenmutter" berichtet von misshandelten Kindern und ihren Eltern. Pädagogen in städtischen Heimen bieten Hilfsprogramme an, um Eltern und ihre Kinder wieder zusammenzuführen.

Die Zahl der registrierten Fälle von Kindesmisshandlungen durch die Eltern steigt rapide. So sind nach Angaben des Allgemeinen Sozialdienstes in München 1400 Fälle von vernachlässigten oder misshandelten Kindern erfasst worden, wobei die Dunkelziffer weitaus höher sein soll. Grund dafür seien die steigenden Arbeitslosenzahlen, die stark zunehmenden Scheidungsraten und die allgemeine Verschlechterung der wirtschaftlichen Lage von Familien in Deutschland.

Allerdings erfährt man in der Reportage auch, dass dieses Problem nicht allein bei sozial Schwachen vorkommt, sondern dass Familien aus allen sozialen Schichten davon betroffen sind. Insbesondere Alleinerziehende fühlen sich oft durch ihre Kinder überfordert und verlieren die Beherrschung. Dies wird am Beispiel einer 22-jährigen Frau verdeutlicht, die ihre zwei kleinen Kinder misshandelt hat, da sie aufgrund fehlender Unterstützung durch ihren Mann nicht mehr mit ihnen zurechtgekommen ist. Wie viele andere Misshandelte auch, sind ihre Kinder nach einem Krankenhausaufenthalt in Gebäuden der Kinderwohngruppe in München untergebracht worden. Dies ist ein neues Projekt der Stadt München. Dabei werden misshandelte Kinder von ausgebildeten Pädagogen betreut. Dadurch, dass jedem Kind ein Pädagoge zugeteilt wird, mit dem es sprechen kann, will man den Kindern Angst und Misstrauen nehmen und sie so auf eine Rückkehr in die Familie vorbereiten. Auch Eltern, wie die oben genannte Mutter, müssen mit speziellen Familienberatern ihre Probleme besprechen. Das Ziel des Projekts ist es, die Familien wieder zusammenzuführen. Das öffentliche Interesse an solchen Projekten ist eher gering. Nur an extremen Fällen – wie der Ermordung von Kindern – nimmt die Öffentlichkeit im negativen Sinne Anteil.

Es ist interessant und erschreckend zugleich, zu erfahren, wie aktuell das Problem der Kindesmisshandlung auch in modernen Wohlstandsländern wie Deutschland ist.

Dieser Aufsatz ist insgesamt sehr gut gelungen und zeigt ein hohes Abstraktionsniveau. Der Einleitungssatz umreißt das Wesentliche des Textes. Im Hauptteil schafft es der Verfasser, die wichtigsten Informationen sehr gut zu ordnen. Man erkennt einen eigenständigen Aufbau sowie gewandte und sachlich-erklärende Formulierungen.

Beispiel 2

In der Reportage „Der Hilfeschrei der Rabenmutter" berichtet Michaela Haas von der steigenden Quote oft unbeabsichtigter Gewaltdelikte innerhalb von Familien und wie den Betroffenen geholfen werden kann, diese in Zukunft zu verhindern.

Der Text zeigt anhand des Beispiels einer jungen Mutter, wie sich die Ungeduld der Eltern mit ihren Kindern oft in Gewalt wandelt. Kinder werden von ihren Eltern geschlagen, wenn sie nicht reagieren oder etwas nicht verstehen. Die Eltern sind überfordert und wissen sich nicht mehr anders zu helfen als mit Gewalt, doch sie denken nicht darüber nach, was sie tun, und die Gewalt ist meist ein ungewollter Reflex.

Dieses Problem betrifft besonders Alleinerziehende, da sie oft wegen des geringen Verdienstes in kleinen Wohnungen leben müssen und sich nie von Stress und Lärm erholen können. Doch auch in „intakten" Familien kann es zu Gewalt kommen. Obwohl die Beamten vom Kinderschutzzentrum München ihr Möglichstes tun, steigt die Zahl der misshandelten und verwahrlosten Kinder immer weiter. Das Zentrum ist bereits überfüllt, und die Gelder für neue Einrichtungen werden gestrichen. Die Mitarbeiter wollen zwar versuchen, Gewalt in Familien zu verhindern, doch das klappt nur sehr selten. Trotzdem wird einigen Familien geholfen.

In einem Modellprojekt leben Kinder getrennt von den Eltern, bis sie durch die Hilfe von Familienberatern wissen, wie sie weitere Gewaltausbrüche verhindern können. Die Kinder dürfen erst dann zu den Eltern zurück, wenn diese sich sicher sind, keine Gewalt mehr anwenden zu müssen. Die Kinder sollen in ein gewaltfreies Zuhause entlassen werden. Für die Familienberater ist es schon ein Fortschritt, wenn die Eltern bereit sind, an sich zu arbeiten. Viele Eltern lassen ihre Kinder nach der Behandlung tagsüber noch in einer heilpädagogischen Tagesstätte betreuen, um nicht wieder rückfällig zu werden und auch einmal ihre Ruhe zu haben. Denn in diesen Fällen brauchen nicht nur Kinder Hilfe, sondern auch ihre Eltern.

Ich finde die Reportage sehr gut, da durch den Text Familien mit ähnlichen Problemen darauf aufmerksam gemacht werden, dass es durchaus Möglichkeiten gibt, einen Ausweg aus der Krise zu finden.

Dieser Aufsatz orientiert sich an der Struktur der Vorlage, schafft es aber trotzdem, Wichtiges von Unwichtigem zu unterscheiden und gut zusammenzufassen. Interessant ist, dass die Verfasserin von Beispiel 2 ihre Zusammenfassung stärker am Fallbeispiel der überforderten Mutter orientiert. Beispiel 1 dagegen geht zunächst von statistischen Angaben und allgemeinen Erkenntnissen aus. Die Grundaussage der Reportage wird aber in beiden Aufsätzen klar.

G Texterschließung

Was muss ich über die Texterschließung wissen?

- Die Texterschließung ist eine Textzusammenfassung mit weiterführenden Aufgabenstellungen. Sie soll zunächst über einen Text sachlich informieren.
- Danach gilt es, Aufgaben zu bearbeiten, wie zum Beispiel das Erkennen der Textart oder die Analyse der sprachlichen Mittel. So ergibt sich eine Zweiteilung der Aufgabenstellung.

Folgende Schritte sind zu bewältigen:

- Zuerst die Kernaussage finden und im Basissatz formulieren.
- Anschließend folgt die sachliche und knappe Darstellung der wichtigsten Handlungsschritte in chronologischer Reihenfolge.
- In einem weiteren Teil werden die Zusatzfragen anhand von Textbelegen beantwortet.
- Egal, welche Textart (Sachtext oder literarischer Text) vorliegt: Dein Aufsatz muss sachlich und in einer vom Originaltext unabhängigen Sprache geschrieben werden.
- Verwende als Tempus das Präsens.

So gehst du vor:

- Lesen und Verstehen des Textes: Worum geht es?
- Markieren und Aufschreiben der Handlungsschritte sowie Festlegung der Kernaussage: Welche ist die wichtigste Aussage des Textes? Welche Schritte führen dorthin?
- Bewertung der Handlungsschritte (= Weglassen von Unwichtigem, Verdichten der Informationen): Warum geschieht etwas? Welche Auswirkungen hat ein Handlungsschritt?
- Analyse der Fragestellung: Was soll mit den Zusatzfragen beantwortet werden?

- Finden von Textbelegen: Welche Stellen passen zu den eigenen Behauptungen?
- Schreiben: Wie stelle ich die wesentlichen Gedanken des Textes dar? Wie stelle ich Sinnzusammenhänge her? Wie formuliere ich eigene Gedanken zum Text? Wie baue ich die Textbelege geschickt ein?

So baust du den Aufsatz auf:

- Einleitung: Angaben im sogenannten Basissatz zu Textart, Titel, Autor sowie eine kurze Überblicksinformation.
- Hauptteil: Darstellung des Inhalts (gegliedert in Handlungsschritte) und Beantwortung aller Zusatzfragen.
- Schluss: Er orientiert sich an der Themenstellung und enthält beispielsweise eine persönliche Stellungnahme oder den Versuch einer Deutung.
- Wichtig: Die einzelnen Teile des Aufsatzes werden durch Absätze voneinander getrennt, aber nicht nummeriert.

Vorsicht, Falle!

Die sechs häufigsten Fehler, die bei der Texterschließung gemacht werden, sind:

- Die Kernaussage wird nicht sorgfältig herausgearbeitet. Dadurch wird der Sinn der Geschichte nicht erfasst.
- Wörtliche Rede und Erzählelemente werden verwendet. Einzelne Formulierungen aus der Geschichte werden einfach abgeschrieben.
- Das Tempus Präsens wird nicht durchgehend eingehalten.
- Die Zusatzfragen werden zu knapp und zu wenig in die Tiefe gehend beantwortet.
- Es werden reine Behauptungen ohne Textbelege aufgestellt.
- Es wird falsch zitiert; Textbelege werden nicht sorgfältig eingebaut. – Achtung: Textbelege sind bei der Beantwortung der Zusatzfragen erwünscht, in der Inhaltsangabe haben sie jedoch nichts zu suchen.

Sachtext mit Stellungnahme

1

1. **Schreibe eine Inhaltsangabe zum folgenden Text aus der „Süddeutschen Zeitung".**
2. **Beschreibe die Aussageabsicht der Autorin. Belege deine Ausführungen an Textbeispielen und achte auch auf die sprachliche Gestaltung des Artikels.**
3. **Nimm Stellung zur Aussage der Autorin und begründe deine Meinung.**

Rosel Termolen: In der Schule fürs Leben lernen

Mein Gott, was für eine Zumutung: Da soll doch tatsächlich in einer Münchner Volksschule – Verzeihung, heutzutage muss das natürlich Grundschule heißen – also, da soll doch wirklich bloß noch jeden zweiten Tag die Putzfrau die Klassenzimmer sauber machen! Ja, noch schlimmer – ein paar ganz und gar in der Vergangenheit lebende Stadträte hatten sogar gemeint, die lieben Kleinen könnten gar selber einmal den Besen schwingen! Ja, wo sind wir denn … Natürlich protestierten da gleich Papis und Mamis energisch und am Schluss erfolgreich gegen eine solche Sparmaßnahme. Schließlich sind sie selber in der Zeit aufgewachsen, in der schon wirtschaftswunderliche Ordnung zu herrschen hatte und es allerwichtigstes Erziehungsziel war, den Sprösslingen alles durchgehen zu lassen.

Aber vielleicht erzählen einmal Oma und Opa, wie das zu ihrer Zeit – so zwischen 1945 und 1948 – in den Münchner Schulzimmern zuging. Da nämlich waren die Kinder froh, wenn sie mit Hilfe der schon aus der Kriegsgefangenschaft entlassenen Väter oder Brüder wenigstens eine Wand ins Klassenzimmer eingezogen bekamen. Ein Besen, den einer von daheim mitbringen konnte, war eine Kostbarkeit. Und es wäre den Schülern von damals – den Volksschülern wie den Gymnasiasten – vermutlich ein Vergnügen gewesen, selber ein bisserl für Sauberkeit zu sorgen. Haben sie damals doch für ihre Schule in den Ruinen sogar Holz gesammelt und Brikettstücke organisiert, um das Kanonenöferl im Klassenzimmer zu heizen. Sogar beim Schuldachdecken sind sie dabei gewesen, haben eine Kette gebildet und die Ziegel nach oben befördert. Ganz zu schweigen von der Ramadama-Aktion, bei der sie, klassenweise eingesetzt, den Schutt von der Straße geschaufelt haben. Aber wen interessieren heute noch solche Märchen von damals. ▶▶

Dabei ginge das mit der Sauberhaltung sogar besonders einfach: Wenn nämlich die Kids, die so gerne für den Umweltschutz der Großen werben, schlicht von Haus aus mehr Ordnung hielten: das Papierl vom Pausenbrot, die Saft- oder Milchtüte, die Plastikhülle vom Schoko-Snack, vor allem aber den ausgezuzelten Kaugummi – könnten sie das nicht gleich selber „entsorgen"? Aber all diese Abfälle, um einmal nur die appetitlichsten und unverfänglichsten zu nennen, finden sich ebenso auf dem U-Bahn-Steig, dem Gehweg oder irgendeinem Vorgarten wie auf dem Klassenzimmerboden. Schließlich kommt ja die Putzfrau oder die Straßenreinigung oder sonst wer, der hinter ihnen herräumt …

Ob es nicht eine ganz gute Lektion für unsere jüngsten Mitbürger wäre, wenn sie einmal den Dreck, den sie hinwerfen, selber wegräumen müssten? Und wenn's schon daheim (…) die Zugehfrau macht, ja, dann könnte man doch vielleicht in der Schule damit anfangen, in der wir bekanntlich fürs Leben lernen.

Beispiel 1

Die Glosse „In der Schule fürs Leben lernen" von Rosel Termolen, erschienen in der „Süddeutschen Zeitung", behandelt eine Sparmaßnahme, bei der Schulkinder selbst die Reinigung ihrer Klassenzimmer übernehmen sollen.

Zu Beginn des Textes weist die Autorin den oben genannten Vorschlag scheinbar zurück und klagt ironisch die verantwortungslosen Stadträte an, die Eltern und Kindern so etwas zumuten. Danach erinnert sie aber daran, dass zu schlechteren Zeiten, beispielsweise in der Nachkriegszeit, die Schüler selbst für den Aufbau und Erhalt ihrer Schule verantwortlich waren und auch in der Öffentlichkeit für Aufräumarbeiten eingesetzt wurden. Dann weist sie darauf hin, dass heutzutage keiner mehr diese Geschichten hören wolle. Im letzten Drittel des Textes kommt die Autorin darauf zu sprechen, dass weniger geputzt werden müsste, wenn die Grundschüler von Anfang an lernen würden, ihren Müll selbst zu entfernen, und mahnt die Eltern, erzieherisch tätig zu werden. Die meisten Schüler würden zu Hause nicht mehr lernen, Ordnung zu halten. Wenigstens würde ihnen dies jetzt in der Schule beigebracht.

Wie bereits erwähnt, handelt es sich bei dem Text um eine Glosse. Dies wird an der sprachlichen Gestaltung sichtbar, die durch Ironie und subjektive Meinungsäußerung geprägt ist: „Mein Gott, was für eine Zumutung" (Zeile 1). Zwar spricht sich die Autorin auf den ersten Blick gegen die „Sparmaßnahme" (Zeile 8) aus, später im Text wird aber erwähnt, dass nicht alle Generationen so selbstverständlich die Verantwortung für die Sauberkeit an Putzfrauen abgeben konnten wie die Elterngeneration der jetzigen Schüler, bei denen eine „wirtschaftswunderliche Ordnung" (Zeile 9f.) geherrscht habe. Die Autorin will verdeutlichen, dass die Schüler, wenn sie selbst für Sauberkeit verantwortlich wären, lernen würden, von Anfang an besser Ordnung zu halten. Sie meint, dass es „eine ganz gute Lektion für unsere jüngsten Mitbürger wäre, wenn sie einmal den Dreck, den sie hinwerfen, selber wegräumen müssten" (Zeile 36f.). Sie sollen also in der Schule lernen, was sie zu Hause offenbar nicht beigebracht bekommen.

Sprachlich unterstützt wird diese Aussage durch bayerische Ausdrücke wie „Ramadama" (Zeile 23), „Kanonenöferl" (Zeile 21) und „Papierl" (Zeile 28). Die Autorin macht sich ja über einen Vorfall in München lustig.

Aus Erfahrung weiß ich, dass fast immer dieselben Schüler den Schmutz im Klassenzimmer verursachen. Trotzdem bin ich der Meinung, dass alle Schüler gemeinsam für die Sauberkeit in der Schule verantwortlich sein sollten. Das wäre zwar anfangs eine unangenehme Aufgabe, aber früher oder später hätte auch der Letzte gemerkt, dass es sich lohnt, Ordnung zu halten und den Abfall im Papierkorb unterzubringen, statt unappetitlichen Müll unter den Bänken zu hinterlassen. Ich glaube, über die Schule könnte man unserer Gesellschaft beibringen, Ordnung und Sauberkeit zu wahren, was manche Kinder und Jugendliche offensichtlich zu Hause nicht lernen.

Dieses Beispiel ist rundum gelungen. Es ist richtig aufgebaut und stellt sowohl die Gedanken der Autorin als auch die eigenen Erkenntnisse knapp und klar dar. Dabei werden Zitate richtig verwendet und sinnvoll in den Text eingebaut. Die Textart des Artikels wird zutreffend als Glosse analysiert und durch sprachliche Merkmale belegt.

Beispiel 2

Der Text von Rosel Termolen handelt von der Sauberkeit und Ordnung in Schulen.

Die Autorin stellt in ihrem Bericht dar, wie es heutzutage angeblich unzumutbar sei, die Kinder in den Schulen einmal selbst für Sauberkeit sorgen zu lassen. Auch seien nach Meinung der Eltern Putzfrauen, die täglich die Klassenzimmer der Kinder säubern, unentbehrlich. In der heutigen Zeit scheinen alle Eltern darauf bedacht zu sein, ihre Kinder ein bequemes Leben führen zu lassen. Aber noch vor ungefähr 60 Jahren ging es in den Schulen noch ganz anders zu. In der Nachkriegszeit war es für Schüler etwas Besonderes, wenn sie beim Aufbauen oder Aufräumen der Schule helfen durften. Anscheinend interessiert das heute niemanden mehr.

Für die sonst vom Umweltschutz so begeisterten Kinder wäre es sicher kein Problem, ihren Müll vom Pausenhof selbst wegzuräumen. Stattdessen sind sie aber sicher, irgendjemand werde schon für sie aufräumen.

Für die Kinder wäre es sicher gut, wenn sie ihren Müll selbst entsorgen müssten, und da man sich in die Erziehungsmaßnahmen der Eltern zu Hause nicht einmischen kann, könnte in der Schule wahrscheinlich am besten damit begonnen werden.

Rosel Termolen schreibt ihren Artikel sehr ironisch. Sie kritisiert die Erziehungsziele der Eltern und bringt ein Gegenbeispiel aus der Zeit vor 60 Jahren, als Kinder noch zur Sauberkeit erzogen wurden.

Allgemein ist die Autorin der Ansicht, dass viele Kinder von ihren Eltern zu sehr verwöhnt würden, was Ordnung und Aufräumen betrifft. Sie schreibt aber auch, dass die Erwachsenen es nicht viel besser machten. Es sehe auf U-Bahn-Steigen oft nicht anders aus als in Klassenzimmern.

Meine persönliche Meinung ist der der Autorin ähnlich. Es ist wirklich oft so, dass Kinder sehr verzogen sind, aber nicht in allen Fällen ist es so extrem, wie im Text geschildert. An unserer Schule kommen die Putzfrauen nicht täglich. Die Schüler müssen also selbst auf die Ordnung in ihrem Zimmer achten. Auch für den Pausenhof sind die Schüler selbst verantwortlich. Trotzdem liegt oft noch sehr viel Abfall auf den Straßen, am Bahnhof oder in Parks. Daran sind aber meistens die Erwachsenen schuld. Sie sind vielen Kindern ein schlechtes Vorbild. Deshalb wäre es sicher sehr lehrreich, in der Schule die Kinder „selber einmal den Besen schwingen" zu lassen.

Dieses Beispiel enthält mehrere Fehler: Der Basissatz ist unvollständig, die Kernaussage wird auf einen Gesichtspunkt verkürzt. Die Verfasserin hat teilweise den ironischen Ton der Textvorlage übernommen. Die Zusatzfragen sind nicht vollständig beantwortet. So fehlen Aussagen zur sprachlichen Gestaltung des Artikels und direkte Zitate. Die Stellungnahme zum Text hingegen ist recht persönlich und engagiert formuliert.

Kurzgeschichte mit Deutung des Titels und Gattungsmerkmalen

Tipp Da eine Kurzgeschichte kein Sachtext ist, geht es nicht um die Darstellung von Fakten, sondern um die Handlungsstruktur eines poetischen Textes. Es wird also auf innere Zusammenhänge Wert gelegt. Ansonsten gelten die bekannten Regeln zu Basissatz, Zusammenfassung und Zusatzfragen (siehe die Infos auf den Seiten 106f.).

2

1. **Schreibe eine Inhaltsangabe zum folgenden Text.**
2. **Erläutere den Titel und gehe dabei auf die biblische Anspielung ein.**
3. **Weise anhand von charakteristischen Merkmalen nach, dass es sich bei diesem Text um eine Kurzgeschichte handelt. Belege deine Ausführungen durch Beispiele.**

Wolfgang Borchert: Die drei dunklen Könige

Er tappte durch die dunkle Vorstadt. Die Häuser standen abgebrochen gegen den Himmel. Der Mond fehlte, und das Pflaster war erschrocken über den späten Schritt. Dann fand er eine alte Planke. Da trat er mit dem Fuß gegen, bis eine Latte morsch aufseufzte und losbrach. Das Holz roch mürbe und süß. Durch die dunkle Vorstadt tappte er zurück. Sterne waren nicht da.

Als er dir Tür aufmachte (sie weinte dabei, die Tür), sahen ihm die blassblauen Augen seiner Frau entgegen. Sie kamen aus einem müden Gesicht. Ihr Atem hing weiß im Zimmer, so kalt war es. Er beugte sein knochiges Knie und brach das Holz. Das Holz seufzte. Dann roch es mürbe und süß ringsum. Er hielt sich ein Stück davon unter die Nase. Riecht beinahe wie Kuchen, lachte er leise. Nicht, sagten die Augen der Frau, nicht lachen. Er schläft.

Der Mann legte das süße, mürbe Holz in den kleinen Blechofen. Da glomm es auf und warf eine Handvoll warmes Licht durch das Zimmer. Das fiel hell auf ein winziges, rundes Gesicht und blieb einen Augenblick. Das Gesicht war erst eine Stunde alt, aber es hatte schon alles, was dazugehört: Ohren, Nase, Mund und Augen. Die Augen mussten groß sein, das konnte man sehen, obgleich sie zu waren. Aber der Mund war offen, und es pustete leise daraus. Nase und Ohren waren rot. Er lebt, dachte die Mutter. Und das kleine Gesicht schlief.

Da sind noch Haferflocken, sagte der Mann. Ja, antwortete die Frau, das ist gut. Es ist kalt. Der Mann nahm noch von dem süßen, weichen Holz. Nun hat sie ihr Kind gekriegt und muss frieren, dachte er. Aber er hatte keinen, dem er dafür die Fäuste ins Gesicht schlagen konnte. Als er die Ofentür aufmachte, fiel wieder eine Handvoll Licht über das schlafende Gesicht. Die Frau sagte leise: Kuck, wie ein Heiligenschein, siehst du? Heiligenschein!, dachte er, und er hatte keinen, dem er die Fäuste ins Gesicht schlagen konnte.

Dann waren welche an der Tür. Wir sahen das Licht, sagten sie, vom Fenster. Wir wollen uns zehn Minuten hinsetzen. Aber wir haben ein Kind, sagte der Mann zu ihnen. Da sagten sie nichts weiter, aber sie kamen doch ins Zimmer, stießen Nebel aus den Nasen und hoben die Füße hoch. Wir sind ganz leise, flüsterten sie und hoben die Füße hoch. Dann fiel das Licht auf sie.

Drei waren es. In drei alten Uniformen. Einer hatte einen Pappkarton, einer einen Sack. Und der dritte hatte keine Hände. Erfroren, sagte er, und hielt die Stümpfe hoch. Dann drehte er dem Mann die Manteltaschen hin. Tabak war darin und dünnes Papier. Sie drehten Zigaretten. Aber die Frau sagte: Nicht, das Kind. Da gingen die vier vor die Tür, und ihre Zigaretten waren vier Punkte in der Nacht. Der eine hatte dicke, umwickelte Füße. Er nahm ein Stück Holz aus einem Sack. Ein Esel, sagte er, ich habe sieben Monate daran geschnitzt. Für das Kind. Das sagte er und gab es dem Mann. Was ist mit den Füßen?, fragte der Mann. Wasser, sagte der Eselschnitzer, vom Hunger. Und der andere, der dritte?, fragte der Mann und befühlte im Dunkeln den Esel. Der dritte zitterte in seiner Uniform: Oh, nichts, wisperte er, da sind nur die Nerven. Man hat eben zu viel Angst gehabt. Dann traten sie die Zigaretten aus und gingen wieder hinein.

Sie hoben die Füße hoch und sahen auf das kleine, schlafende Gesicht. Der Zitternde nahm aus seinem Pappkarton zwei gelbe Bonbons und sagte dazu: Für die Frau sind die.

Die Frau machte die blassen, blauen Augen weit auf, als sie die drei Dunklen über das Kind gebeugt sah. Sie fürchtete sich. Aber da stemmte das Kind seine Beine gegen ihre Brust und schrie so kräftig, dass die drei Dunklen die Füße aufhoben und zur Tür schlichen. Hier nickten sie nochmal, dann stiegen sie in die Nacht hinein.

Der Mann sah ihnen nach. Sonderbare Heilige, sagte er zu seiner Frau. Dann machte er die Tür zu. Schöne Heilige sind das, brummte er, und sah nach den Haferflocken. Aber er hatte kein Gesicht für seine Fäuste.

Aber das Kind hat geschrien, flüsterte die Frau, ganz stark hat es geschrien. Da sind sie gegangen. Kuck mal, wie lebendig es ist, sagte sie stolz. Das Gesicht machte den Mund auf und schrie. Weint er?, fragte der Mann. Nein, ich glaube, er lacht, antwortete die Frau.
Beinahe wie Kuchen, sagte der Mann und roch an dem Holz, wie Kuchen. Ganz süß.
Heute ist ja auch Weihnachten, sagte die Frau.
Ja, Weihnachten, brummte er, und vom Ofen her fiel eine Handvoll Licht hell auf das kleine, schlafende Gesicht.

Beispiel 1

Die Kurzgeschichte „Die drei dunklen Könige" von Wolfgang Borchert spielt unmittelbar nach dem Zweiten Weltkrieg und handelt von einem Ehepaar mit einem neugeborenen Kind, welches am Weihnachtstag von drei Männern besucht und beschenkt wird.

Zu Beginn des Textes läuft ein Mann durch eine zerbombte Vorstadt und besorgt Feuerholz. Damit kehrt er heim zu seiner Frau und dem erst eine Stunde alten Kind. Er legt das Holz in den Ofen und ist wütend, weil er niemanden für die Armut seiner Familie zur Verantwortung ziehen kann. Bald darauf kommen drei Männer zu ihnen ins Haus, um sich zu wärmen. Sie tragen alte Uniformen und machen einen erbärmlichen Eindruck. Alle drei sind kriegsversehrt; sie haben sich von ihrem Kriegstrauma nicht erholt.

Die drei Männer schenken dem Kind einen aus Holz geschnitzten Esel, der Mutter zwei Bonbons und dem Vater Zigaretten. Als die Männer sich über das neugeborene Kind beugen, schreit es laut und vertreibt die Männer. Die drei Besucher verlassen die Familie; diese bleibt trotz der ungünstigen Lage in einer weihnachtlichen Stimmung zurück.

Borchert spielt mit dem Titel „Die drei dunklen Könige" auf ein biblisches Ereignis an: Nach der Geburt Christi kommen die Heiligen Drei Könige und beschenken das Kind. Immer wieder wird im Text auf die Weihnachtsgeschichte angespielt: „Heute ist ja auch Weihnachten, sagte die Frau." (Zeile 62) – „Kuck, wie ein Heiligenschein, siehst du?" (Zeile 25) Auch das Beschenken des Kindes ist der biblischen Geschichte entnommen. Die „Könige" werden allerdings ganz anders als ihre Vorbilder geschildert: Sie sind arme, verwundete Kriegsheimkehrer. Ihre Geschenke sind ärmlich, trotzdem geben sie alles, was sie haben.

Im Titel werden die „Könige“ als „dunkel“ beschrieben, um den Gegensatz zu den Heiligen zu verdeutlichen. Auch der Vater nennt sie „sonderbare Heilige“ (Zeile 53).

Die Geschichte beginnt mit dem Satz: „Er tappte durch die dunkle Vorstadt“ (Zeile 1) völlig unvermittelt und endet offen: „(…) vom Ofen her fiel eine Handvoll Licht hell auf das kleine, schlafende Gesicht“ (Zeile 63f.). Man weiß nicht genau, wie es mit der Familie weitergeht. Unvermittelter Beginn und offenes Ende sind typische Merkmale einer Kurzgeschichte.

Ferner ist der Besuch der drei Männer ein wichtiger Wendepunkt im Leben des Kindes und der Eltern. Auch dies ist ein Merkmal der Kurzgeschichte. Dies wird klar an der Stelle: „Weint er?, fragte der Mann. Nein, ich glaube, er lacht, antwortete die Frau“(Zeile 58f.). Dadurch gibt es Hoffnung, dass das Kind überleben wird.

Der Schüler erfasste die Fragestellung genau und schrieb einen sehr guten Aufsatz. Den Inhalt fasst er mit eigenen Worten sachlich und ohne Anleihen aus dem Text zusammen.

Bei der Beantwortung der Zusatzfragen stützt er seine Behauptungen auf geschickt ausgewählte Textbelege. Passend zur Fragestellung hört die Arbeit mit den Gattungsmerkmalen auf. Diese werden nicht nur aufgezählt, sondern auch mit dem Inhalt der Geschichte kombiniert.

Beispiel 2

Die Kurzgeschichte „Die drei dunklen Könige“ von Wolfgang Borchert ist im Grunde auf der Weihnachtsgeschichte aufgebaut. Sie handelt von einem Ehepaar, das gerade ein Kind bekommen hat. In der Nacht kommen drei arme Männer, vom Licht geleitet, in das Haus der Eltern. Nach kurzem Aufenthalt übergeben sie dem Kind kleine Geschenke und verlassen das Haus wieder.

Zu Beginn des Textes wird erzählt, wie der Vater in der Vorstadt umherläuft und Holz sammelt. Alles um ihn herum ist dunkel. Als er mit dem Holz nach Hause kommt, öffnet ihm seine Frau die Tür und macht ihn darauf aufmerksam, dass das neugeborene Kind schläft. Der Mann legt das Holz in den Ofen, und etwas Licht fällt auf das Gesicht des Kindes. Die Mutter ist sehr stolz auf ihr Baby und froh, dass es am Leben ist. Der Vater aber ist wütend, weil er seiner Familie kein warmes Zuhause bieten kann.

Plötzlich stehen drei Männer in alten Uniformen vor der Tür. Der Vater öffnet und macht sie auf das Kind aufmerksam. Daraufhin schleichen sie ganz leise ins Zimmer, um sich aufzuwärmen. Alle drei haben Kriegsverletzungen. Die Männer haben Zigaretten mitgebracht, welche sie mit dem Vater vor der Tür rauchen. Hier packt der eine Mann einen selbst geschnitzten Esel aus und überreicht ihn dem Vater als Geschenk für das Kind. Sie gehen zurück in die Wohnung, wo sie der Mutter zwei Bonbons schenken. Diese ist darüber sehr erstaunt und hat auch Angst. Die drei Fremden beugen sich über das Kind, welches zu schreien anfängt. Danach verlassen sie die Familie. Mutter und Vater wundern sich über die drei Männer. Die Wut des Vaters ist vergangen, die Mutter freut sich, dass ihr Kind gesund ist und lacht. Beide denken daran, dass heute Weihnachten ist.

Der Titel spielt auf die Weihnachtsgeschichte und die Geburt Jesu an. Im Gegensatz zu den Heiligen Drei Königen in der Bibel werden die „Heiligen" in der Geschichte als arm beschrieben. Sie hatten offensichtlich nichts von dem Kind gewusst und hatten auch nicht die Absicht, es zu preisen, sondern sie waren dem Lichtschein eines wärmenden Feuers gefolgt. Das Wort „dunkel" im Titel bezieht sich auf den inneren Zustand der Männer. Es hat nichts mit Licht zu tun. In der Legende werden die Könige als reiche Männer dargestellt, hier sind sie arme Kriegsheimkehrer.

Die Geschichte hat einen unvermittelten Anfang. Man wird nicht ins Geschehen eingeführt. Die Personen werden auch nicht vorgestellt. Weiter typisch für die Kurzgeschichte ist der offene Schluss. Der Leser muss sich das Ende also selbst ausdenken. Wolfgang Borchert hat hauptsächlich Kurzgeschichten geschrieben. Besonders in der Nachkriegszeit waren diese Texte modern.

Dieses Beispiel erfasst den Sinn der Geschichte zwar gut, hat aber formale Mängel. So fehlt der Basissatz; die Einleitung ist eine kleine Inhaltsangabe ohne Kernaussage. In der Textzusammenfassung wird zu viel nacherzählt, und dies sogar mit spannungssteigernden Elementen.

Ferner ist die Arbeit ungleichmäßig aufgebaut. Der zweite Teil fällt zu knapp aus. Die Verfasserin hätte ihre Bibelkenntnisse viel stärker einbringen müssen. Sie ist mit den Kriterien der Kurzgeschichte zwar vertraut, bezieht diese aber nicht auf den Text – hier fehlen Zitate.

Kurzgeschichte mit Charakterisierungsauftrag und Gattungsmerkmalen

3

1. **Schreibe eine Inhaltsangabe zum folgenden Text.**
2. **Stelle die Veränderung im Verhalten der Familie dar – nach der Mitteilung Ritas, dass sie sich verlobt habe.**
3. **Belege am Text, dass es sich um eine Kurzgeschichte handelt.**

Gabriele Wohmann: Ein netter Kerl

Ich habe ja so wahnsinnig gelacht, rief Nanni in einer Atempause. Genau wie du ihn beschrieben hast, entsetzlich.

Furchtbar fett für sein Alter, sagte die Mutter. Er sollte vielleicht Diät essen. Übrigens, Rita, weißt du, ob er ganz gesund ist?

Rita setzte sich gerade und hielt sich mit den Händen am Sitz fest. Sie sagte: Ach, ich glaub schon, daß er gesund ist. Genau wie du es erzählt hast, weich wie ein Molch, wie Schlamm, rief Nanni. Und auch die Hand, so weich.

Aber er hat dann doch auch wieder was Liebes, sagte Milene, doch, Rita, ich finde, er hat was Liebes, wirklich.

Na ja, sagte die Mutter, beschämt fing auch sie wieder an zu lachen; recht lieb, aber doch gräßlich komisch. Du hast nicht zu viel versprochen, Rita, wahrhaftig nicht. Jetzt lachte sie laut heraus. Auch hinten im Nacken hat er schon Wammen, wie ein alter Mann, rief Nanni. Er ist ja so fett, so weich, so weich! Sie schnaubte aus der kurzen Nase, ihr kleines Gesicht sah verquollen aus vom Lachen.

Rita hielt sich am Sitz fest. Sie drückte die Fingerkuppen fest ans Holz.

Er hat so was Insichruhendes, sagte Milene. Ich find ihn so ganz nett, Rita, wirklich, komischerweise.

Nanni stieß einen winzigen Schrei aus und warf die Hände auf den Tisch; die Messer und Gabeln auf den Tellern klirrten.

Ich auch, wirklich, ich find ihn auch nett, rief sie. Könnt ihn immer ansehn und mich ekeln.

Der Vater kam zurück, schloß die Eßzimmertür, brachte kühle nasse Luft mit herein. Er war ja so ängstlich, daß er seine letzte Bahn noch kriegt, sagte er. So was von ängstlich.

Er lebt mit seiner Mutter zusammen, sagte Rita.

Sie platzten alle heraus, jetzt auch Milene. Das Holz unter Ritas Fingerkuppen wurde klebrig. Sie sagte: Seine Mutter ist nicht ganz gesund, so viel ich weiß. Das Lachen schwoll an, türmte sich vor ihr auf, wartete und stürzte sich ▸▸

dann herab, es spülte über sie weg und verbarg sie: lang genug für einen kleinen schwachen Frieden. Als erste brachte die Mutter es fertig, sich wieder zu fassen.

Nun aber Schluß, sagte sie, ihre Stimme zitterte, sie wischte mit einem Taschentuchklümpchen über die Augen und die Lippen. Wir können ja endlich mal von was anderem reden.

Ach, sagte Nanni, sie seufzte und rieb sich den kleinen Bauch, ach ich bin erledigt, du liebe Zeit. Wann kommt die große fette Qualle denn wieder, sag, Rita, wann denn? Sie warteten alle ab.

Er kommt von jetzt an oft, sagte Rita. Sie hielt den Kopf aufrecht. Ich habe mich verlobt mit ihm.

Am Tisch bewegte sich keiner. Rita lachte versuchsweise und dann konnte sie es mit großer Anstrengung lauter als die andern, und sie rief: Stellt euch das doch bloß mal vor: mit ihm verlobt! Ist das nicht zum Lachen!

Sie saßen gesittet und ernst und bewegten vorsichtig Messer und Gabeln.

He, Nanni, bist du mir denn nicht dankbar, mit der Qualle hab ich mich verlobt, stell dir das doch mal vor!

Er ist ja ein netter Kerl, sagte der Vater. Also höflich ist er, das muß man ihm lassen.

Ich könnte mir denken, sagte die Mutter ernst, daß er menschlich angenehm ist, ich meine, als Hausgenosse oder so, als Familienmitglied.

Er hat keinen üblen Eindruck auf mich gemacht, sagte der Vater.

Rita sah sie alle behutsam dasitzen, sie sah gezähmte Lippen. Die roten Flecken in den Gesichtern blieben noch eine Weile. Sie senkten die Köpfe und aßen den Nachtisch.

Beispiel 1

Die Kurzgeschichte „Ein netter Kerl" von Gabriele Wohmann handelt von einer Familie, die die peinliche Erfahrung macht, dass man nicht zu schnell über einen Menschen lästern sollte.

Eine Familie macht sich über das Aussehen des Freundes von Rita, einer der Töchter, lustig, nachdem dieser zu Besuch gewesen ist. Da die Familienmitglieder noch nichts von der Verlobung der beiden wissen, lassen sie sich besonders darüber aus, dass der Freund so dick und unattraktiv ist. Als der Vater, der den Freund zum Bahnhof gebracht hat, nach Hause kommt, lästert auch er über das ängstliche Verhalten des Besuchers. Rita versucht daraufhin, das Verhalten des Freundes mit dessen Familienproblemen zu entschuldigen; der junge Mann lebt allein mit seiner kranken Mutter. Doch diese Auskunft ist erst recht Anlass für einen Lachanfall der Familienmitglieder. Die Mutter versucht erfolglos, auf ein anderes Thema zu kommen. Rita wird immer unruhiger und berichtet schließlich von ihrer Verlobung mit dem Jungen, worauf sich das Gesprächsklima abrupt ändert. Mühsam versuchen Vater und Mutter, die Situation zu retten, indem sie Positives am Verlobten finden. Die Schwestern, die sich vorher am lautesten über Ritas Verlobten amüsiert haben, sind verstummt.

Im Verlauf der Geschichte lässt sich eine deutliche Veränderung im Verhalten der Familie feststellen. Anfangs wird das Aussehen des Jungen bemängelt: „(...) weich wie ein Molch, wie Schlamm" (Zeile 6f.) und „hinten im Nacken hat er schon Wammen" (Zeile 12f.) sowie seine Art kritisiert: „So was von ängstlich" (Zeile 25). Die Familienmitglieder schauen also nur auf das Äußere des jungen Mannes und schildern oberflächliche Eindrücke. Als sie jedoch von der Verlobung erfahren, wird ihnen bewusst, dass sie mit diesem Menschen noch länger zu tun haben werden. Sie versuchen, positive Seiten am neuen Familienmitglied zu finden, wie es beispielsweise die Aussage des Vaters belegt: „Also höflich ist er, das muss man ihm lassen" (Zeile 47f.). Auch die Mutter versucht, auf versöhnliche Weise das Familienglück aufrechtzuerhalten: „Ich könnte mir denken, (...) daß er menschlich angenehm ist, ich meine, als Hausgenosse oder so, als Familienmitglied" (Zeile 49f.). Für den Leser ist klar, dass die Meinung der Familie sich nicht geändert hat, sondern dass die Eltern nur versuchen, die unangenehme Situation zu retten.

Wie es für eine Kurzgeschichte üblich ist, beginnt sie unvermittelt ohne Vorstellung der Personen. Ebenso ist der Schluss offen: „Sie senkten die Köpfe und aßen den Nachtisch" (Zeile 53f.). Für Rita ist das Gespräch ein schicksalhaftes Ereignis, da sie ihrer Familie ihren Freund vorstellen muss. Entscheidend ist auch der Wendepunkt, an dem Rita ihre Verlobung bekannt gibt: „Er kommt von jetzt an oft. (…) Ich habe mich verlobt mit ihm" (Zeile 39f.). Auch sprachlich gibt es Hinweise auf die Gattung Kurzgeschichte. So finden sich viele Ellipsen und fast durchgehend wörtliche Rede, die nicht durch Anführungszeichen gekennzeichnet ist.

Der Text zeigt uns auch, dass man nicht nur nach Äußerlichkeiten urteilen sollte. Das Äußere ist nicht immer das Wichtigste an einem Menschen. Ebenso sollte man mit vorschnellen Aussagen zu einer Person vorsichtig sein, wenn man nicht weiß, ob man einer anderen Person damit nicht unnötig wehtut.

Die Inhaltszusammenfassung ist klar strukturiert und lässt die inneren Zusammenhänge der Geschichte gut erkennen. Dadurch entsteht eine Basis für die Darstellung der Familiensituation, die ja in der zweiten Frage gefordert ist. Die Beweggründe der einzelnen Personen werden durch Zitate plausibel gemacht. Auch die Kriterien der Kurzgeschichte werden gut auf den Text angewendet.

Beispiel 2

In der Kurzgeschichte „Ein netter Kerl" von Gabriele Wohmann geht es um eine Familie, die sich über den Freund der Tochter lustig macht, sich aber im Nachhinein schämt, als sie erfährt, dass er ein zukünftiges Familienmitglied ist.

Eine Familie sitzt am Esstisch und unterhält sich spöttisch über den Freund der Tochter Rita. Ritas Schwester Nanni macht sich über das Äußere des jungen Mannes lustig, insbesondere über seine sehr kräftige Figur. Die Mutter wiegelt ab, lacht aber dann doch mit. Rita versucht ständig, auf die inneren Werte des Mannes aufmerksam zu machen, indem sie immer wieder auf sein freundliches Wesen hinweist. Das kann die Familie nicht beruhigen. Als der Vater wieder anwesend ist, offenbart Rita, dass sie sich mit dem Mann verlobt habe. Von diesem Zeitpunkt an wagt es keiner mehr, eine abfällige Bemerkung zu machen, und jeder Einzelne schämt sich ein wenig für seine Lästereien. Es zeigt sich, dass die Mutter ihre Meinung geändert hat, da sie nun die zuvor angesprochenen inneren Werte des Jungen bestätigt. Wie sich schon am Anfang der Geschichte zeigt, hält die Familie nicht besonders viel von Ritas Freund. Insbesondere Nanni macht sich über sein Aussehen lustig. Auch die Schwester Milene, die den jungen Mann anfangs noch etwas verteidigt hat, lacht. Rita hält „sich am Sitz fest“, was auf Nervosität schließen lässt, aber auch auf Ungeduld und Wut, da die Familie über ihren Verlobten herzieht. Auf die Frage, wann „die große fette Qualle“ denn wiederkomme, erzählt Rita von der Verlobung. Die restliche Familie hüllt sich beschämt in Schweigen und sitzt still. Nanni trägt zum Gespräch gar nichts mehr bei, da ihr nun klar wird, dass sie ihre Schwester verletzt hat. Keiner weiß, wie er mit der Situation umzugehen hat. Es wird deutlich, dass Ritas Eltern die zuvor gemachten Witze überdecken möchten und den Verlobten im Nachhinein als „menschlich angenehm“ empfinden. Letztendlich hat die Situation die Familie gezwungen, ihr negatives Denken über Ritas Freund zu ändern und ihn so zu akzeptieren, wie er ist.

Ein charakteristisches Merkmal für eine Kurzgeschichte ist, dass sie keine richtige Einleitung hat. In diesem Fall beginnt die Geschichte gleich mit einer wörtlichen Rede. Die Familie sitzt gemeinsam an einem Tisch, an dem gerade gegessen wird, da „die Messer und Gabeln auf den Tellern“ klirren, also eine ziemlich alltägliche Situation. Die Personen sind nur durch ihre Handlungsweise charakterisiert, wie zum Beispiel Nanni, die die Menschen nur oberflächlich betrachtet. Einen deutlichen Hinweis auf die Kurzgeschichte liefert auch die „Mutter“, da sie nur so und niemals mit ihrem Namen bezeichnet wird. Der Wendepunkt in der Geschichte ist eindeutig, als Rita erzählt, sie sei mit dem jungen Mann verlobt. Dieses Geständnis wirft die gute Laune der Familie zu Boden. Ein Schatten, gezeichnet von Scham, Stille und Ernst liegt über dem Tisch. Damit endet die Geschichte. Wie das Leben der Familie weitergeht, erfährt der Leser nicht.

Dieses Beispiel ist nicht gut. Die Verfasserin hat den Text nicht sorgfältig genug gelesen und wichtige Stellen falsch verstanden. So verteidigt Milene den Besucher nicht, sondern macht sich wie die anderen über ihn lustig. Auch das Verhalten der Eltern wird fehlinterpretiert.

Darüber hinaus gelingt es der Schülerin nicht, sich an den Sachstil zu halten. Sie verwendet selbst eine poetische Sprache, was in den drei letzten Sätzen unfreiwillig komisch wirkt.

Parabelartige Erzählung mit Analyse der Erzählperspektive

4 **Verfasse zum folgenden Text eine Inhaltsangabe mit Basissatz. Erläutere anschließend die Erzählperspektive und gehe auf das grundsätzliche logische Problem ein, das sich aus der Person des Erzählers ergibt. Stelle dar, was der Autor mit der Geschichte aussagen will und begründe, warum der Autor Fachsprache im Text verwendet.**

Gerhard Zwerenz: Nicht alles gefallen lassen

Wir wohnten im dritten Stock mitten in der Stadt und haben uns nie etwas zuschulden kommen lassen, auch mit Dörfelts von gegenüber verband uns eine jahrelange Freundschaft, bis die Frau sich kurz vor dem Fest unsre Bratpfanne auslieh und nicht zurückbrachte. Als meine Mutter dreimal vergeblich gemahnt hatte, riss ihr eines Tages die Geduld und sie sagte auf der Treppe zu Frau Muschg, die im vierten Stock wohnt, Frau Dörfelt sei eine Schlampe. Irgendwer muss das den Dörfelts hinterbracht haben, denn am nächsten Tag überfielen Klaus und Achim unsern Jüngsten, den Hans, und prügelten ihn windelweich. Ich stand grad im Hausflur, als Hans ankam und heulte. In diesem Moment trat Frau Dörfelt drüben aus der Haustür, ich lief über die Straße, packte ihre Einkaufstasche und stülpte sie ihr über den Kopf. Sie schrie aufgeregt um Hilfe, als sei sonst was los, dabei drückten sie nur die Glasscherben etwas auf den Kopf, weil sie ein paar Milchflaschen in der Tasche gehabt hatte. Vielleicht wäre die Sache noch gut ausgegangen, aber es war just um die Mittagszeit, und da kam Herr Dörfelt mit dem Wagen angefahren.

Ich zog mich sofort zurück, doch Elli, meine Schwester, die mittags zum Essen heimkommt, fiel Herrn Dörfelt in die Hände. Er schlug ihr ins Gesicht und zerriss dabei ihren Rock. Das Geschrei lockte unsre Mutter ans Fenster, und als sie sah, wie Herr Dörfelt mit Elli umging, warf unsre Mutter mit Blumentöpfen nach ihm. Von Stund an herrschte erbitterte Feindschaft zwischen den Familien. Weil wir nun Dörfelts nicht über den Weg trauten, installierte Herbert, mein ältester Bruder, der bei einem Optiker in die Lehre geht, ein Scherenfernrohr am Küchenfenster. Da konnte unsre Mutter, waren wir andern alle unterwegs, die Dörfelts beobachten. Augenscheinlich verfügten diese über ein ähnliches Instrument, denn eines Tages schossen sie von drüben mit einem Luftgewehr herüber. Ich erledigte das feindliche Fernrohr dafür mit einer Kleinkaliberbüchse, an diesem Abend ging unser Volkswagen unten im Hof in die Luft.

Unser Vater, der als Oberkellner im hoch renommierten Café Imperial arbeitete, nicht schlecht verdiente und immer für den Ausgleich eintrat, meinte, wir sollten uns jetzt an die Polizei wenden. Aber unserer Mutter passte das nicht, denn Frau Dörfelt verbreitete in der ganzen Straße, wir, das heißt, unsre ganze Familie, seien derart schmutzig, dass wir mindestens zweimal jede Woche badeten und für das hohe Wassergeld, das die Mieter zu gleichen Teilen zahlen müssen, verantwortlich wären. Wir beschlossen also den Kampf aus eigner Kraft in aller Härte aufzunehmen, auch konnten wir nicht mehr zurück, verfolgte doch die gesamte Nachbarschaft gebannt den Fortgang des Streites.

Am nächsten Morgen schon wurde die Straße durch ein mörderisches Geschrei geweckt. Wir lachten uns halbtot, Herr Dörfelt, der früh als Erster das Haus verließ, war in eine tiefe Grube gefallen, die sich vor der Haustür erstreckte. Er zappelte ganz schön in dem Stacheldraht, den wir gezogen hatten, nur mit dem linken Bein zappelte er nicht, das hielt er fein still, das hatte er sich gebrochen. Bei alledem konnte der Mann noch von Glück sagen – denn für den Fall, dass er die Grube bemerkt und umgangen hätte, war der Zünder einer Plastikbombe mit dem Anlasser seines Wagens verbunden. Damit ging kurze Zeit später Klunker-Paul, ein Untermieter von Dörfelts, hoch, der den Arzt holen wollte. Es ist bekannt, dass die Dörfelts leicht übel nehmen. So gegen zehn Uhr begannen sie unsre Hausfront mit einem Flakgeschütz zu bestreichen. Sie mussten sich erst einschießen, und die Einschläge befanden sich nicht alle in der Nähe unserer Fenster. Das konnte uns nur recht sein, denn jetzt fühlten sich auch die anderen Hausbewohner geärgert, und Herr Lehmann, der Hausbesitzer, begann um den Putz zu fürchten. Eine Weile sah er sich die Sache noch an, als aber zwei Granaten in seiner guten Stube krepierten, wurde er nervös und übergab uns den Schlüssel zum Boden. Wir robbten sofort hinauf und rissen die Tarnung von der Atomkanone. Es lief alles wie am Schnürchen, wir hatten den Einsatz oft genug geübt, die werden sich jetzt ganz schön wundern, triumphierte unsre Mutter und kniff als Richtkanonier das rechte Auge fachmännisch zusammen.

Als wir das Rohr genau auf Dörfelts Küche eingestellt hatten, sah ich drüben gegenüber im Bodenfenster ein gleiches Rohr blinzeln, das hatte freilich keine Chance mehr, Elli, unsre Schwester, die den Verlust ihres Rockes nicht verschmerzen konnte, hatte zornigen Gesichts das Kommando „Feuer!" erteilt. Mit einem unvergesslichen Fauchen verließ die Atomgranate das Rohr, zugleich fauchte es auch auf der Gegenseite. Die beiden Geschosse trafen sich genau in der Straßenmitte. Natürlich sind wir jetzt alle tot, die Straße ist hin, und wo unsre Stadt früher stand, breitet sich jetzt ein graubrauner Fleck aus. Aber eins muss man sagen, wir haben das Unsre getan, schließlich kann man sich nicht alles gefallen lassen. Die Nachbarn tanzen einem sonst auf der Nase herum.

Beispiel

In der Parabel „Nicht alles gefallen lassen" von Gerhard Zwerenz geht es um einen Nachbarschaftsstreit, der sich aus einer Kleinigkeit entwickelt und nach heftigen, mit allen Mitteln ausgetragenen Kämpfen in einer Katastrophe endet.

Nachdem Frau Dörfelt, Mutter von zwei Kindern, sich eine Bratpfanne bei der Familie des Erzählers ausgeliehen hat und sie nach mehrmaliger Mahnung nicht zurückbringt, beschimpft sie die Verleiherin bei einer anderen Mieterin im Haus als Schlampe. Dies erfährt die Familie Dörfelt, und so verprügeln die beiden Söhne der Dörfelts den Sohn der Gegenpartei. Daraufhin entwickelt sich, wie in einer Kettenreaktion, ein harter Kampf, denn jedes Mitglied der beiden Familien rächt sich an den Gegnern. Es kommt so weit, dass die verfeindeten Familien sich gegenseitig mit speziellen Fernrohren bewachen. Nach einem Schusswechsel steigert sich die Grausamkeit immer mehr bis hin zum Einsatz von Bomben. Am Schluss werden die von beiden Familien vorbereiteten Atombomben gezündet. Nicht nur die Familien, sondern auch die ganze Stadt sind am Ende vernichtet, was aber den Erzähler stolz macht, weil seine Familie sich nichts hat gefallen lassen.

Die Geschehnisse werden aus der Sicht eines Ich-Erzählers geschildert: „Wir wohnten im dritten Stock mitten in der Stadt und haben uns nie etwas zuschulden kommen lassen, auch mit Dörfelts von gegenüber verband uns eine jahrelange Freundschaft (...)" (Zeile 1ff.). Dieser Ich-Erzähler berichtet subjektiv über den Nachbarschaftsstreit. Seine Darstellung ist parteiisch: „Es ist bekannt, dass die Dörfelts leicht übel nehmen" (Zeile 48). Dass diese Perspektive eigentlich unlogisch ist, wird vor allem am Ende des Textes klar: „Natürlich sind wir jetzt alle tot (...)" (Zeile 66). Die Geschichte wird somit aus der Sicht eines Toten erzählt. Dieser sieht sogar, dass die Stadt nach der Atombombenexplosion völlig zerstört ist.

Der Autor will mit dieser Geschichte sagen, dass man Kleinigkeiten nicht überbewerten soll, zum Beispiel eine nicht zurückgegebene Bratpfanne. Auch wie die Familien sich in ihre Aggressionen hineinsteigern, wird kritisiert. Die Geschehnisse werden sehr übertrieben geschildert: „Wir robbten sofort hinauf und rissen die Tarnung von der Atomkanone" (Zeile 56). Es ist unmöglich, dass sich zwei Familien mit Atombomben bekriegen, aber damit wird die Steigerung des Streits sehr gut ausgedrückt. Am meisten wird meiner Meinung nach kritisiert, dass Menschen nach solchen Taten auch noch stolz auf ihr Verhalten sind, was im letzten Abschnitt des Textes zum Ausdruck kommt.

Durch die Verwendung von Fachvokabular wie „Scherenfernrohr" (Zeile 23) und „Flakgeschütz" (Zeile 49) wird der Eindruck erweckt, als ob sich der Erzähler mit Waffen gut auskennen würde. Daraus folgert der Leser, dass die Familie des Ich-Erzählers auf alle Angriffe vorbereitet ist. Dadurch wird es als selbstverständlich hingestellt, mit solchen Mitteln zu kämpfen, was es natürlich in Wirklichkeit nicht ist.

Die Geschichte ist eine Parabel, denn der Kleinkrieg zwischen Dörfelts und ihren Nachbarn zeigt, wie große Kriege entstehen.

Die Verfasserin hat in der Inhaltsangabe die Zusammenhänge der Geschichte gut dargestellt und auf dieser Grundlage eine tief gehende Interpretation geliefert. Die Aussage, die der Autor in eine absurde Geschichte verpackt, wird sinnvoll und nachvollziehbar in einen größeren Zusammenhang gestellt. Selbstverständlich wird jede Aussage am Text belegt.

Erzählung mit Gesamtdeutung und Gliederung

Tipp Die folgende Aufgabenstellung ist sehr allgemein gehalten. Dies bedeutet eine Steigerung im Schwierigkeitsgrad, da du selbst wissen musst, was unter den einzelnen Aufgabenteilen zu verstehen ist:

Inhalt = Inhaltszusammenfassung

Aufbau = Darstellung der Struktur des Textes

Sprachliche Gestaltung = Sprachanalyse mit Untersuchung von Wortebene, Satzebene und Stilfiguren

Aussage = Herausarbeiten von Gesamtdeutung und Autorintention

Außerdem wird eine Gliederung verlangt. Diese darf zwar einfach sein, sollte aber mit Inhalt gefüllt sein.

5 **Erschließe den folgenden Text nach Inhalt, Aufbau, sprachlicher Gestaltung und Aussage. Stelle deiner Ausführung eine einfache Gliederung voran.**

Thomas Hürlimann: Der Filialleiter

Als der Filialleiter des Supermarktes auf dem Fernsehschirm seine Frau erblickte, erschrak er zu Tode. Nein, er täuschte sich nicht – das erste Programm zeigte Maria-Lisa, seine eigene Frau. Im schicken Blauen saß sie in einer größeren Runde, und gerade jetzt, da der Filialleiter seinen Schock überwunden glaubte, wurde Maria-Lisa von der Moderatorin gefragt, was sie für ihren Ehemann empfinde. „Nichts", sagte Maria-Lisa. „Maria-Lisa!" entfuhr es dem Filialleiter, und mit zittriger Hand suchte er den Unterarm seiner Frau. Wie jeden Abend saßen sie nebeneinander vor dem Fernseher, und beide hatten ihre Füße in rote Plastikeimerchen gestellt, in ein lauwarmes Kamillenbad – das stundenlange Stehen im Supermarkt machte ihnen zu schaffen. Die Bildschirm-Maria-Lisa lächelte. Dann erklärte sie, über den Hass, ehrlich gesagt, sei sie schon hinaus. Der Filialleiter hielt immer noch Maria-Lisas Arm. Er schnaufte, krallte seine Finger in ihr Fleisch und stierte in den Kasten. Hier, fand er, war sie flacher als im Leben. Sie hatte ihr Was-darfs-denn-sein-Gesicht aufgesetzt und bemerkte leise, aber dezidiert: „Mein Willy ekelt mich an." Und das in Großaufnahme!

Nun sprach eine blonde Schönheit über die Gefahren der Affekteverkümmerung, und der Filialleiter, dem es endlich gelang, die Augen vom Apparat zu lösen, versuchte seine Umgebung unauffällig zu überprüfen. Jedes Ding war an seinem Platz. In der Ecke stand der Gummibaum, an der Wand tickte die Kuckucksuhr, und neben ihm saß die Frau, mit der er verheiratet war. Kein Spuk – Wirklichkeit!

Maria-Lisa war auf dem Bildschirm, und gleichzeitig griff sie zur Thermosflasche, um in die beiden Plastikeimer heißes Wasser nachzugießen. Sein Fußbad erfüllte Willy auch an diesem Abend mit Behagen. Dann rief er sich in Erinnerung, was ablief. Ungeheuerlich! Auf dem Schirm wurde das emotionale Defizit eines Ehemanns behandelt, und dieser Ehemann war er selbst, der Filialleiter Willy P.! Er griff zum Glas und hatte Mühe, das Bier zu schlucken. Hinter seinem Rücken war Maria-Lisa zu den Fernsehleuten gegangen. Warum? Willy hatte keine Ahnung. Willy wusste nur das Eine: Vor seinen Augen wurde sein Supermarkt zerstört.

Maria-Lisa reichte ihm das Frotteetuch, aber der Filialleiter stieg noch nicht aus dem Eimer. Er hielt das Tuch in der Hand, und so stand er nun, nur mit Unterhemd und Unterhose bekleidet, minutenlang im Kamillenbad – ein totes Paar Füße, im Supermarkt platt gelatscht. „Das Wasser wird kalt“, sagte Maria-Lisa. Der Filialleiter rieb sich die Füße trocken, dann gab er Maria-Lisa das Tuch.

Als die Spätausgabe der Tagesschau begann, saßen sie wieder auf dem Kanapee, Maria-Lisa und der Filialleiter, Seite an Seite, er trank sein Bier und sie knabberte Salzstangen.

Beispiel

A Information zu Autor und Werk
B Texterschließung von „Der Filialleiter"
  I. Inhaltszusammenfassung
  II. Zeitlicher Aufbau und erzählerische Gestaltung
  III. Sprachlich-stilistische Kennzeichen
    1. Fremdwortgebrauch
    2. Umgangssprache in der wörtlichen Rede
    3. Verwendung von weiteren Stilmitteln
  IV. Deutung: Abstumpfung der Menschen durch ständige Medienberieselung
C Kritik an Massenmedien

In der Erzählung „Der Filialleiter" von Thomas Hürlimann geht es um ein resigniertes Ehepaar, das durch nichts aus seiner monotonen Zweisamkeit gerissen werden kann.

Der Filialleiter eines Supermarktes sitzt mit seiner Frau, wie jeden Abend, vor dem Fernseher. Als er eine Talkshow sieht, in der seine Frau öffentlich äußert, dass sie ihn nicht mehr liebe, ist er anfänglich schockiert von dieser Aussage und fühlt sich bloßgestellt. Er will die Tatsache aber nicht wahrhaben und fällt wieder zurück in die Monotonie des Alltags. Ohne seine Frau darauf angesprochen zu haben, verdrängt er den Gedanken an das eben Gesehene.

Die Geschichte ist hinsichtlich der zeitlichen Abfolge chronologisch aufgebaut. Das Geschehen wird von einem allwissenden Erzähler geschildert, der jedoch im Verlauf der Handlung verstärkt die Gefühle und Gedanken des Filialleiters darstellt, was ein Hinweis auf die Innenperspektive ist: „Sein Fußbad erfüllte Willi auch an diesem Abend mit Behagen. Dann rief er sich in Erinnerung, was ablief. Ungeheuerlich!" (Zeile 24ff.).

Der Text ist überwiegend parataktisch aufgebaut. Fremdwörter kommen vor, wenn in der Talkshow von Gefühlen gesprochen wird. So erwähnt die Moderatorin die Gefahren der „Affekteverkümmerung" (Zeile 17f.) und es geht um das „emotionale Defizit eines Ehemanns" (Zeile 27). Auch seine in der Talkshow auftretende Frau wird durch Neologismen gefühlskalt dargestellt, indem von der lächelnden „Bildschirm-Maria-Lisa" (Zeile 11) erzählt wird, die ihr „Was-darfs-denn-sein-Gesicht" (Zeile 14f.) aufsetzt. Durch die Kommunikationslosigkeit zwischen Willy und Maria-Lisa gewinnt der Leser sofort den Eindruck von einem resignierten Ehepaar. Auffällig ist das

Trikolon „Er schnaufte, krallte seine Finger in ihr Fleisch und stierte in den Kasten" (Zeile 13f.). Der Erzähler beschreibt eine Schocksituation: Erstaunen, Wut, Erstarrung. Interessant ist die Beschreibung des Filialleiters, nachdem er sich einigermaßen beruhigt hat. Er identifiziert sich mit seinen Füßen: „(...) ein totes Paar Füße, im Supermarkt platt gelatscht" (Zeile 34f.). Durch die umgangssprachliche Formulierung wirkt der Vergleich hart und lässt den Leser mit dem Eindruck zurück, der Filialleiter sei eine gescheiterte Existenz.

Der Text zeigt, dass die ständige Berieselung durch die Massenmedien zur Folge hat, dass die Menschen abstumpfen. Eine Sensationsmeldung jagt die andere. Das eben Gewesene ist im nächsten Moment schon Schnee von gestern. So gelingt es dem Filialleiter, die öffentliche Kränkung durch seine Frau durch die nachfolgende Nachrichtensendung sofort zu verdrängen. Nicht einmal durch einen Tabubruch wird die Sprachlosigkeit in der Ehe aufgebrochen. Der Wunsch nach Aufmerksamkeit und Anerkennung lässt die Ehefrau Verrat an ihrem Mann begehen, was dieser nicht einmal kommentiert. Dass dabei die Intimsphäre des Individuums – hier des Filialleiters – verletzt wird, wird für die Befriedigung des Massengeschmacks billigend in Kauf genommen. Schicksale müssen öffentlich breit getreten werden, um dem eigenen langweiligen Alltag Farbe zu geben.

Dieser Aufsatz ist rundum überzeugend. Er bietet ein positives Beispiel für eine sachliche Inhaltszusammenfassung und geht kurz auf die Zeitstruktur des Textes ein. Gelungen ist auch die Verbindung von Sprachanalyse und Charakterisierung der Hauptperson. Die Deutung geht in zwei Schritten vor, indem sie zunächst das Verhalten der Eheleute interpretiert – und von da aus zu einer allgemeinen Kritik der modernen Massenmedien ansetzt.

H Texterschließung mit Charakterisierungsauftrag

Was muss ich über die Texterschließung mit Charakterisierungsauftrag wissen?

In der Texterschließung mit Charakteristik wird eine erfundene Figur und ihre Rolle im Text umfassend untersucht und gedeutet. Zunächst wird der Text zusammengefasst, die sprachlichen Besonderheiten des Textes werden daraufhin untersucht, auf welche Art und Weise die zu charakterisierende Person dargestellt ist. Darüber hinaus können auch Merkmale der Textgattung mit einfließen. So werden in der Kurzgeschichte Personen anders dargestellt als in einem Drama.

Folgende Fragen müssen geklärt werden:

- Wie sieht die Person aus?
- In welcher sozialen Situation lebt sie?
- Wie verhält sie sich in bestimmten Situationen und gegenüber anderen Personen?
- In welchen emotionalen Situationen lebt sie?
- Welche Meinungen und Werte vertritt sie?
- Macht die Figur eine Wandlung durch?

Achtung: Nicht jeder Text beantwortet all diese Fragen. Man sollte also die gelernten Fragen nicht schematisch auf jede Geschichte anwenden, sondern davon ausgehen, dass der Autor Schwerpunkte der Personencharakteristik setzt.

So gehst du vor:

- Erfassen des Inhalts
- Untersuchung der sprachlichen Besonderheiten
- Markierung der Stellen, die für die zu charakterisierende Person relevant sind
- Stoffsammlung nach den oben genannten Fragen
- Anfertigung einer Gliederung

- Ausarbeitung der Inhaltszusammenfassung und der Sprachanalyse
- Ausformulierung der Charaktermerkmale in eigenen Worten, belegt durch Textzitate.
- Tempus der Texterschließung mit Charakteristik ist das Präsens.

Aufbau des Aufsatzes:

- Einleitung:
  - Verfasser, Titel, Entstehungszeit
  - Schauplätze, Stellung der Figur im Werk
  - Thema des Werks
  - Themafrage
- Hauptteil:
  - Textzusammenfassung
  - Sprachuntersuchung
  - Darstellung des Charakters in geordneter Form: vom äußeren Erscheinungsbild und Umfeld zum Verhalten und zu den Einstellungen
- Schluss:
  - Beurteilung der Figur
  - Vergleich mit anderen Figuren

Vorsicht, Falle!

Die sechs häufigsten Fehler, die bei der Texterschließung mit Charakteristik gemacht werden, sind:

- Die Kernaussage wird nicht richtig herausgearbeitet; dadurch wird der Sinn der Geschichte nicht erfasst.
- Die sprachlichen Mittel werden ohne Zusammenhang aufgezählt und nicht auf ihre Funktion hin untersucht.
- Die zu charakterisierende Person wird nicht unter allen wichtigen Gesichtspunkten beschrieben.
- Die Aussagen zur Person werden nur genannt, ohne sie am Text zu belegen.
- Entsteht kein Gesamtbild der Person; nur Einzelbeobachtungen werden zusammenhanglos aneinandergereiht. Der Leser kann sich die Person nicht vorstellen.
- Einleitung und Schluss werden nicht organisch mit dem Hauptteil, der eigentlichen Texterschließung, verbunden.

Texterschließung mit Charakteristik aus einer modernen Erzählung

1 **Verfasse eine Texterschließung mit Charakteristik zur vorliegenden Erzählung, wobei du besonders auf richtig zitierte Belege achten solltest. Du darfst die Inhaltszusammenfassung als Einleitung benützen.**

Max Bolliger: Sonntag

„Was möchtest du?“, fragte der Vater. Daniela studierte die Karte und entschied sich für Riz colonial. „Gern!“, sagte der Kellner. Er behandelte Daniela wie eine Dame.

Das Restaurant war bis auf den letzten Platz besetzt. Am Nebentisch saß ein Ehepaar mit zwei Kindern. Die beiden stritten sich wegen einer kleinen Puppe aus Plastik. Die Mutter versuchte, den Streit zu schlichten. Daniela sah, wie der Junge seine Schwester unter dem Tisch dauernd mit den Füßen stieß. Das Dessert machte dem Gezank ein Ende. Daniela erinnerte sich, wie sehnlichst sie sich einmal ein Schwesterchen gewünscht hatte.

„Wie geht es in der Schule?“, fragte der Vater.

„Wie immer“, antworte Daniela.

„Wird es fürs Gymnasium reichen?“

„Ja, ich hoffe es.“

Daniela wusste genau, daß ihre Noten weder in Mathematik noch in Französisch genügten. Dann eben eine kaufmännische Lehre … oder Arztgehilfin … Sie wollte jetzt nicht daran denken.

„Für mich waren Prüfungen nie ein Problem“, sagte der Vater. Daniela war froh, als der Kellner das Essen brachte. Der Reis mit Fleisch und Früchten schmeckte ihr.

„Deine Mutter konnte nie richtig kochen“, sagte der Vater. Daniela gab darauf keine Antwort.

„Ich brauche einen neuen Wintermantel“, sagte sie.

„Schon wieder?“

„Ich bin seit dem letzten Jahr zehn Zentimeter gewachsen.“

„Wofür bezahl ich eigentlich Alimente?“

„Mutter sagt, das Geld reiche nur für das Nötigste.“

„Gut! Aber ich will die Rechnung sehen.“

„Wünschen die Herrschaften ein Dessert?“ Der Kellner versuchte, mit Daniela zu flirten.

„Nein, danke!", sagte sie, obwohl sie sich heute früh in der Kirche ausgedacht hatte, Vanilleeis mit heißer Schokoladensoße zu essen.

Nach dem Essen fuhren sie am See entlang. Der Vater hatte ein neues Auto. Er sprach über Autos wie die Jungen in der Schule. Daniela verstand nicht, warum man sich über ein Auto freuen konnte, nur weil es einen starken Motor hatte. Aus dem Radio erklang Volksmusik. Sie fiel Daniela auf die Nerven. Aber sie stellte sie trotzdem lauter.
„Hast du viel Arbeit?", fragte sie.
„Wir bauen eine neue Fabrik."
Der Vater war Ingenieur. Daniela betrachtete ihn von der Seite, neugierig, wie einen Gegenstand. Sein Gesicht war braun gebrannt, sportlich. Der Schnurrbart stand ihm gut. Hatte er ihre Gedanken erraten?
„In zwei Wochen werde ich vierzig! Aber alle schätzen mich jünger."
Daniela lachte. Ihr schien er älter.
„Wie alt bist du eigentlich?"
„Hundert!", sagte Daniela.
„Nein, ehrlich ...!"
„Das solltest du doch wissen. Du fragst mich jedesmal ... Im Februar dreizehn."
„Dreizehn! Hast du einen Freund?"
„Nein!", sagte Daniela.
„Das wundert mich. Du siehst hübsch aus!"
„Findest du?"
„So ... erwachsen!"

Auf einer Terrasse am See tranken sie Kaffee. Daniela beobachtete die Segelschiffe. Der schöne Herbstsonntag hatte unzählige Boote aufs Wasser hinausgelockt. Der Vater war verstummt und schaute alle fünf Minuten auf seine Uhr.
„Ich habe um vier Uhr eine Verabredung."
„Also, gehen wir doch", sagte Daniela und erhob sich. Der Vater schien erleichtert.
„Ich bringe dich nach Hause", sagte er.

„Ach, du bist schon wieder da?", sagte die Mutter.
Sie war noch immer im Morgenrock. Während der Woche arbeitete sie halbtags in einer Modeboutique. „Sonntags lasse ich mich gehen", sagte sie zu ihren Freunden, „sonntags bin ich nicht zu sprechen."
„Er hatte eine Verabredung", erzählte Daniela. Die Mutter lachte.
„Ich möchte wissen, warum er eigentlich darauf besteht, dich zu sehen. Im Grunde liegt ihm doch nichts daran. Nur weil es das Gericht so entschieden hat, und um mich zu ärgern." Daniela wurde wütend.

„Es geht ihm ausgezeichnet", sagte sie. „Er hat sich ein neues Auto gekauft und sieht prima aus."
Die Mutter zuckte bei ihren Worten zusammen.
„Und den Wintermantel?", fragte sie.
„Bewilligt!"
Die Mutter griff sich mit der Hand an die Stirne.
„Diese Kopfschmerzen!", stöhnte sie. „Hol mir eine Tablette im Badezimmer!"
Daniela gehorchte.
„Ich gehe jetzt", sagte sie nachher.
„Hast du keine Aufgaben?"
„Nein!"
„Aber komm nicht zu spät zurück!"
„Ich esse bei Brigitte."
„Gut, bis neun Uhr. Ich lege mich wieder hin."

Als Daniela die Tür des Lokals öffnete, schlug ihr eine Welle von Rauch- und Kaffeegeruch entgegen. An den niederen Tischen saßen junge Leute, die meisten in Gespräche vertieft. Die Wände waren mit Posters tapeziert. Danielas Augen gewöhnten sich allmählich an das Halbdunkel. Suchend schaute sie sich um. Der Disc-Jockey nickte Daniela zu.
„Well, I left my happy home to see what I could find out", sang Cat Stevens.
Ja, er hatte recht. Um herauszufinden, wie die Welt wirklich war, musste man sein Zuhause verlassen. Heinz hatte Daniela den Text übersetzt. Heinz war schon sechzehn Jahre alt. Sie war stolz darauf. Er saß in einer Ecke und winkte. Aufatmend setzte sich Daniela neben ihn. Er legte einen Arm um ihre Schultern.
„Hast du den Sonntag überstanden?", fragte er.
„Ja, Gott sei Dank!"
„War es schlimm?"
„Es geht … wie immer."
„Mach dir nichts draus."
Daniela kuschelte sich an ihn.
„Was meinst du, werden wir es besser machen?", fragte sie. „Wenn wir einmal erwachsen sind?"
In ihrer Stimme klangen Zweifel.
„Natürlich", sagte Heinz, „natürlich werden wir es besser machen."

Beispiel 1

A Kurze Inhaltsüberblick zu „Sonntag" von Max Bolliger
B Darstellung der Hauptperson Daniela
  I. Sprachliche Gestaltung
  II. Charakterisierung Danielas
    1. Äußere Erscheinung
    2. Probleme mit dem Erwachsenwerden
    3. Schwierigkeiten mit der zerbrochenen Familie
    4. Funktion des Freundes
C Persönliche Bemerkungen zur Aussage des Textes

In der Kurzgeschichte „Sonntag" von Max Bolliger geht es um einen typischen Sonntag im Leben des Mädchens Daniela, dessen Eltern getrennt sind. Den ersten Teil des Tages langweilt sich Daniela mit ihrem Vater, der sie zum Essen eingeladen hat. Nachdem sie zu ihrer Mutter zurückgekehrt ist, trifft sie sich am Abend heimlich mit ihrem Freund Heinz, von dem sie sich verstanden fühlt.

Im Folgenden soll die im Text verwendete Sprache untersucht und die Figur des Mädchens dargestellt werden.
Die auffälligste sprachliche Erscheinung der Geschichte ist, dass Daniela im Gespräch vorgestellt und nicht von einem Erzähler beschrieben wird. Damit ist gehobene Umgangssprache verbunden: „„Wie geht es in der Schule?", fragte der Vater. „Wie immer", antwortete Daniela." (Zeile10f.)
Daniela unterhält sich zunächst mit ihrem Vater, dann mit der Mutter und schließlich mit ihrem Freund Heinz. Insgesamt wirkt die Figur recht realistisch und aus dem Leben gegriffen. Die Geschichte beginnt unvermittelt und endet ohne echten Schluss, indem Daniela und Heinz ihre Hoffnung für die Zukunft ausdrücken: „Was meinst du, werden wir es besser machen?" In ihrer Stimme klangen Zweifel. „Natürlich", sagte Heinz, „ natürlich werden wir es besser machen." (Zeile 101–104)

Wie sich schon an der Sprache ablesen lässt, ist Daniela ein ganz normales Mädchen. Sie ist eine fast 13-jährige, hübsche Schweizerin, die, so findet ihr Vater, schon ziemlich erwachsen wirkt (vgl. Zeile 51ff.). Offenbar ist sie hoch aufgeschossen, da sie „seit dem letzten Jahr zehn Zentimeter gewachsen" ist (Zeile 24). Mit dem Erwachsenwerden kommt sie aber noch nicht zurecht, denn es ist ihr peinlich, dass ein Kellner im Restaurant mit ihr flirten will, und so verschließt sie sich und verzichtet sogar auf ein Dessert. Auch will sie nicht, dass ihre Eltern merken, dass sie schon einen Freund hat. Eine

diesbezügliche Frage ihres Vaters verneint sie. Überhaupt scheint sie ihre Eltern häufiger zu täuschen. So spielt sie ihrer Mutter vor, sie gehe zu einer Freundin, während sie sich in Wirklichkeit mit ihrem Freund in einem Lokal für Jugendliche trifft.
Ihre Probleme in der Schule verschweigt sie ihrem Vater, weil er sowieso kein Verständnis für ihre Situation hat, aber auch, weil sie ihre Schwierigkeiten verdrängt: „Wie geht es in der Schule?" fragte der Vater. „Wie immer", antwortete Daniela. „Wird es fürs Gymnasium reichen?" „Ja, ich hoffe es." Daniela wusste genau, dass ihre Noten weder in Mathematik noch in Französisch genügten." (Zeile 10–15).

Ein viel größeres Problem als die Schule stellt für Daniela ihre zerbrochene Familie dar. Im Restaurant beobachtet sie ein Paar mit zwei Kindern, die sich streiten, und sehnt sich sowohl nach dem Alltagsleben einer normalen, für sie glücklichen Familie, als auch nach einer Schwester. Sie fühlt sich sehr unwohl, wenn ihre Eltern schlecht übereinander reden. So sagt der Vater: „Deine Mutter konnte nie richtig kochen. (…) Daniela gab darauf keine Antwort." (Zeile 20f.). Auch die die Mutter spricht nicht gut über ihren Exmann: „Ich möchte wissen, warum er eigentlich darauf besteht, dich zu sehen. Im Grunde liegt ihm doch nichts daran. Nur weil es das Gericht so entschieden hat, und um mich zu ärgern." Daniela wurde wütend." (Zeile 67ff.). Das Mädchen fühlt sich benutzt und reagiert mit einem kleinen Befreiungsschlag gegen die Mutter: „Es geht ihm ausgezeichnet (…). Er hat sich ein neues Auto gekauft und sieht prima aus." Die Mutter zuckte bei ihren Worten zusammen" (Zeile 70ff.). Sie muss aber auch feststellen, dass sich ihr Vater nicht wirklich für sie interessiert, da er bei jedem Treffen erneut nach ihrem Alter fragt (vgl. Zeile 47).

Danielas große Stütze ist ihr Freund Heinz, dem sie sich anvertraut. Er muntert sie auf, da er weiß, dass der Sonntag eine Qual für sie ist. Er gibt ihr die Geborgenheit, die sie in ihrer Familie nicht findet (vgl. Zeile 93–104). Er versucht auch, ihr Hoffnung zu geben, als sie Angst hat, ihre gemeinsame Zukunft könnte so wie die ihrer Eltern aussehen: „Natürlich", sagte Heinz, „natürlich werden wir es besser machen" (Zeile 104).

Auch wenn ich nicht in Danielas Lage bin, kann ich mich gut in sie hineinversetzen. In der Kurzgeschichte werden die Probleme, die für Jugendliche aus einer Scheidung der Eltern erwachsen, treffend dargestellt.

☺ ☺ ☺

Die Schülerin hält sich genau an das gelernte Aufbauschema; sie wählt geeignete Aspekte der Texterschließung aus, um ein Gesamtbild der Hauptfigur entstehen zu lassen. Dazu kommt, dass sie alle Behauptungen mit guten Textstellen beweist.

Beispiel 2

A Kurze Inhaltsüberblick über die Kurzgeschichte „Sonntag" von Max Bolliger
B Charakterisierung der Hauptperson Daniela
  I. Allgemeine Angaben zur Person
  II. Beziehung zu ihren Eltern
  III. Auswirkungen der Familiensituation auf ihre Persönlichkeit
C Persönliche Stellungnahme zur Thematik des Textes

Die Kurzgeschichte „Sonntag" vom Schweizer Autor Max Bolliger schildert an Hand eines Treffens der Hauptfigur mit ihrem Vater die Hoffnungen und Zweifel eines Scheidungskindes.

Die Hauptperson, die 13-jährige Daniela, lebt nach der Scheidung der Eltern bei ihrer Mutter, die durch ihren Halbtagsjob in einer Modeboutique und die Alimente ihres ehemaligen Gatten sich und ihre Tochter über Wasser halten kann. Manchmal trifft das Mädchen ihren Vater; diese Treffen sind vom Gericht festgelegt.

Daniela weiß, dass ihre Chancen für den Übertritt auf ein Gymnasium äußerst gering sind. Sie hat allerdings auch noch keine festen Pläne, eine bestimmte Ausbildung nach dem Ende ihrer Schulzeit zu machen, sondern wirkt etwas desorientiert: „Dann eben eine kaufmännische Lehre ... oder Arztgehilfin ... Sie wollte jetzt nicht daran denken" (Zeile 15f.).

In ihrer Freizeit besucht das hübsche und sehr erwachsen wirkende Mädchen gerne Freundinnen oder ihren 16-jährigen Freund Heinz, den sie ihren Eltern gegenüber jedoch verleugnet: „Hast du einen Freund? – Nein!" (Zeile 49f.)

Daniela scheint mit ihrer Rolle als Spielball zwischen ihren zerstrittenen Eltern überfordert zu sein. Als ihr Vater sich negativ über die Mutter äußert, gibt sie darauf keine Antwort, und sie wird wütend, wenn ihre Mutter behauptet, der Vater benutze Daniela nur, um sie zu ärgern: „Im Grunde liegt ihm doch nichts daran. Nur (...) um mich zu ärgern." (Zeile 67ff.). Dennoch weiß Daniela auch, dass ihre Mutter nicht ganz Unrecht mit ihren Behauptungen hat, weil sie wahrnimmt, dass nicht nur sie selbst, sondern auch ihr Vater froh ist, wenn sie sich von ihm verabschiedet: „Der Vater schien erleichtert" (Zeile 59f.).

Sie ist verletzt, als sie feststellen muss, dass ihr Vater sehr wenig Interesse an ihr zeigt, was man daran sehen kann, dass er jedes Mal aufs Neue fragen muss, wie alt sie eigentlich sei. Die 13-Jährige baut auf Grund solcher Erfahrungen weder ein freundschaftliches noch ein familiäres Verhältnis mit dem Vater auf: „Daniela betrachtete ihn (...) wie einen Gegenstand" (Zeile 39f.).

Auch ihre Mutter meidet Daniela und flüchtet sich schnell zu ihren Freunden, wenn sie nach den sonntäglichen Treffen mit ihrem Vater der Mutter einen kurzen Bericht gegeben hat. Sie ist jedoch der Mutter gegenüber nicht trotzig, sondern zeigt sich eher konfliktscheu: „Hol mir eine Tablette im Badezimmer! Daniela gehorchte." (Zeile 76f.).

Ihre Probleme und Erlebnisse verschweigt sie ihren Eltern; wenn sie gefragt wird, gibt sie ungenaue Antworten, um es gar nicht erst zu längeren Gesprächen kommen zu lassen: „Wie geht es in der Schule?", fragte der Vater. „Wie immer", antwortete Daniela." (Zeile 10f.). Bisweilen lügt sie auch, um die Einmischung der Eltern in ihr Privatleben zu vermeiden. Dies kann man an der Stelle sehen, an der sie ihren Freund verleugnet. Um ihrem Vater nichts erzählen zu müssen, tut sie sogar Dinge, die ihr eigentlich unangenehm sind. So dreht sie im Auto den Sender mit der Volksmusik lauter, die sie verabscheut.

Danielas schwierige Situation als Kind völlig zerstrittener Eltern und das schlechte Verhältnis zu Vater und Mutter bewirken, dass sie trotz ihrer Jugend schon sehr selbstständig und erwachsen wirkt, was nicht nur aus den Reaktionen verschiedener Männer ersichtlich wird, sondern ihr auch vom Vater bestätigt wird (vgl. Zeile 51).

Ihre Beziehung zu dem drei Jahre älteren Heinz zeigt, dass sie doch noch sehr schutzbedürftig ist. An ihn lehnt sie sich an, wenn sie Zweifel plagen: „Daniela kuschelte sich an ihn" (Zeile 100). Dass der 13-Jährigen die Last der kaputten Ehe ihrer Eltern manchmal zu schwer ist, wird damit angedeutet, dass sie sich ein Schwesterchen gewünscht hätte, mit dem zusammen alles vielleicht leichter zu ertragen wäre. Die Scheidungsgeschichte der Eltern stört ihre Träume, die große Liebe zu finden und „es besser (zu) machen" (Zeile 104). Doch sie hat noch die Hoffnung, dass man sein Zuhause verlassen muss, um herauszufinden, wie die Welt wirklich ist (vgl. Cat Stevens).

Der Text beschreibt ein Problem, das es heutzutage in vielen Familien gibt. Ich finde, man kann Daniela gut verstehen, denn sie ist realistisch gezeichnet. Die Figur des Vaters finde ich ein bisschen zu klischeehaft. Er hat nämlich fast nur negative Eigenschaften. Insgesamt kann der Leser die Situation der geschilderten Figuren gut nachvollziehen.

Die Schülerin bemüht sich um eine umfassende Darstellung der Hauptperson, unterscheidet dabei aber nicht zwischen wichtigen und unwichtigen Aspekten. So fehlt die Untersuchung der Sprache komplett. Ihr Aufsatz gerät sehr lang, wirkt aber ungegliedert, trotz des flotten Stils und der guten Lesbarkeit. Zudem ist die Einleitung im Verhältnis zum Hauptteil zu kurz; eine Anbindung fehlt. Positiv ist der Schluss, der persönlich und engagiert ist, ohne parteiisch zu wirken.

Erschließung einer Kurzgeschichte mit Charakterisierung und Schlussdeutung

2 **Verfasse eine Inhaltsangabe zum folgenden Text. Stelle dar, in welcher inneren Krise sich die Hauptfigur Achim befindet und mit welchen sprachlichen Mitteln dies ausgedrückt wird. Gehe in deiner Deutung besonders auf den Schluss ein.**

Margret Steenfatt: Im Spiegel

„Du kannst nichts", sagten sie, „du machst nichts, aus dir wird nichts". Nichts. Nichts. Nichts. Was war das für ein NICHTS, von dem sie redeten und vor dem sie offensichtlich Angst hatten, fragte sich Achim, unter Decke und Kissen vergraben.
Mit lautem Knall schlug die Tür hinter ihnen zu.

Achim schob sich halb aus dem Bett. Fünf nach eins. Wieder mal zu spät. Er starrte gegen die Zimmerdecke. – Weiß. Nichts. Ein unbeschriebenes Blatt Papier, ein ungemaltes Bild, eine tonlose Melodie, ein ungesagtes Wort, ungelebtes Leben.
Eine halbe Körperdrehung nach rechts, ein Fingerdruck auf den Einschaltknopf seiner Anlage. Manchmal brachte Musik ihn hoch.
Er robbte zur Wand, zu dem großen Spiegel, der beim Fenster aufgestellt war, kniete sich davor und betrachtete sich: lang, knochig, graue Augen im blassen Gesicht, hellbraune Haare, glanzlos. „Dead Kennedys" sangen: „Weil sie dich verplant haben, kannst du nichts anderes tun als aussteigen und nachdenken".
Achim wandte sich ab, erhob sich, ging zum Fenster und schaute hinaus. Straßen, Häuser, Läden, Autos, Passanten, immer dasselbe. Zurück zum Spiegel, näher heran, so nahe, dass er glaubte, das Glas zwischen sich und seinem Spiegelbild durchdringen zu können. Er legte seine Handflächen gegen sein Gesicht im Spiegel, ließ seine Finger sanft über Wangen, Augen, Stirn und Schläfen kreisen, streichelte, fühlte nichts als Glätte und Kälte.
Ihm fiel ein, dass in dem Holzkasten, wo er seinen Kram aufbewahrte, noch Schminke herumliegen musste.
Er fasste unters Bett, wühlte in den Sachen im Kasten herum und zog die Pappschachtel heraus, in der sich einige zerdrückte Tuben fanden. Von der schwarzen Farbe war noch ein Rest vorhanden. Achim baute sich vor dem Spiegel auf und malte zwei dicke Striche auf das Glas, genau dahin, wo sich seine Augenbrauen im Spiegel zeigten. Weiß besaß er reichlich. Er drückte eine Tube aus, fing die weiche, ölige Masse in seinen Händen auf, verteilte sie ▸▸

auf dem Spiegel über Kinn, Wangen und Nase und begann, sie langsam und sorgfältig zu verstreichen. Dabei durfte er sich nicht bewegen, sonst verschob sich seine Malerei. Schwarz und Weiß sehen gut aus, dachte er, fehlt noch Blau. Achim grinste seinem Bild zu, holte sich das Blau aus dem Kasten und färbte noch die Spiegelstellen über Stirn und Augenlidern.

Eine Weile verharrte er vor dem bunten Gesicht, dann rückte er ein Stück zur Seite, und wie ein Spuk tauchte sein farbloses Gesicht im Spiegel wieder auf, daneben eine aufgemalte Spiegelmaske.

Er trat einen Schritt zurück, holte mit dem Arm weit aus und ließ seine Faust in die Spiegelscheibe krachen. Glasteile fielen herunter, Splitter verletzten ihn, seine Hand fing an zu bluten. Warm rann ihm das Blut über den Arm und tröpfelte zu Boden.

Achim legte seinen Mund auf die Wunden und leckte das Blut ab. Dabei wurde sein Gesicht rot verschmiert. Der Spiegel war kaputt. Achim suchte sein Zeug zusammen und kleidete sich an. Er wollte runtergehen und irgendwo seine Leute treffen.

Beispiel 1

A Krise eines Jugendlichen
B Untersuchung der Kurzgeschichte „Im Spiegel" von Margret Steenfatt
  I. Zusammenfassung des Inhalts
  II. Charakteristik der Hauptfigur aus der Situation heraus mit Analyse der sprachlichen Mittel
  III. Gesamtdeutung der seelischen Lage des Jungen
C Eigener Lösungsansatz

In der Kurzgeschichte „Im Spiegel" stellt die Autorin Margret Steenfatt die Probleme und Minderwertigkeitsgefühle eines Jugendlichen dar, der mit seinen Eltern und sich selbst in Konflikt steht und versucht, seine Persönlichkeit und sein Aussehen zu ändern.

Ein Junge wird von seinen Eltern als Versager bezeichnet, da er, Achim, bis zum Nachmittag im Bett liegt, ohne etwas zu tun. Er stellt sich das Nichts vor, tröstet sich durch Musik und betrachtet sich im Spiegel. Achim ist mit seinem durchschnittlichen Aussehen unzufrieden und erträgt sein Leben kaum. Ihm fehlt die Selbstachtung.

Er versucht, sein Spiegelbild zu ändern, indem er mit Schminke eine Clownsmaske auf den Spiegel malt. Die Spiegelmaske kann jedoch sein blasses Gesicht nicht verstecken. Die Verzweiflung über sein Leben veranlasst ihn, den Spiegel zu zertrümmern. Dabei verletzt er sich so an der Hand, dass er blutet. Ohne die Wunde zu verarzten geht Achim auf die Straße, um seine Freunde zu treffen.

Die innere Krise, in der Achim steckt, betrifft sein Aussehen und seine ganze Persönlichkeit. Er fühlt sich missverstanden und gedemütigt: „Du kannst nichts, sagten sie, du machst nichts, aus dir wird nichts" (Zeile 1). Die Aussage wird betont durch das dreimalige Vorkommen von „nichts".
Achims Aussehen wird mit vielen Adjektiven in der erlebten Rede beschrieben: „(...) lang, knochig, graue Augen im blassen Gesicht, hellbraune Haare, glanzlos" (Zeile 13f.). Seine innere Zerrissenheit wird durch Ellipsen unterstrichen (vgl. erster und zweiter Abschnitt des Textes).

Der Junge versucht, seine Unzufriedenheit mit einer bunten Maske zu überdecken und bemerkt, dass dies nicht möglich ist. Sprachlich unterstrichen wird dies durch eine Antithese: „Eine Weile verharrte er vor dem bunten Gesicht, dann rückte er ein Stück zur Seite, und wie ein Spuk tauchte sein farbloses Gesicht im Spiegel wieder auf, daneben eine aufgemalte Spiegelmaske." (Zeile 35ff.). Seine Hilflosigkeit bringt ihn außer Kontrolle; mit dem Zerschlagen des Spiegels schafft er beide Bilder aus der Welt. Seine blutende Hand holt ihn in die Wirklichkeit zurück. Dies zeigt sich auch dadurch, dass er sein Zimmer verlässt, um sich wieder unter Leute zu begeben.

Die Autorin schildert in der Geschichte Gedanken eines Jugendlichen, der mit sich selbst, aber auch mit dem Verlauf seines Lebens unzufrieden ist und einen vergeblichen Versuch unternimmt, sich zu verändern. Durch diese Erfahrung und durch den anschließenden Wutausbruch erlangt er sein seelisches Gleichgewicht wieder. Die Absicht der Autorin ist meiner Meinung nach die Darstellung eines einsamen, verzweifelten Menschen, der über seine Probleme nicht redet und stattdessen versucht, sich aus seinem Körper und seiner Person zu befreien. Als dies gescheitert ist, versucht Achim, sich von seinen Freunden helfen zu lassen: „Er wollte runtergehen und irgendwo seine Leute treffen." (Zeile 44f.).

Margret Steenfatt will vielleicht zeigen, dass das Verstecken hinter einer Maske keine Lösung für Ängste oder Probleme ist. Viel besser wäre es, sein Aussehen zu akzeptieren und wieder mit anderen Leuten zu reden.

Auf sprachlich hohem Niveau gelingt es der Schülerin, Inhalt und Absicht des Textes sehr gut zu erfassen. Die Arbeit enthält tiefgründige Gedanken und hebt die Aussage des Textes auf eine abstrakte Ebene. Zunächst denkt sich die Verfasserin gut in die Hauptfigur ein und schließt von der Betrachtung der Einzelperson auf eine allgemeine Aussage des Textes. Zitate werden sinnvoll und richtig eingesetzt.

Beispiel 2

A Situation eines Jungen
B Untersuchung der Erzählung „Im Spiegel" von Margret Steenfatt
  I. Inhaltszusammenfassung
  II. Charakteristik der Hauptfigur aus der Situation heraus mit Analyse der sprachlichen Mittel
  III. Deutung der schwierigen Situation des Jungen
C Kritik an den Eltern

In der Kurzgeschichte „Im Spiegel" von Margret Steenfatt geht es um einen Jungen, der nach einem Streit mit seinen Eltern sein Spiegelbild anmalt und dann zertrümmert.

Der Jugendliche Achim hat Ärger mit seinen Eltern, die ihm vorwerfen, dass er nichts könne. Auf Grund dieses Streits sitzt er ratlos bei Musik in seinem Zimmer, bis sein Blick auf den Spiegel fällt. Achim betrachtet sich genau, holt schließlich Schminke und beginnt, sein Spiegelbild mit Farben nachzumalen. Dies führt dazu, dass sich die Missstimmung des Jungen etwas legt. Als er jedoch neben seinem Selbstporträt sein reales Gesicht sieht, ändert sich dies wieder. Der Jugendliche wird so wütend auf sich selbst, dass er ausholt und mit der Faust den Spiegel zertrümmert, was zur Folge hat, dass er sich an den Scherben verletzt. Ohne auf das Blut zu achten, geht Achim auf die Straße, um seine Freunde zu suchen.

Die Hauptfigur befindet sich in einer Krise. Sie kann sich selbst nicht leiden. Schon am Anfang der Geschichte wird die Frustration von Achim auch sprachlich in einer Steigerung deutlich: „Weiß. Nichts. Ein unbeschriebenes Blatt Papier, ein ungemaltes Bild, eine tonlose Melodie, ein ungesagtes Wort, ungelebtes Leben." (Zeile 7ff.).

Achim sehnt sich nach Zärtlichkeit. Er streichelt sein Spiegelbild und gibt ihm, was der Junge selbst vermisst. Die Unzufriedenheit mit sich selbst wird dadurch gezeigt, dass Achim sich vor dem Spiegel verändert. Er malt sein Spiegelbild bunt an. Als sein wahres Ich wieder im Spiegel zu sehen ist, zertrümmert er es. Auffällig ist die Verwendung von Farben: Die Maske ist bunt, Achims eigenes Gesicht bleibt blass (vgl. Z. 35ff.).

Im Schluss zeigt die Autorin, wie schwierig es für Jugendliche sein kann, mit sich selbst zurechtzukommen. Im Verlauf der Handlung scheitern alle Versuche Achims, sich nach dem Streit mit den Eltern wieder aufzubauen. Erst seine Absicht, zu seinen Freunden zu gehen, zeigt, dass Achim etwas verstanden hat. Er muss von sich aus auf Menschen zugehen.

Achim soll sicherlich nur ein Beispiel für einen hilflosen Jugendlichen sein, der jemanden braucht, um seelisch stabiler zu werden. Die Eltern des Jungen machen genau das Falsche, indem sie ihn zu stark kritisieren. Viele Jugendliche brauchen anstatt Druck Zuneigung und Geduld, was die Autorin mit diesem Text vermitteln will.

Dieser Schüler hat die Geschichte ebenso gut verstanden wie die Verfasserin von Beispiel 1. Allerdings schafft er es nicht, in die Tiefe zu gehen. Die Zusammenfassung ist sprachlich sehr nah am Erzählstil und zu wenig sachlich. Viele Gedanken werden nur angerissen; dadurch kommt die Deutung zu kurz. Außerdem steht ein wichtiger Teil der Deutung im Schluss, wo er nicht hingehört. Im Schluss sollte man keine neuen Aspekte mehr bringen, die sich konkret auf den Text beziehen, sondern die Aussage auf ein allgemeines Niveau heben.

Erschließung einer Erzählung mit Darstellung der Protagonistin

3 **Erschließe die Erzählung „Eine Falte, spinnwebfein" von Erich Loest und charakterisiere die Hauptfigur Monika Haubert.**

Erich Loest: Eine Falte, spinnwebfein

„Monika Haubert – Physik". Die Heftmappe stand hochkant im Regal, ins Auge fallend, triumphierend; Monikas Blick wurde schon angezogen, während sie den Wecker zum Verstummen brachte. So war es am Abend vorher ihre Absicht gewesen: Wach werden und im selben Augenblick den Hefter sehen und die Siegesfreude spüren. In Physik stand sie unumstößlich auf der Eins, die Drei vom Januar war ausgemerzt, diesen gemeinen Einbruch hatte sie überwunden, eine Eins draufgesetzt und noch eine Eins und mit der Pötzoldt gestritten, als die eine Zwei für Mitarbeit eintragen wollte, unter Tränen gestritten, dass sie sich immerfort gemeldet und schließlich bei den leichtesten Fragen eben nicht mehr gemeldet hatte, war ja sinnlos, da könnte sie gleich ihren Arm mit einem Strick an der Decke anbinden. Und die Pötzoldt hatte wenigstens die Zwei gestrichen, wenn sie sie schon nicht durch eine Eins ersetzt hatte, aber endlich gelang noch eine herrliche Eins in einer Klassenarbeit – überraschend angesetzt, ohne Vorbereitung, hinterhältig von der Pötzoldt. Nun war in Physik alles dufte. Blieb bloß noch Mathe.

Es war ein heller Tag, wie der vorhergehende auch, blau der Himmel, man konnte zuschauen, wie es im Garten grün wurde. Rollschuh laufen, dachte Monika und streckte sich und verlagerte das Gewicht von einem Fuß auf den anderen, griff wechselseitig in die Luft, sackte am Tisch zusammen und stützte das Kinn in die Hand und überlegte, wie es wäre, heute begännen Ferien, sie könnte wirklich Rollschuh laufen wie zum letzten Mal vor zwei Jahren. Doch mit vierzehn lief man nicht mehr Rollschuh, wenigstens nicht in diesem Viertel. Aber heute eine Arbeit in Mathe. Oder die Stunde fiel aus, weil Letscho krank war, nach Berlin musste, Minister geworden war, nach Kuba flog, um den Leuten dort beizubringen, wie man Mathe in der siebenten Klasse lehrte, Letscho, der schöne Letscho, der doofe Locken-Letscho, Herr Hans-Dieter Lettmann. Nun reckte sich Monika doch fünf Minuten lang und spürte die Haut heiß werden in den Hüften und am Rücken und wechselte Standbein und Spielbein, denn diese Übung, so hatte sie gelesen, regte das Wachstum an, so groß war sie bei weitem nicht, dass sie auf weiteres

Wachsen hätte verzichten können. Im kleinsten Drittel der Klasse, klein, aber fein, ich bin klein, mein Herz ist rein, alles Mist, größer als Mutti musste sie werden, die Oma hatte sie längst hinter sich gelassen. Groß und unglaublich lange Beine und langer, schwingender Rock und nackte Füße in Sandalen mit knallroten Zehennägeln, so als Lehrerin vor die Klasse treten und die Brauen hochziehen wie die Pötzoldt und auf diese Krumpel in der ersten Bank hinunterschauen und sagen: „Was hatte ich aufgegeben?“ Oder besser Malerin mit ungeheuer langen Beinen, gespreizt vor der Staffelei stehend und ein tolles Bild hinschmeißen. Mit meterlangen Beinen auf einem Barhocker mit wüst kurzem Rock. Wie hoch war ein Barhocker? Ihre Arme fielen herunter, ein Gedanke schlug durch den Körper und ließ die Lippen sich öffnen und jetzt auch die Haut am Hals heiß werden: Elternabend! Da warf Monika den Bademantel über und fuhr in die Pantoffeln und klapperte die Treppe hinunter und riss die Küchentür auf, da war Mutti nicht, um die Ecke in die Diele, sie hatte Kaffee vor sich und rauchte schon wieder, oder vielleicht auch nur schon, und Monika stieß zusammen mit der Atemluft heraus: „Morgen, Mutti, wie war's gestern?“ „Ach, ganz gut!“ Blick zur Uhr wie immer, wenn Monika morgens aus ihrem Zimmer kam, kontrollierend, Frau Haubert maß diese zwei Morgenstunden zwischen dem eigenen Aufstehen und dem Gehen der Tochter mit Routinemaßen: Duschen und Frühstück bereiten und Frühstücken mit ihrem Mann, der allein nur am Küchentisch stehend ein Brötchen geschlungen hätte. Während er den Wagen aus der Garage fuhr, räumte sie sein Gedeck ab und stellte das des Sohnes hin; wenn sie hörte, dass ihr Mann das Gartentor schloss, trat sie ans Fenster, hob lächelnd die Hand, das war Ritus.

Sie weckte Ralph und horchte hinauf zu Monika und schaute auf den Stundenplan neben der Küchentür: Dienstags und freitags schlief Moni eine Stunde länger. Ein scheinbares Idyll, erzwungen durch schwerste Operation nach böser Krankheit vor einem Jahr; Betätigung, Betätigung, und wenn alle aus dem Haus waren, würde sich Frau Haubert für zwei Stunden wieder hinlegen müssen. „Bist gut weggekommen, hab mit Frau Pötzoldt hinterher noch gesprochen. Nun wasch dich erst mal.“ „Was vom Durchschnitt?“ „Weißt du doch selber.“ Angelika, Hotte, Jacqueline. „Keine Reihenfolge? Die Zweite?“ „Frau Pötzoldt hat die Spitzengruppe genannt und das Mittelfeld und einige am Schluss. Fünf sollen abgehen.“ „War wohl ziemlich sinnlos?“ „Gar nicht. Aber nun wasch dich.“

Das Wasser brannte auf der gespannten Haut, lief eisig in die offenen Augen, davon wurden sie glänzend, hieß es. War alles noch im Fluss, konnte sich ändern. Aber ein Zwischenergebnis: Angelika Arndt mit 1,19 vor Monika Haubert mit 1,21, dann Hotte Manzelt mit höchstens 1,4, aber Jungen wurden ja gemein vorgezogen, Hotte hatte seinen Platz für die EOS sicher.

Genauso viel Jungen wie Mädchen kamen zur EOS, und für einen Augenblick ließ Monika den Gedanken zu, sie würde abgelehnt, da riss ein schwarzes Loch auf, sie vergaß den Mund zu schließen und verschluckte sich und beugte sich über die Wanne und hustete. Nicht zur EOS, das war wie Furcht vor einer grässlichen Krankheit, wie unter die Straßenbahn zu kommen und ein Bein zu verlieren. EOS und Abitur und Studium, das Recht auf Bildung, so hatte sie's wieder und wieder gehört, und Diplomingenieur wie Vati oder an der Bauhochschule studieren wie Ralph, es musste ja nicht unbedingt Medizin sein. Kein Gedanke, sie könnte ein Bein verlieren oder bekäme Hirnhautentzündung und würde blöd dadurch und säße mit stierem Gesicht in der Ecke, und Ralph führte seine Freunde mit hochgezogenen Brauen an seiner blöden Schwester vorbei. Monika bog den Kopf zurück und atmete flach, der Husten hörte auf. Sie dachte: An gar nichts anderes denken, nicht ausmalen, was sonst geschähe, es nicht beschreiben. „Frau Pötzoldt hat dich natürlich gelobt", sagte Frau Haubert, als Monika wieder in die Diele kam. „Dich und Angelika. Dass ihr die anderen mitreißt und so weiter." „Und Hotte?" „Nach wie vor disziplinlos." „Ach der! Der darf alles, weil er General wird. Jungen dürfen überhaupt alles. Der ist praktisch schon in der Vorbereitungsklasse, oder?" „Dass du immer losschimpfst, wenn von Horst die Rede ist." „Weil der alles darf! Weil der schlechter ist als Angi und ich!" „Ich brauche dir doch wohl keinen Vortrag zu halten, dass Offiziere gebraucht werden. Brötchen? Brot?" „Mir egal." „Nun werd nicht patzig, Moni, bitte!" Monika sah ihrer Mutter zu, wie sie eine Scheibe Grobbrot mit Butter und Marmelade bestrich, sie nahm es und sagte gedankenlos: „Danke". Drei oder vier zur EOS, dachte sie, warum nicht auch Hotte, das war doch ihr egal, und um den vierten Platz sollte sich streiten wer wollte. „Ich bin dann noch ein Stück mit Frau Pötzoldt gegangen. Sie hat mir etwas im Vertrauen gesagt, Moni. Aber das musst du für dich behalten, hörst du? Das darf auch Frau Pötzoldt eigentlich noch gar nicht wissen." Monika schluckte hinter, sie nickte ernsthaft, ihr konnte man etwas anvertrauen, natürlich. „Aus eurer Klasse kommen nur zwei in die Vorbereitungsklasse." Monika legte das Brot auf den Teller, blickte darauf, blickte rasch zu ihrer Mutter hoch, sah deren Gesicht sofort an, dass kein Spaß getrieben wurde. Sie fragte: „Zwei?" Kein rechter Ton hatte sich bilden wollen. Sie räusperte sich und fragte nochmals: „Zwei?" „Ja." Angi mit 1,19, sie selber mit 1,21, sie war keineswegs Arbeiterkind, nur zwei kamen zur EOS, und sie war schlechter als Angi, beste Freundin seit Jahren, Banknachbarin, Vertraute vieler Geheimnisse, plötzlich Rivalin, Feindin. Diese Gedanken folgten einander so rasch, dass Monika nicht einmal vor ihnen erschrak, sie bildeten sich im Augenblick heraus und flossen zusammen zu einem Druck in der Kehle und einer hochschnellenden Entschlossenheit, die gleich darauf versickerte. „Schlimm?" „Klar." „Ein paar Wochen bleiben ja noch. Wenn du dich anstrengst!" „Ja, Angi weiß nichts?" „Nein. Und du darfst es ihr nicht sagen, hörst du." Monika schluckte. Sie würde es niemandem sagen, und ▶▶

Angi schon gar nicht. Sie musste sie in Mathe schlagen, sofort, heute, immer. Aber wenn Angi in eine andere Stadt zöge. Wenn sie sehr krank würde. Nein, nicht, das nicht!

Sonnenlicht flimmerte durch die Birke neben dem Haus, Monika Haubert trat hinaus und drehte sich an der Gartentür zum Küchenfenster um und hob die Hand und winkte, das war Ritus. Sie sah nicht, ob ihre Mutter hinter der Gardine stand. Die Platten waren sauber nach einem Regenguss, manchmal war Monika losgerannt aus der geknickten Straße zwischen den Villen heraus bis vor an die Chaussee und sogar bis zur Kreuzung. Dort hatte Angi oft auf sie gewartet. Ganz früher waren sie Hand in Hand weitergegangen, später Arm in Arm. Monika hoffte, sie würde Angelika erst in der Klasse treffen mit allen anderen zusammen, sie könnte ihr zunicken und Hälloh sagen: Es war nicht üblich, allen im Rudel die Hand zu geben. Redestoff gab es – der Elternabend gestern. Die Mathearbeit. Kein Wort vom Geheimnis. Hotte rannte kurz vor einem Trabant herüber und schlug ihr mit der flachen Hand auf den Unterarm und fragte fröhlich, wobei er immerfort versuchte, ihr in die Augen zu blicken, deshalb ging er einen Schritt vor ihr und drehte sich halb zur Seite: „Weißt du, dass Klupsche und Fritz miteinander gehen? Weißt du nicht? Aber auf der Kleinmesse waren sie dreimal zusammen." „Du spinnst, du spinnst überhaupt. Klupsche nie!" „Stets." „Nie!" „Hast du Mathe gemacht?" „Klar." Und sie sagte ihm, was bei ihr schwer einfetzte und was sie sinnlos fand. Da meinte Hotte, gerade das wäre überhaupt nicht sinnlos, sinnlos wäre bloß, dass er sich zwei Formeln nie merken konnte, weil er sie immer durcheinanderschmiss. Eine für sich könnte er sich bestimmt merken, aber zwei wären sinnlos. „Gerade zwei sind prima. Du bist selbst sinnlos." Da standen sie schon vor der Schule. Angelika saß auf ihrem Platz und schaute hoch und lächelte und streckte Monika die Hand hin. „Is' was?" „Letscho mit seinem Mist. In der ersten Stunde 'ne Arbeit hat mich schon immer angenervt. Von gestern gehört?" Monika kramte in der Tasche und legte Heft und Lineal und Kugelschreiber zurecht, Angelika fuhrwerkte noch in ihren Nachschriften. Da klingelte es, in der nächsten Sekunde stand Letscho in der Tür, Locken-Letscho, Herr Hans-Dieter Lettmann. Horst Manzelt rasselte die Meldung runter; diese Woche rasselte er, die nächste Woche würde er bellen, dann nuscheln. „Ans Werk!", lärmte Lettmann und rieb sich die Hände und rief die üblichen Warnungen, es solle ja keiner abschreiben, und wer beim Vorsagen erwischt würde, käme sofort in die Hölle; gerade in der ersten Stunde seien seine Ohren munter wie bei einem jungen Schäferhund. Schon schrieb Lettmann die Aufgaben an die Tafel, die erste ein Klacks, wie Monika auf den ersten Blick sah, man musste sozusagen nur ein paar Formeln ausfüllen, war in einer Minute gemacht, die zweite schien schon schwerer zu sein, die dritte war ein ausgesprochener Brocken, und Lettmann warnte: Langsam angehen, erst nachdenken, dann rechnen, auch auf Zwischenlösungen gab es Punkte! Monika wendete den

Kopf zu Angelika. Angelika zu Monika, da sagte Lettmann: „Auch die Damen Arndt und Haubert werden um äußerste Diskretion gebeten", aber er sagte es so, dass Angelika und Monika zu ihm hinauflächelten, sie, die Stars der Klasse. „Das Rennen beginnt, wer fertig ist, kann sein Heft abgeben. Ist einer fertig?" Und wieder lächelten Monika und Angelika. Monika nahm sich den Brocken vor, aus Neugierde, nicht aus Taktik. Erst nachdenken, nicht gleich rechnen, im Formelheft nachschlagen, das war gestattet, kombiniert und probeweise gerechnet, in Brüchen hängengeblieben, es war nicht Lettmanns Methode, Aufgaben schon im Beginn in Kleinrechnerei ausarten zu lassen. Lettmann liebte Linie, Schmiss, da stimmte wohl etwas nicht, Monika rechnete pro forma weiter, schaute auf die Uhr, noch konnte sie sich Experimente leisten. Mit einem Seitenblick sah sie, dass Angi die erste Aufgabe geschafft hatte und in der zweiten steckte, Lettmann schnüffelte unterdessen in den hinteren Bankreihen herum, dort war es nötig, Betrugsmanöver im Keim zu ersticken, dort legte er hin und wieder den Finger auf ein Heft und schnalzte missbilligend. Wieder Mist gebastelt, mein Alter, hieß das; wer auf der Drei kümmerte, war für solcherlei Hinweis dankbar. Nun baute Monika doch den Ansatz neu, begriff im Nu, dass sie auf dem richtigen Weg war, auf einmal ging's wie geschmiert, ein kleines Verrechnen auf halber Strecke, weiter – am Ende ließen sich Zahlen massenhaft gegeneinander aufheben, und siehe da, das Ergebnis hieß Plus-Minus-Null, ein sauberes Resultat nach Letschos Art. Der Brocken war geschafft, jetzt die Aufgaben eins und zwei, da sah Monika mit einem Seitenblick, dass Angelikas Nase glänzte, dass die Lippen schmal waren – Angi in Druck? Die zweite Aufgabe war es wohl, die Kopfschmerzen bereitete, da stöhnte Angi und schaute hilfesuchend zu Monika, aber die hatte ja die Aufgabe selbst noch nicht geschafft, schickte sich eben an, Nummer eins vom Tisch zu bringen. Jetzt sollte Nachbarschaftshilfe einsetzen, wusste Monika, Letscho hatte bei den Hinterbänklern vollauf zu tun, aber Monika hörte ihre Mutter sagen: „Nur zwei", und einer war Hotte Manzelt. Zahlen schnellten in ihrem Gedächtnis hoch, 1,19 und 1,21, und Angi kippte in Mathe auf die Zwei, wenn sie heute eine Drei baute; man musste den Durchschnitt neu berechnen, und dann war es gar nicht so, dass Angi unbedingt vor ihr lag, da bestand plötzlich wieder Hoffnung. Die Aufgabe zwei – Monikas Blick huschte aufs Nachbarheft, der gleiche Ansatz bei Angelika wie bei ihr, kein Problem also, jetzt kam auch Angelika anscheinend besser vom Fleck, aber sie hatte Zeit verloren, und der Brocken lag noch vor ihr.

Monika dachte: Zwölf Minuten noch. Letscho fragte eben munter: „Noch keiner fertig?" Ein Kribbeln lief durch Monikas Arm, als sie den Bogen mit der falschen Berechnung der Aufgabe drei seitlich aus ihrem Heft herausschob, auf Angelika zu, als sie sich zwingen wollte, nicht zu wissen, was sie tat. Ihr Gesicht rötete sich, als wäre sie beim Stehlen ertappt worden, sie hörte wieder ihre Mutter sagen: „Wenn du dich anstrengst!" und sah das furchtbare, ▶▶

schwarze Loch vor sich, wenn sie nicht eine von diesen beiden war. Sie schwitzte in den Achselhöhlen wie schon einmal, als sie in der Aula stand und zum ersten Mal vor der ganzen Schule ein Gedicht aufsagen musste, Johannes R. Becher: „Der große Plan". Oder Max Zimmering. Monika unterstrich die Resultate sauber, kleidete das Ergebnis der Aufgabe in einen Antwortsatz, wie Letscho es mochte, blickte nicht zu Angelika, wollte nicht wissen, ob Angelika jetzt den falschen Rechenweg abschrieb, dachte: Sie würde sowieso nicht fertig. Aber sie wusste auch, dass Letscho angekündigt hatte, für Teilergebnisse gäbe es Punkte. „Nun mal langsam fertig werden!" Monika drehte sich um. Hotte gab eben das Heft lässig ab, als sei es das Selbstverständlichste von der Welt, dass er als Erster fertig war. „Jetzt eene roochen", sagte er halblaut, und Letscho schüttelte drohend die Faust. Monika starrte wieder auf ihr Heft, die Zahlen verschwammen, sie flüsterte: „Schaffst du's noch?" Sie sah, dass Angelika nicht mehr schrieb, fing einen wirren Blick auf, zog den Zettel mit dem falschen Rechenweg unter ihr Heft, schämte sich zum ersten Mal während der grauenvollen letzten Viertelstunde, zwang die Zahlen 1,19 und 1,21 in ihr Hirn, aber die halfen nicht, sie musste auch denken: Meine beste Freundin. „Darf ich die Damen bitten?" Da hielt Monika ihr Heft hoch, wobei sie den linken Arm auf den Zettel mit der fehlerhaften Rechnerei legte, Herr Lettmann nahm ihr Heft und Angelikas Heft und kehrte noch einmal zur vorletzten Bank zurück, wo einer, der fast auf der Vier stand, verzweifelt um Gnadenfrist bat. Aber auch hier ging nichts mehr; Lettmann entrang seinem Sorgenkind das Heft und war noch nicht aus der Tür, da schrie Horst Manzelt schon die Ergebnisse in den Raum, und Angelika Arndt fragte ihre Freundin und Banknachbarin nach deren Resultat der dritten Aufgabe und wurde blass und biss sich auf die Lippen, und Monika stieß das richtige Ergebnis heraus und ließ den Zettel mit dem falschen Gerechne in ihrer Tasche verschwinden und hoffte, sie könnte ihn schon in dieser Pause vernichten, nie wäre mehr von ihm die Rede, und sie könnte ihn für immer aus ihrem Gedächtnis tilgen. „Aber du hast doch ..." „War erst auch Mist bei mir." „Und ich dachte..." „Was?" „Ich hab das abgeschrieben." Monika kramte in ihrer Tasche, dabei roch sie den Schweiß unter ihrem Arm. „Das Falsche?" „Ja." „Mensch, Mensch, bloß gut, dass ich nicht im Heft gerechnet habe." Das schien ein Strohhalm zu sein. „Und ich dachte, du hättest mir den Zettel extra hingeschoben." „Ach wo. Du, Angi, doch nicht was Falsches!" „Ich krieg bestimmt,ne Drei. Wir schmeißen deinen Zettel rasch weg, ja? Rauskommen kann nichts." „Nein, rauskommen kann nichts."

In der nächsten Stunde war Deutsch, ein Roman war von einzelnen Schülern stückweise gelesen worden, jetzt setzten sie ihre Kenntnis-Fetzen zusammen. Die Rolle von Kortschinski. Als Nagulnow aus der Partei ausgeschlossen wird. Niemand wusste, was die GPU war, nicht einmal Horst Manzelt, das Geschichtsas. Einmal fragte die Lehrerin die beiden Musterschülerinnen auf der ersten Bank: „Na, ihr, nicht in Form heute?" In der Pause danach wiederholte Angelika: „Du, ich komme bestimmt bloß auf 'ne Drei." Nach Schulschluss gingen Monika und Angelika zusammen bis zur Kreuzung, sie redeten schlaff über diese Mathematikarbeit und über das Hausarbeitspensum für den nächsten Morgen und über eine Aufsatzgliederung. Zu Hause sagte Monika, sie hätte keinen Hunger, die Mathearbeit hätte sie geschafft für den ganzen Tag. Sie ging in ihr Zimmer und schmiss sich bäuchlings aufs Bett und hoffte, sie könnte einschlafen und hätte, wenn sie erwachte, etwas sehr Schlimmes, Böses vergessen. Aber es war zu hell und zu warm, und eine Spatzenmeute machte unglaublichen Krach. Nach einer Viertelstunde stand Monika auf und blickte in den Spiegel. Unter den Lidern hatte sich eine spinnwebfeine Falte gebildet. Man konnte sie übersehen, aber sie war da.

Beispiel 1

1	Täuschungsmanöver einer Musterschülerin
2	Erschließung des Textes und Charakterisierung der Schülerin Monika
2.1	Inhaltswiedergabe des Textes und Betrachtung sprachlicher Besonderheiten
2.2	Charakterisierung der Protagonistin
2.2.1	Monikas Situation
2.2.1.1	Leichte Beeinflussbarkeit
2.2.1.2	Großer schulischer Ehrgeiz
2.2.1.3	Schuldgefühle wegen Betrug
2.2.1.4	Pubertäre Träume
2.2.2	Verhalten der Schülerin
2.2.2.1	Gehorsam und Anpassungsfähigkeit
2.2.2.2	Fähigkeit zum Verrat
3	Darstellung Monikas als typische Musterschülerin im DDR-Schulsystem

In der Erzählung „Eine Falte, spinnwebfein" von Erich Loest geht es um eine 14-jährige Musterschülerin, die aus schulischem Ehrgeiz ihre beste Freundin bei einer Prüfung durch ein Täuschungsmanöver um eine gute Note bringt.
Monika Haubert, Musterschülerin der 7. Klasse einer DDR-Schule, hat Angst vor der letzten Mathematikprüfung. Da nur zwei Schüler aus der Klasse sich für die weiterführende Schule qualifizieren können, setzt sie, die Zweitbeste der Klasse, alle Hoffnungen auf die bevorstehende Mathematikarbeit. Sie verliert während der Prüfung die Nerven und schiebt ihrer Freundin Angelika, der Klassenbesten, die falsche Lösung einer Aufgabe zu, die diese abschreibt. Monika hofft

dabei, dass sie selbst nun Klassenbeste wird und sie so mit dem schon vorab ausgewählten Jungen auf die höhere Schule gehen kann.

Mit den Mitteln der erlebten Rede, Ellipsen, Gedankenfetzen – Monika spricht mit sich selbst – wird der Leser ganz nah an die Hauptfigur der Erzählung herangeführt. Durch Lehrerspitznamen und typisches Schulvokabular wird die Schülersituation nachvollzogen: „(…) der doofe Locken-Letscho" (Zeile 26f.) ist Monikas Mathematiklehrer. Obwohl die Geschichte in der DDR spielt, wird dies nur an wenigen Begriffen wie EOS, Arbeiterkind oder am Hinweis auf den Dichter Johannes R. Becher deutlich.

Monikas Charakterzüge kommen in einer schwierigen Lebenssituation, einer wichtigen Mathematikprüfung, die über ihre weitere Schullaufbahn entscheidet, besonders gut zum Vorschein. Sie ist eine gehorsame Tochter, die von ihrer Mutter den älteren Bruder als Vorbild vorgesetzt bekommt und sich redlich bemüht, die bestmögliche Schulbildung zu erlangen. Deshalb würde ihre Welt zusammenbrechen, wenn sie es nicht schaffte, auf die EOS, die erweiterte Oberschule in der ehemaligen DDR, zu gehen und ihr Abitur zu machen: „(…) da riss ein schwarzes Loch auf, sie vergaß den Mund zu schließen und verschluckte sich (…)" (Zeile 73f.).

Sie möchte unbedingt die Hoffnungen ihrer Mutter erfüllen, die dem „Studium (und dem) Recht auf Bildung" (Zeile 77) große Wichtigkeit beimisst. Monika soll Diplomingenieur wie ihr Vater werden oder an der Bauhochschule studieren wie Ralph, ihr Bruder (vgl. Zeile 79). Durch den Wunsch bestärkt, ihre Mutter, die eine „schwerste Operation nach böser Krankheit" (Zeile 58f.) hinter sich hat, stolz zu machen, gerät Monika zusehends unter Druck, die bevorstehende Mathematikarbeit mit der Note Eins zu bestehen. Es macht ihr zwar sehr zu schaffen, dass ein Klassenkamerad, der schlechter ist als sie, seinen Platz an der EOS schon sicher hat, aber sie widerspricht der Mutter nicht, als diese erklärt, sie sehe als natürlich an, dass Jungen bevorzugt werden, weil Offiziere gebraucht würden (vgl. Zeile 91f.). Der Druck auf Monika verstärkt sich noch, als sie erfährt, dass nur zwei Schüler in die Vorbereitungsklasse aufgenommen würden. Ihr wird klar, dass sie mit ihrer besten Freundin Angelika, die einen besseren Notendurchschnitt hat als sie, um diesen einen Platz in der Vorbereitungsklasse konkurrieren muss: „(…) Angi, beste Freundin seit Jahren, Banknachbarin, Vertraute vieler Geheimnisse, plötzlich Rivalin, Feindin" (Zeile 107f.).

Mit dem Satz der Mutter: „Wenn du dich anstrengst" (Zeile 112f.) in den Ohren, gehen ihr bei der Prüfung die Nerven durch. Sie schiebt ihrer Freundin, die nicht mehr weiter weiß, den Papierbogen mit der falschen Lösung einer Aufgabe zum Abschreiben hin. Einerseits hofft Monika, dadurch ihre

Rivalin aus dem Rennen geschlagen zu haben, andererseits lädt sie sich damit neue Schwierigkeiten auf.
Extreme Schuldgefühle quälen sie, weil sie ihre beste Freundin betrogen hat: „Ihr Gesicht rötete sich, als wäre sie beim Stehlen ertappt worden" (Zeile 197), und am Nachmittag nach der Prüfung hat sie zu nichts Lust, außer sich ins Bett zu legen und zu hoffen, alles zu vergessen (vgl. Zeile 247).

Trotz allem schulischen Ehrgeiz träumt das Mädchen heimlich davon, noch etwas zu wachsen und mit „unglaublich lange(n) Beine(n) und lange(m), schwingende(m) Rock und nackte(n) Füße(n) in Sandalen mit knallroten Zehennägeln" (Zeile 33ff.) als Lehrerin die Schüler zu verunsichern oder als brillante Malerin verführerisch auf einem Barhocker zu sitzen (vgl. Zeile 39f.).

Als jüngere Schwester eines erfolgreichen Bruders und Tochter eines Diplomingenieurs kommt es Monika gar nicht in den Sinn, sich vielleicht gegen die Erwartungen ihrer Mutter zu stellen. Wie zu Hause verhält sie sich auch in der Schule vollkommen wohlerzogen. Sie sitzt mit ihrer besten Freundin in der ersten Reihe, und in der Klassenarbeit formuliert sie ihre Antworten so, wie ihr Mathematiklehrer es erwartet (vgl. Zeile 203f.).

Unter Druck stehend und gefangen in ihrem Ehrgeiz bringt Monika es fertig, ihre beste Freundin zu betrügen. Allerdings bereut sie diese Tat sofort und schämt sich sehr für ihr niederträchtiges Verhalten. Aber sie schafft es auch nicht, den Fehler wiedergutzumachen und der Freundin die richtige Lösung zukommen zu lassen. Sie behält immer im Hinterkopf, dass nur zwei aus der Klasse für die EOS in Frage kommen, da sie sich den Erwartungen ihrer Mutter nicht entziehen kann. Als äußeres Zeichen ihrer Niedertracht entdeckt Monika in ihrem Spiegelbild eine „spinnwebfeine Falte" (Zeile 250) unter den Augenlidern, die sie nie wieder wegbekommen wird.

Monika Haubert ist auf keinen Fall ein typisches 14-jähriges Mädchen, das anfängt, die Autorität der Eltern in Frage zu stellen. Sie ist eine Musterschülerin, die ihrer Mutter niemals widerspricht und krampfhaft versucht, deren Anerkennung zu gewinnen. Sie will der kranken Mutter keine Sorgen machen und ihren persönlichen Ehrgeiz befriedigen. Die Geschichte spielt in der ehemaligen DDR und wirft ein interessantes Licht auf die Ungerechtigkeiten des dortigen Schulsystems. Man sieht deutlich, dass Monika sich dem unterwirft und dafür ihr Freundschaftsideal verrät.

☺ ☺ ☺

Die Schülerin findet eine sinnvolle Gliederung, die sie auch in der Ausarbeitung umsetzt. So schafft sie es, den umfangreichen Text zu bewältigen und die Protagonistin recht überzeugend darzustellen. Sie bringt viele Zitate, um ihre Behauptungen zu stützen. Darüber hinaus hat sie den schwierigen Zeithintergrund der Geschichte beachtet und in ihre Charakteristik eingearbeitet.

Beispiel 2

1	Aus eigenem Interesse trickst Monika eine Freundin gemein aus
2	Erschließung des Textes und Charakterisierung Monikas
2.1	Inhaltswiedergabe und Sprachbetrachtung
2.2	Charakterisierung der Schülerin
2.2.1	Großer Ehrgeiz
2.2.2	Geltungsdrang
2.2.3	Selbstdruck
2.2.4	Rücksichtslosigkeit
2.2.5	Berechnung
2.2.6	Großer Unterschied zwischen ihren Gedanken und ihrer äußeren Erscheinung
3	Typus „eiskalte Karrierefrau"

Erich Loest schreibt in seiner Erzählung „Eine Falte, spinnwebfein" über Monika Haubert, die, um einen Platz auf der EOS zu bekommen, ihrer schärfsten Konkurrentin, die zugleich ihre beste Freundin ist, während einer Mathematikprüfung mit Absicht ein falsches Ergebnis zuschiebt.

Diese schreibt die Rechnung ab in dem Glauben, dass Monika ihr so etwas nie antun könnte, und als es herauskommt, glaubt sie Monikas Ausreden, was dazu führt, dass Monika sich unglaublich schlecht fühlt und ihre Tat am liebsten vergessen oder rückgängig machen würde.

In der Geschichte finden sich auffällig viele Partizipien, die den Text interessanter machen: „(...) ins Auge fallend, triumphierend" (Zeile 1f.). Dazu kommen längere Passagen mit direkter Rede, so beispielsweise Zeile 227 bis Zeile 234, wo Monika ihre Freundin Angelika beschwichtigt, die sie doch gerade betrogen hat.

Wer Monika Haubert ist, soll die folgende Charakterisierung zeigen. Monika ist 14 Jahre alt und ist nicht besonders groß. Ihr Vater ist Diplomingenieur, ihr Bruder Ralph studiert an der Bauhochschule; ihre Mutter ist auf Grund einer schweren Krankheit Hausfrau. Monika gehört zusammen mit ihrer besten Freundin und Banknachbarin Angi zu den Besten in der Klasse, wobei Angi einen Schnitt von 1,19 und Monika selbst 1,21 hat. In der Familie scheint alles schon ziemlich festgefahren zu sein: „Frau Haubert maß diese zwei Morgenstunden (…) mit Routinemaßen" (Zeile 48ff.). Monika ist sehr ehrgeizig, was die Schule und ihre Noten betrifft. Ihr Ehrgeiz beruht auch darauf, dass ihr Vater und ihr Bruder studiert haben, und sie meint, es sei genauso schlimm, nicht auf die EOS zu gehen, wie ein Bein zu verlieren (vgl. Zeile 77).

Außerdem ist sie geltungsbedürftig, was darin begründet liegt, dass sie relativ klein ist. Sie malt sich aus, wie es wäre, wenn sie groß wäre und auf andere herunterschauen könnte. Auch ist damit eine gewisse Existenzangst verbunden, weil sie meint, man müsse nur groß und schön sein, dann komme der Erfolg von selbst. Darin dürfte auch der eigentliche Grund für ihren großen Ehrgeiz liegen, da sie meint, dass man sich, wenn man klein ist, mehr präsentieren, in ihrem Fall also sich oft in der Schule melden muss. Dadurch legt sie sich selbst natürlich einen großen Leistungsdruck auf, der sich in hektischen, abgehackten Gedankengängen auswirkt: „(…) Angi, beste Freundin seit Jahren, Banknachbarin, Vertraute vieler Geheimnisse, plötzlich Rivalin, Feindin" (Zeile 107f.).

Dieser Selbstdruck und übersteigerte Ehrgeiz schlägt in rücksichtsloses Verhalten gegenüber Angi um, als ihr bekannt wird, dass nur zwei Schüler aus der Klasse auf die EOS kommen, von denen einer schon feststeht, und der andere freie Platz zwischen Angi und Moni ermittelt wird. Das Fatale an der Angelegenheit ist, dass Angi nicht weiß, dass entweder sie oder Moni auf die EOS kommt und Monika es ihr nicht sagt, um ihren Vorteil nicht zu verspielen. Als sie bei der entscheidenden Mathematikprüfung merkt, dass Angi wohl Probleme hat, wird Monika berechnend: Sollte Angi versagen, stiegen Monikas Chancen. Am Ende dieser Überlegung steht die Idee, Angi einen falschen Rechenweg zuzuschieben, um die Sache sicher zu machen. Zwar hat sie Skrupel, setzt ihre Idee aber in die Tat um. Es siegt also Monikas Angst, nicht auf die EOS zu kommen, über ihre lange Freundschaft und Vertrauensgemeinschaft mit Angi.

Nach dem Ende der Mathematikprüfung tut Monika nach außen hin so, als sei die Sache mit dem falschen Ergebnis ein Versehen gewesen, weil sie nicht die charakterliche Stärke besitzt, Angi die Wahrheit zu sagen. Aber innerlich fühlt sie sich miserabel, weil sie genau weiß, dass sie etwas Hinterhältiges und Gemeines getan hat.

Monika ist anfangs die typische ehrgeizige Streberin, die immer und überall gut sein will. Dieses Bestreben schlägt später in eine gemeine Intrige um, deren Opfer ihre beste Freundin ist. Das zeigt, dass sie wohl einmal eine typische Karrierefrau sein wird, die eiskalt und berechnend nur auf sich schaut. Auch die spätere Einsicht ändert daran nichts, da jemand, der einmal einen Freund hintergeht und damit Erfolg hat, dies wohl öfter tun wird. Wenn sie allerdings so vorgeht, wird sie wohl mehr Falten bekommen als nur die eine, die sie aus Scham wegen ihrer Untat bekommen hat.

Schon in der Gliederung wird sichtbar, dass der Schüler gegen die zu charakterisierende Person Partei ergreift. Beachte hierzu vor allem die Formulierungen von Einleitung und Schluss. In der Ausarbeitung bringt er zwar viele Aspekte und arbeitet formal ordentlich. Dabei werden in der Sprachanalyse nur Einzelbeobachtungen aneinandergereiht, ohne das Typische des Textes zu erfassen. Bei der Charakterisierung konzentriert sich der Schüler viel zu sehr auf die Verurteilung von Monikas Verhalten.

I Begründete Stellungnahme

Was muss ich über die begründete Stellungnahme wissen?

- Die begründete Stellungnahme ist eine persönlich geprägte Form der Argumentation. Es wird eine Meinung geäußert oder ein Sachverhalt geklärt. Meist erscheint sie als Leserbrief oder als Brief an eine bestimmte Person / öffentliche Einrichtung – oft als Reaktion auf einen Leserbrief oder Zeitungsartikel.
- Ziel ist es, die eigene Position so überzeugend zu vertreten, dass der Adressat sich ihr anschließen kann.

So gehst du vor:

- Genaue Erfassung des Themas: Zu welchem Problem soll Stellung genommen werden? – Wovon soll der Adressat überzeugt werden? – Welche Ziele verfolgt die Argumentation?
- Sammlung von Argumenten: Welche Gesichtspunkte können gefunden werden? – Wie lassen sie sich ordnen? – Welche Beispiele können die Argumente stützen?
- Schreiben: Welchen Anlass hat die Stellungnahme? – Wie kann im Brief darauf eingegangen werden? – Wie lassen sich Behauptung, Begründung und Beispiel geschickt miteinander verknüpfen?

So baust du den Aufsatz auf:

- In der Einleitung werden Schreibanlass und Thema genannt. Außerdem legst du fest, auf welcher Seite du stehst und wovon du den Adressaten überzeugen willst.
- Im Hauptteil werden die Argumente angeführt, die die eigene Position klarmachen. Diese werden mit Beispielen untermauert.
- Im Schlussteil können ein Appell, ein Vorschlag oder ein Kompromiss stehen. Man kann aber auch nur die eigene Position in einem Fazit nochmals bekräftigen.
- Beachte, dass in der Gliederung die Argumente steigernd angeordnet werden müssen. Das schwächste Argument steht am Anfang.

Vorsicht, Falle!

Die sechs häufigsten Fehler, die bei der begründeten Stellungnahme gemacht werden, sind:

- Der Ton der Stellungnahme ist unangemessen; der Schreiber schätzt seine eigene Rolle und Möglichkeiten falsch ein.
- Die Bedürfnisse und Bedenken des Adressaten werden nicht ernst genommen.
- Die Argumente stehen unverbunden nebeneinander.
- Die Gesichtspunkte sind nicht stichhaltig oder sachlich falsch.
- Die Argumente werden nicht überzeugend vorgebracht und verfehlen so ihre Wirkung.
- Die Behauptungen werden nicht sauber belegt; es fehlen anschauliche Beispiele.

Skikurse

1 **Du hast gehört, dass künftig keine Schulskikurse mehr stattfinden sollen. Setze dich in einem Brief an die Schulleitung für den Fortbestand dieser Veranstaltung ein.**

Beispiel 1

A Gerücht: Abschaffung der Schulskikurse
B Wunsch nach Beibehaltung
1. Spaß am Skikurs
2. Verbesserung des Klassenklimas
3. Abwechslung vom Schulalltag
4. Positives Gruppenerlebnis
5. Förderung von Eigenständigkeit
C Appell an Elternbeirat und Direktorat

Sehr geehrter Herr Maier,

seit einiger Zeit ist im Gespräch, den Schulskikurs abzuschaffen. Ich finde dies unverständlich – diejenigen, die nun gegen das Skilager sind, durften in ihrer Jugend schließlich selbst an dieser Veranstaltung teilnehmen.

Sicherlich hat es Ihnen damals ebenso viel Spaß gemacht wie mir. Wenn ich daran zurückdenke, kann ich mich wieder genau erinnern, wie schön diese Woche gewesen ist. Dieses Erlebnis hat also nachhaltig auf mich eingewirkt. Deshalb sollten auch in den nächsten Jahren Schüler die Chance haben, so etwas zu erleben.

Außerdem war auffällig, dass das Klassenklima nach dem Skilageraufenthalt weit besser war als vorher. Wenn man eine Woche mit Menschen zusammen ist, von denen man glaubt, sie eigentlich recht gut zu kennen, merkt man erst, wie wenig man von ihnen weiß. Ich habe in dieser Zeit mehr über meine Klassenkameraden erfahren als in den zwei Jahren zuvor. Darüber hinaus bietet eine solche Klassenfahrt eine willkommene Abwechslung zum Schulalltag. Dies gilt natürlich sowohl für Schüler als auch für Lehrer. So ist jeder froh, wenn er einmal dem täglichen Einerlei entfliehen und stattdessen Sonne und Schnee genießen kann.

Manche haben bis dahin noch nicht erlebt, wie es ist, eine ganze Woche in einer größeren Gruppe zu verbringen. So war der Skikurs für mich ein völlig neues Erlebnis. Man muss sich in die Gruppe einfügen und eigene Interessen zurückstellen. Das fängt schon beim Essen an, wo jeder mit dem zufrieden sein muss, was es gibt.

Darüber hinaus möchte ich anführen, dass die Eigenständigkeit der Schüler bei solchen Schulfahrten gefördert wird. Auch das sollte zu den Aufgaben der Schule gehören.

Natürlich ist jedem klar, dass ein Skilager eine Menge Geld kostet. Doch man darf dabei nicht vergessen, dass es Aufgabe der Schule ist, die ihr zur Verfügung stehenden Mittel zum Wohl und Nutzen der Schüler einzusetzen. Der Elternbeirat ist also gut beraten, für die Schulskikurse weiterhin Geld bereitzustellen.

Ich möchte Sie im Namen der Klasse 8D und aller jüngeren Schüler, die noch nicht im Skilager waren, bitten, diese wichtige Veranstaltung weiterhin zu genehmigen.

Mit freundlichen Grüßen

Sven Müller

Diese Arbeit überzeugt durch ihre klare Argumentation und Gedankentiefe. Dies liegt auch daran, dass der Verfasser sehr sicher formuliert und passende Beispiel findet. Allerdings sind die Argumente so gestaltet, dass sie für jede Art von Schulfahrt gelten könnten. Der sportliche Aspekt fehlt.

Beispiel 2

A Einwand gegen Abschaffung der Schulskikurse
B Argumente für die Beibehaltung
1. Mehr Verständnis für Mitschüler
2. Erlernen verschiedener Wintersportarten
3. Finanzielle Unterstützung durch Elternbeirat
4. Aufklärung über alpine Gefahren
5. Diskussion über Umweltproblematik
C Appell an Direktorat

Sehr geehrter Herr Maier,

gegen Ihren Plan, den Skikurs in der 8. Klasse aus Kostengründen in den nächsten Jahren nicht stattfinden zu lassen, habe ich einige Einwände.

Zunächst wird durch den einwöchigen Aufenthalt in einer Sporthütte der Zusammenhalt der Klasse und dadurch auch das allgemeine Verständnis für die Mitschüler verbessert. Die Schüler lernen, andere Jugendliche zu respektieren und sich mit deren Problemen auseinanderzusetzen. So kann es sein, dass die beste Freundin in einer schwächeren Skigruppe fährt. Am Abend trifft man sich dann wieder, und jeder berichtet von seinen persönlichen Fortschritten.

Ferner besteht in der Wintersportwoche die Möglichkeit, in Sportarten wie Ski, Langlauf und Snowboard von erfahrenen Lehrerinnen und Lehrern unterwiesen zu werden. Dies ist im Rahmen des normalen Sportunterrichts unmöglich.

Sicherlich kann man einwenden, dass einige Familien die Geldsumme für den Skikurs nicht so leicht aufbringen können. Dazu muss man allerdings sagen, dass die Ausrüstung von der Schule ausgeliehen werden kann und dass der Elternbeirat Zuschüsse gibt oder die Kosten für einzelne Schüler sogar ganz übernimmt.

Ein weiterer Grund, den Skikurs nicht abzuschaffen, ist die theoretische Schulung, die die Schüler am Abend erfahren. Hier wird über alpine Gefahren, wie zum Beispiel Lawinen und Schneebretter sowie deren Entstehung, aufgeklärt. Rettungsmaßnahmen werden aufgezeigt. Dieser Aspekt ist besonders für die Schüler wichtig, die auch in ihrer Freizeit Wintersport betreiben.

Natürlich wird daneben darauf geachtet, der Klasse ein gewisses Umweltbewusstsein zu vermitteln. So werden die Auswirkungen des Wintersports auf die Natur diskutiert. Bei der Verwendung von Kunstschnee werden beispielsweise Unmengen von Strom und Wasser verbraucht.

Ich hoffe, dass Sie Ihre Absicht noch einmal gründlich überdenken und sich vielleicht doch anders entscheiden.

Mit freundlichen Grüßen

Martina Tauber

Auch diese Arbeit bringt gute, nachvollziehbare Argumente. Die Verfasserin hat sich kundig gemacht und nimmt mögliche Einwände des Adressaten vorweg. Allerdings sind Einleitung und Schluss nicht so gut gelungen, da sie barsch wirken und nicht verbindlich genug formuliert werden. Der Adressat wird dem Anliegen gegenüber nicht positiv eingestellt sein – trotz der guten Gedanken im Hauptteil.

Beispiel 3

A Gerücht: künftig keine Schulskikurse mehr
B Wunsch nach Schulskikursen
   1. Sportliche Beanspruchung
   2. Intensivere Schüler- / Lehrerbeziehung
   3. Kontakt mit Parallelklassen
   4. Abwechslung gegenüber dem Schulalltag
   5. Stärkung der Klassengemeinschaft
C Hoffnung auf Erfüllung des Wunsches

Sehr geehrter Herr Maier,

wir, die Schüler der Klasse 8B, haben gehört, dass künftig keine Skikurse mehr stattfinden sollen. Da wir auf das Skilager aber nicht verzichten wollen, führen wir ein paar Argumente an, die für die Schulskikurse sprechen.

Man wird sportlich beansprucht, indem man eine ganze Woche lang eine Wintersportart ausübt. Für Anfänger ist es eine gute Möglichkeit, ihre sportlichen Leistungen zu steigern.

Die Beziehung von Lehrern und Schülern wird intensiviert, wenn sie mehrere Tage miteinander verbringen. Sie können sich unabhängig von der Schule unterhalten und sich so besser kennenlernen.

Man hat Kontakt zu Parallelklassen, lernt andere Mitschüler kennen, schließt Freundschaften und kann sich gegenseitig auf der Piste unterstützen.

Schulskikurse sind eine Abwechslung gegenüber dem Schulalltag, da man in dieser Zeit nicht lernen muss, keinen Stress hat, sich nach dieser erholsamen Woche wieder mehr auf die Schule freut und bessere Leistungen erbringt.

Die Klassengemeinschaft wird gestärkt, man hält besser zusammen, lernt Mitschüler mehr schätzen und es werden keine Minderheiten ausgeschlossen.

Wir hoffen, dass wir Sie durch unsere Argumente für den Weiterbestand der Schulskikurse überzeugt haben.

Mit freundlichen Grüßen

Barbara Röck

Diese Stellungnahme überzeugt niemanden. Die Einleitung verfehlt ihren Zweck, da sie zu hart formuliert ist. Im Hauptteil werden die Argumente völlig unverbunden aneinandergereiht; so entsteht kein verbindlicher Briefton. Darüber hinaus fehlen die Beispiele, die ein Argument erst schlagkräftig machen.

Wanderer gegen Mountainbiker

2 **Du hast vor kurzem den Artikel „Gelände-Rambos mit Nägeln zu Fall gebracht" von Wolfgang Schäl in der „Süddeutschen Zeitung" gelesen. Darin geht es um Aktionen militanter Wanderfreunde, die sich darüber beschweren, dass Mountainbiker die Wanderer stören würden und daher fordern, dass diese aus den Bergen verschwinden sollten. Verfasse einen Leserbrief, in dem du darlegst, wie du zum Problem Wanderer gegen Mountainbiker stehst.**

Beispiel 1

A Bezug auf einen Mountainbike-Artikel
B Vorschläge zur Verbesserung des Verhältnisses von Radfahrern und Wanderern
   1. Gemeinsame Veranstaltungen
   2. Strafen für rücksichtsloses Verhalten
   3. Ausweisen von getrennten Wegen
   4. Aufzeigen des richtigen Verhaltens
C Wunsch für die Zukunft

Zum Artikel „Gelände-Rambos mit Nägeln zu Fall gebracht" von Wolfgang Schäl möchte ich in meinem Leserbrief Stellung nehmen, da mir die Bergwelt und ihre Erhaltung am Herzen liegen.

Ich will einige Verbesserungsvorschläge bringen, die für beide Seiten gut sind. So kann ich mir vorstellen, dass man beispielsweise Diskussionsabende veranstaltet, damit jede Gruppe genau sagen kann, was sie an der anderen stört oder was man verbessern kann.

Gemeinsame Touren von Wanderern und Bikern könnten die Situation entschärfen. Beide Seiten würden Verständnis für das Hobby des anderen entwickeln.

Um rücksichtsloses Verhalten zu vermeiden, sind kleine Strafen denkbar, etwa für das Verlassen der Wege oder die Zerstörung geschützter Pflanzen. Auch das Aufschrecken des Wildes könnte man unter Strafe stellen.

Damit es nicht zu Unfällen kommt, sollten Mountainbiker nur auf Forststraßen fahren dürfen. Für die Wanderer stehen dann die echten Wanderwege zur Verfügung. Dies könnte durch eine entsprechende Beschilderung deutlich gemacht werden. So kämen sich die beiden Gruppen von Sportlern nicht mehr in die Quere.

Man sollte zusätzlich Touren und Wochenendausflüge veranstalten, bei denen man lernt, wie man sich in den Bergen verhält. Die Herausgabe von Broschüren, die die Almen auslegen könnten, oder Ausstellungen über die Zerstörung der Bergwelt würden sich vorteilhaft auf das Verhalten der Wanderer und Biker auswirken. So würden schon Kinder und Jugendliche von Anfang an besser mit der Natur umgehen und sich nicht mit Nägeln gegenseitig zu Fall bringen.

Ich hoffe, durch meine Vorschläge dazu beigetragen zu haben, dass Wanderer und Biker sich wieder vertragen.

Mit freundlichen Grüßen

Eva Weller

Die Schülerin verwendet einen sehr versöhnlichen Stil. Sie hat das Thema so aufgefasst, dass sie Vorschläge zur Problemlösung bringen und nicht zur Verschärfung des Konflikts beitragen soll. Dies ist bei der vorgegebenen Themenstellung möglich. Allerdings werden dadurch die Argumente nicht so deutlich herausgearbeitet, als wenn man sich auf eine Seite stellen würde. Erst im Schluss zeigt sich, dass die Verfasserin auf keiner Seite steht und es letztendlich ihre Absicht ist, die Bergwelt zu erhalten.

Beispiel 2

A Gegenwärtige Situation
B Darstellung der eigenen Position
   1. Gutes Zusammenleben von Radfahrern und Wanderern möglich
   2. Auswirkungen von Sperrungen bestimmter Wege
   3. Keine Schäden an der Natur durch Mountainbiker
C Schluss

Als ich vor kurzem den Artikel von Wolfgang Schäl las, dachte ich bei mir, dass das Zusammenleben von Radfahrern und Wanderern nicht unmöglich ist, wenn beide Seiten Rücksicht aufeinander nehmen würden.

Da ich selbst zur Gilde der Mountainbiker gehöre, muss ich betonen, dass nicht alle Radfahrer so rücksichtslos sind, wie dies im Bericht beschrieben wird. Außerdem gibt es schwarze Schafe nicht nur bei den Radfahrern. Ich denke, dass es sie auch unter den Wanderern gibt. Was mich aber am meisten ärgert, sind Spaziergänger, die über Biker schimpfen, obwohl sie noch nie in den Genuss einer Shimano-Schaltung oder ähnlicher Dinge gekommen sind. Oft ist es auch die Unwissenheit der Wanderer. So möchte ich an dieser Stelle einen Verbesserungsvorschlag machen: Man sollte Extrawege für Biker ausweisen und ausreichend kennzeichnen, damit Wanderer sich auf mögliche Radfahrer einstellen können.

Nun zu etwas anderem: Herr Schäl schreibt in seinem Artikel, dass über mögliche Sperrungen von Wegstücken nachgedacht wird. Die Forstverwaltungen sollten sich darüber im Klaren sein, dass die Radfahrer dann auf andere Berge und Strecken ausweichen würden; dies würde das Problem keineswegs lösen, sondern nur verschieben. Denn auf den wenigen ausgewiesenen Wegen würden die Biker noch geballter auftreten, was die Abneigung zwischen beiden Seiten nur fördern würde.

Abschließend möchte ich noch auf einen wesentlichen Punkt eingehen, nämlich die angeblichen Schädigungen in der Natur durch Radfahrer. Herr Schäl schreibt hier von umgestürzten Bäumen. Er kann doch nicht wirklich glauben, dass Bäume durch Biker umstürzen! Und wenn, so ist es Aufgabe der Forstverwaltung, diese wegzuräumen. Denn sie sind eine Gefahr für Mountainbiker und Wanderer.

Mit freundlichen Grüßen

Daniel Lieser

Dieser Verfasser hat eindeutig Position bezogen. Leider er hat nicht beachtet, dass er sachlich argumentieren muss und nicht nur die Mountainbiker auf Kosten der Wanderer verteidigen darf, wie es hier zum Ausdruck kommt:

Was mich aber am meisten ärgert, sind Spaziergänger, die über Biker schimpfen, obwohl sie noch nie in den Genuss einer Shimano-Schaltung oder ähnlicher Dinge gekommen sind.

Außerdem sollte man den Verfasser des Zeitungsartikels nicht persönlich angreifen:

Herr Schäl schreibt hier von umgestürzten Bäumen. Er kann doch nicht wirklich glauben, dass Bäume durch Biker umstürzen! Und wenn, so ist es Aufgabe der Forstverwaltung, diese wegzuräumen.

Die Gliederung ist fehlerhaft, da Leerformeln verwendet werden:
B Darstellung der eigenen Position muss ersetzt werden durch
B Stellungnahme zum Thema: Mountainbiker gegen Wanderer.

Streitschlichter an der Schule

3 **An deiner Schule gibt es ein Mediationstraining für Schüler. Ziel des Programms ist es, dass Schüler lernen, ihre Konflikte ohne Gewalt auszutragen. Du möchtest erreichen, dass dieses Training (6 Doppelstunden) auch in deiner Klasse durchgeführt wird. Du argumentierst dafür, dass es teils im Unterricht, teils in der Freizeit stattfindet. Bringe praktische Vorschläge zur Durchführung und gehe auch auf kritische Einwände deiner Mitschüler ein. Deine begründete Stellungnahme richtest du an die Schulleitung.**

Beispiel 1

A Schlägereien an Schulen und Lösungsmöglichkeit
B Argumente für die Durchführung eines Mediationsprogramms
1. Maßnahme gegen Mobbing in der Klasse
2. Anknüpfung an die fünfte Klasse
3. Verteidigung gegen ältere Schüler
4. Vorschläge zur Durchführung des Programms

C Appell an Direktor

Sehr geehrte Damen und Herren,

sicher ist es kein Geheimnis, dass es auch an unserer Schule unter den Schülern immer wieder zu Streitereien kommt, die manchmal in Schlägereien ausarten können, wenn kein Lehrer rechtzeitig eingreift. Um diese Probleme friedlicher zu bewältigen, gab es in diesem Schuljahr ein Mediationstraining für Schüler der Mittelstufe, die zu einer Art Konfliktfeuerwehr ausgebildet wurden. Ich meine, es wäre durchaus nützlich, solche Programme klassenweise durchzuführen.

Jede Klasse hat Schüler, die nicht besonders beliebt sind und von ihren Mitschülern ausgegrenzt werden. Diese Opfer des sogenannten Mobbings leben in ständiger Angst vor Pausen oder dem Schulschluss. Vor drei Jahren ging es mir so, da ich in meiner Klasse nicht sehr beliebt war. Zwar drohten meine Peiniger mir nicht mit körperlicher Gewalt, aber ich litt sehr unter den sprachlichen Erniedrigungen. Sie machten es mir oft unmöglich, dem Unterricht konzentriert zu folgen. Ein Streitschlichterprogramm könnte für beide Seiten ganz nützlich sein, um besser mit der Situation umzugehen und die Schule für alle erträglicher zu machen.

Schon in der fünften Klasse haben wir von unserer Klassenleiterin gelernt, dass es sinnvoller ist, wenn verfeindete Schülergruppen miteinander sprechen, anstatt sich zu prügeln. Ein Mediationstraining würde diese Erkenntnisse, die langsam in Vergessenheit geraten, auffrischen und so das Klassenklima verbessern.

In unseren Pausen oder beim Einsteigen in die Schulbusse kann man oft beobachten, wie ältere Schüler sich an den jüngeren Schülern vergreifen und sie körperlich bedrohen. Für die Opfer wäre es bestimmt von Vorteil, wenn sie Ideen bekämen, wie man sich – ohne selbst zuzuschlagen – gegen die Peiniger wehren kann und trotzdem nicht als Feigling dasteht.

Wie lässt sich nun dieses Programm durchführen? Dazu habe ich einige Vorschläge.

Bei der Durchführung könnte die Konfliktfeuerwehr mit Lehrern zusammenarbeiten, die sich schon mit dem Thema auskennen. Diese könnten gemeinsam in die Klassen gehen und mit den Schülern arbeiten. Natürlich müssten die Fachlehrer Stunden am Vormittag zur Verfügung stellen. Als Ausgleich dafür opfern die Schüler einen Teil ihrer Freizeit.

Als Ort zur Durchführung des Programms schlage ich einen Raum vor, der gemütlicher ist als ein normales Klassenzimmer. Eine angenehme Atmosphäre zu schaffen halte ich für sehr wichtig, weil die Schüler besser lernen können, wenn sie sich wohlfühlen.

Selbstverständlich gibt es keine Garantie, dass nach dem Training alles in der Schule friedlich abläuft. Es wird sicher immer aggressive Schüler geben, die es als Spaß betrachten, ihre Mitschüler körperlich oder sprachlich zu attackieren. Das Programm durchzuführen ist jedoch einen Versuch wert. Vielleicht werden früher oder später die Schlägereien im Pausenhof weniger oder bleiben ganz aus.

Ich hoffe, dass meine Argumente Sie überzeugen und Sie uns erlauben, das Training durchzuführen. Der organisatorische Aufwand lohnt sich bestimmt.

Mit freundlichen Grüßen

Karin Raser

Die Verfasserin argumentiert sehr sachlich und mit großem Fachwissen. Sie bringt eine Reihe interessanter Aspekte, die sie mit persönlichen Beispielen illustriert. Ferner gelingt es ihr, durch ihre Vorschläge mögliche Einwände zu entkräften. Allerdings bleibt der Brief etwas unpersönlich, da er ohne Adressatenbezug ist. Wenn man den Briefempfänger – hier ist es der Direktor der Schule – kennt, sollte man dies nutzen.

Beispiel 2

A Gewalt an Schulen
B Für Streitschlichterprogramm
  1. Zeitverlust
  2. Spott der Mitschüler
  3. Hilfe für Mitschüler
  4. Hilfe im späteren Leben
C Durchführung in allen Klassen

Sehr geehrte Damen und Herren,

an vielen Schulen ist das Thema Gewalt ganz aktuell. Auch an unserer Schule gibt es Rangeleien. Um kleinere Streitereien zu schlichten, wurde bei uns eine Konfliktfeuerwehr ausgebildet. Diese Gruppe bietet jetzt ein Mediationstraining an. Mit meinem Brief möchte ich erreichen, dass ein solches Gesprächstraining auch in meiner Klasse durchgeführt wird.

Das Programm dauert sechs Doppelstunden. Man könnte jetzt einwenden, dass dadurch zu viel Unterrichtszeit verloren geht. Diese Stunden müssen aber nicht ganz in der Unterrichtszeit stattfinden, sondern man kann einige davon nach dem Unterricht durchführen. Außerdem könnte man die verbleibenden Vormittagsstunden auf möglichst viele Lehrer verteilen. In der fünften Klasse hatten wir schon einmal ein Gesprächstraining; damals teilten sich drei Lehrer dieses Projekt, sodass jeder nur wenig Zeit opfern musste. Ähnlich könnte man auch das Mediationstraining organisieren.

Manchmal greifen Schüler nicht in Streitereien ein, um selbst nicht blöd dazustehen. Deswegen finde ich es wichtig, dass alle Schüler einer Klassenstufe dieses Programm verpflichtend durchziehen. So wird es für alle normaler,

sich zum Beispiel bei Prügeleien im Pausenhof einzumischen. Keiner wird dann mehr als Streber beschimpft und selbst aus der Gruppe ausgeschlossen.
Da ich die oben genannten negativen Argumente entkräftet habe, möchte ich auch auf zwei positive eingehen. Das Hauptziel dieses Trainings ist es, zu lernen, wie man eine Auseinandersetzung als Beteiligter oder Zuschauer diplomatisch und ohne Gewalt lösen kann. Wenn man gemeinsam so ein Programm durchführt, wächst die Klassengemeinschaft zusammen. Schule macht dann mehr Spaß, und die Leistungen steigen. Eine Bekannte von mir stellte fest, dass ihre Klassenkameraden, mit denen sie sich früher immer gestritten hatte, doch ganz nett sind, und hatte gleich viel bessere Leistungen.

Für mich ist es aber am wichtigsten, dass man viel lernt, was einem im späteren Leben weiterhilft. Am Arbeitsplatz gibt es auch Streitereien, die man, wenn man das Programm durchgemacht hat, viel besser bewältigen kann. Man wird auch in seinem Bekanntenkreis anerkannt, wenn man mithilft, dass gute Stimmung ist, weil sich alle vertragen.

Ich denke, dass ein solches Training nur Gutes in der Schule und in der Freizeit bringen kann und würde es begrüßen, wenn ein solcher „Vermittlungskurs" in meiner und allen anderen Klassen durchgeführt werden könnte.

Mit freundlichen Grüßen

Stefan Wunder

Bei diesem Beispiel kann man sehen, dass eine zu knappe Gliederung Fragen aufwirft. Es lohnt sich also, schon bei der Gliederung sorgfältig zu arbeiten. Auch ist der Aufbau etwas ungeschickt, da von negativen und positiven Argumenten die Rede ist. Es klingt so, als ob weite Teile des Aufsatzes negativ wären. Außerdem verwendet der Verfasser viele Allgemeinplätze, für die man immer ein Gegenbeispiel finden kann, zum Beispiel: *Am Arbeitsplatz gibt es auch Streitereien, die man, wenn man das Programm durchgemacht hat, viel besser bewältigen kann.*

J Erörterung

Was muss ich über die Erörterung wissen?

- Erörtern bedeutet, sich über den eigenen Standpunkt zu einer Fragestellung klar zu werden, ihn zu formulieren und dann in einen größeren Gesamtzusammenhang zu stellen. Erörterungen helfen dem Verfasser und dem Leser, einen Sachverhalt oder eine Problemstellung von allen Seiten zu beleuchten. Der Leser bekommt beim Ziel, zu einer bestimmten Frage eine fundierte Position zu beziehen, Hilfestellungen.
- Der Verfasser gibt kein persönliches Bekenntnis ab, sondern stellt Behauptungen auf. Diese Behauptungen stehen nicht allein; sie werden durch nachvollziehbare Begründungen und anschauliche Beispiele gestützt. So werden sie für den Leser annehmbar und können eine Entscheidungshilfe sein.
- Es gibt lineare und dialektische Erörterungen. In der linearen (= steigernden) Erörterung werden Sachfragen abgehandelt. Bei der dialektischen Erörterung geht es um Entscheidungsfragen.

So gehst du vor:

- Erfassung des Themas: Welcher Aufgabentyp liegt vor? – Welche Schlüsselbegriffe enthält das Thema? – Wie lautet die Themafrage?
- Sammlung und Ordnung von Ideen: Welche Gesichtspunkte passen zum Thema? – Welche Punkte lassen sich zusammenfassen? – Welche Ober- und Unterpunkte gibt es?
- Erstellung einer Gliederung des Hauptteils: Welches Argument ist das schwächste, welches das stärkste? – Welche Gliederungsform soll gewählt werden? – Kann man in den Gliederungspunkten die Argumente erkennen?
- Ideen für Einleitung und Schluss: Wie wird das Interesse des Lesers geweckt? – Wie rundet man seinen Aufsatz durch einen weiterführenden Gedanken ab? – Wie verbindet man Einleitung und Schluss organisch mit dem Hauptteil?
- Vertextung des Hauptteils: Sind die Argumente jeweils durch Beleg und Beispiel gestützt? – Ist der Themabezug immer gewahrt? – Entsteht ein in sich geschlossener Text durch Überleitungen?

- Einleitung: Verwendung zum Beispiel eines Zitats oder einer Statistik; Begriffserklärung; Hinführung zur Themafrage; Themafrage.
- Hauptteil: Formulierung der These; Ausarbeitung der Argumentation nach dem Schema Argument – Beleg – Beispiel – Themabezug.
- Schluss: Anknüpfung an die Einleitung; Ausblick auf die Zukunft, Anregung oder Problemerweiterung.

Vorsicht, Falle!

Die sechs häufigsten Fehler, die bei der Erörterung gemacht werden, sind:

- Der Aufgabentyp wird nicht klar erkannt und ein falscher Aufbau gewählt.
- Der Bezug zum Thema bleibt nicht gewahrt; die Themafrage wird nicht ausreichend beantwortet.
- In der Gliederung werden die Argumente nicht nach ihrer Wichtigkeit geordnet; die Formulierungen sind uneinheitlich oder unverständlich.
- In der Ausarbeitung sind die Argumente nur wenig länger als in der Gliederung; die gedankliche Struktur wird nicht durch Absätze unterstützt.
- Die Sprache ist unsachlich oder phrasenhaft.
- Es werden Pauschalurteile statt nachvollziehbaren Begründungen geliefert.

Gewaltfilme

1 **In zunehmendem Maße werden im Fernsehen und auf Videos Filme mit drastischen Gewaltdarstellungen gezeigt. Welche Auswirkungen kann der Konsum solcher Bilder auf Jugendliche haben?**

Beispiel 1

A Anstieg der Zahl von Amokläufen
B Auswirkungen von Gewaltfilmen auf Jugendliche
  I. Förderung falscher Vorstellungen
    1. Gewalt als Lösung von Problemen
    2. Gewalt zur Durchsetzung eigener Interessen
  II. Orientierung an Vorbildern
    1. Gewalttätige Stars als Vorbilder
    2. Identifikation mit Stars
  III. Psychische Störungen nach Gewaltfilmen
    1. Keine Aufarbeitungsmöglichkeiten
    2. Abstumpfung gegen Gewalt
C Möglichkeiten der Kontrolle bei Videos und Filmen

In jüngster Vergangenheit kam es immer wieder zu Amokläufen von Schülern, beispielsweise das Massaker von Littleton oder vergleichbare Ereignisse an deutschen Schulen. Viele dieser Amokläufer benutzen Filme als Schablone für ihre Taten. Deshalb ist es wichtig, die Auswirkungen von Gewaltfilmen auf Jugendliche, die durch sie am meisten gefährdet sind, zu untersuchen.

Zuerst ist zu erwähnen, dass Filme oft falsche Vorstellungen von der Welt fördern. Den Jugendlichen wird vorgespielt, Gewalt sei eine Lösung für Probleme. In vielen Filmen, wie zum Beispiel „Stirb langsam“ oder in sogenannten „Splattermovies“, kommt die Hauptperson nur mit Gewalt ans Ziel. Durch solche Filme wird erreicht, dass Jugendliche glauben, Gewalt sei notwendig, um zu gewinnen. Sie werden schnell gewaltbereit, wenn es um die Durchsetzung ihrer eigenen Interessen geht. So kann jeder Schüler beobachten, dass Schulhofschlägereien an Brutalität zunehmen.

Außerdem ist wichtig, dass die Stars dieser Filme oft zu Vorbildern werden, vor allem bei Jugendlichen. Kinder suchen sich Schauspieler, mit denen sie sich identifizieren können. Sie sammeln Informationen über ihre Stars, hängen

Poster in ihre Zimmer und versuchen ihnen nachzueifern. So hört man immer wieder von Kindern, die Filmszenen nachstellen und dabei Spielkameraden erschießen. Die Jugendlichen rechtfertigen dann ihre brutalen Handlungen damit, dass die Stars das in ihren Filmen schließlich auch gemacht haben.

Am wichtigsten aber scheint mir, dass die Heranwachsenden psychische Schäden durch die Filme erleiden. Sie können teilweise die brutalen Gewaltdarstellungen nicht verkraften. Meine Freunde und ich konnten nach einigen Stephen-King-Filmen nächtelang nicht schlafen.

Außerdem stumpft man völlig ab und lernt, dass Gewalt gegen andere Menschen normales Verhalten ist. Die Jugendlichen werden durch das Fernsehen und durch Videos so an Gewalt gewöhnt, dass ihnen auch reale Gewalt nichts mehr ausmacht. Beispielsweise sind sie so mit dem täglichen Sterben im Fernsehen vertraut, dass sie problemlos anderen Menschen oder auch Tieren Schmerzen zufügen können. Im Fernsehen kann man ja genau sehen, wie man Lebewesen quält.

Zusammenfassend lässt sich sagen, dass der Konsum von Gewaltfilmen die Brutalität Jugendlicher tatsächlich steigert. Deshalb sollte man überlegen, was man gegen die vielen Gewaltszenen, vor allem in Privatsendern, tun kann. Eine Idee ist sicherlich, die Kontrolle solcher Filme zu verschärfen und alle Filme auf Gewaltanteile zu überprüfen. So kann man sie, falls nötig, für Jugendliche nicht mehr freigeben oder im Fernsehen nicht ausstrahlen.

Die Verfasserin wendet die gelernten Regeln zur steigernden Erörterung perfekt an. Sie geht nach dem Schema *These – Argument – Beleg – Beispiel* vor. Auch Absätze und Überleitungen sind vorhanden. Ebenso kann die Gliederung als Muster gelten.

Beispiel 2

A Steigende Brutalität im Fernsehen und auf Videos
B Negative Auswirkungen auf Jugendliche
   I. Psychische Verfassung der Jugendlichen
      1. Schlecht zu verarbeiten
      2. Abstumpfung
   II. Brutalität in nicht altersgemäßen Filmen
      1. Falsche Weltanschauung
      2. Hemmschwelle für Gewalttaten sinkt
   III. Psychische Auswirkungen
      1. Identifikation mit den Schauspielern
      2. Nachahmung
C Düstere Zukunftsaussichten

Egal, zu welcher Tages- und Nachtzeit man durch die Fernsehkanäle schaltet: Mindestens auf einem Sender läuft ein Krimi. Die steigende Brutalität in solchen Filmen im Fernsehen oder auf Videos wird zu einem immer größeren Problem in der heutigen Gesellschaft. Welche negativen Auswirkungen diese Gewaltdarstellungen auf Jugendliche haben, möchte ich nun näher erläutern.

Da wäre zunächst die psychische Verfassung von Jugendlichen nach dem Anschauen von Gewaltfilmen zu nennen. Die Brutalität in solchen Filmen können Jugendliche oftmals nur schwer verarbeiten. Bei einigen führt das auch zu Abstumpfung gegen Gewalt, was beispielsweise demolierte Zäune oder Verkehrsschilder nach Kinobesuchen deutlich zeigen.

Auch die brutalsten Filme sind für Jugendliche jeder Altersstufe zugänglich, sofern nur der Wille zum Konsum da ist. Dadurch bekommen Jugendliche in ihrer Entwicklung eine falsche Weltanschauung, die sich nur schwer wieder ausgleichen lässt. Sie halten solche Filme oft für real und mit ihnen natürlich auch die darin gezeigte Brutalität einzelner Szenen. Durch die Verherrlichung von Gewalttaten in den Videos sinkt gleichzeitig die Hemmschwelle bei Jugendlichen, selbst Gewalttaten zu verüben, was Statistiken über die Gewaltbereitschaft eindeutig beweisen.

Am wichtigsten aber sind die psychischen Auswirkungen und der Einfluss von brutalen Filmen auf Jugendliche.

Nicht selten identifizieren sie sich mit ihren Lieblingsschauspielern und wollen ihnen natürlich in nichts nachstehen. Sie sind begeistert von dem Mut und dem Können der Schauspieler, können jedoch selbst nicht mehr zwischen Gut und Böse unterscheiden. Die klare Folge davon ist Nachahmung der Helden – allerdings in der Realität. Das ist fast täglich aus Zeitungsberichten über sogenannte Nachahmungstäter ersichtlich.

Da wohl kaum auf ein Sinken der Gewalt in Filmen zu hoffen ist, sind die Zukunftsaussichten düster. Die psychischen Belastungen für Jugendliche lassen sich nur vereinzelt wieder ausgleichen, weshalb es nicht verwunderlich ist, wenn ein Amokläufer auftaucht und ein regelrechtes Massaker veranstaltet.

Die Gliederung dieses Beispiels enthält einige Fehler: Die Schülerin mischt Verbalstil und Nominalstil. Der Unterpunkt *Schlecht zu verarbeiten* ist unverständlich. In der Ausführung werden nur Behauptungen und Beispiele allgemeiner Art angeführt.

Ein weiteres Problem ist die Sprache. Auf den ersten Blick ist sie durchaus ansprechend. Aber einige Formulierungen sind übertrieben und missverständlich. Es gelingt der Verfasserin nicht immer, das zu schreiben, was sie meint: *Bei einigen führt das auch zu Abstumpfung gegen Gewalt, was beispielsweise demolierte Zäune oder Verkehrsschilder nach Kinobesuchen deutlich zeigen.*

Da die Erörterung eine sachliche Textart ist, sollte sie unpersönlich formuliert sein. Das Wort *ich* in der Einleitung ist also falsch. Nur wenn man Beispiele aus dem persönlichen Bereich bringt, lässt es sich nicht vermeiden.

Schnupperlehre

2 **Seit einigen Jahren gibt es an Gymnasien die Möglichkeit, an einer mehrwöchigen, unbezahlten Schnupperlehre teilzunehmen. Stelle die positiven Aspekte einer solchen Initiative dar.**

Beispiel 1

A Einführung von Schnupperlehren an Gymnasien
B Vorteile von Schnupperlehren
  I. Abwechslung zum Schulalltag
  II. Kennenlernen der Berufswelt
    1. Rahmenbedingungen
    2. Verständnis für Berufstätige
  III. Praktische Erfahrungen in Berufen
    1. Erkennen der eigenen Vorlieben
    2. Erkennen der eigenen Fähigkeiten
  IV. Entscheidungshilfe für die spätere Berufswahl
    1. Überdenken der eigenen Schulsituation
    2. Setzen von Lernschwerpunkten
C Empfehlung der Schnupperlehre für andere Gymnasien

Seit einigen Jahren haben Schüler der 10. Jahrgangsstufe an unserer Schule die Möglichkeit, an einer mehrwöchigen, unbezahlten Schnupperlehre teilzunehmen. Da sich aber viele Schüler nicht bewusst sind, welche Chance das für sie darstellt, sollen im Folgenden die Vorteile solcher Schnupperlehren dargelegt werden.

Zunächst sind diese Lehren eine Abwechslung zum Schulalltag. So lernt man in dieser Zeit keine Theorie, sondern nur praktische Arbeit. Außerdem sind keine Schularbeiten zu erledigen, dafür aber muss man bis zum späten Nachmittag arbeiten. Dies kann eine wertvolle Erfahrung sein.

Ein weiterer Vorteil besteht darin, dass man einen Einblick in die Berufswelt bekommt und schnell ihre Rahmenbedingungen kennenlernt, denn schließlich muss man sich im Beruf an bestimmte Regeln halten. So erkennt man beispielsweise, dass man nicht zu spät zum Dienst erscheinen darf und nicht Mittagspause machen kann, wann es einem passt. So fällt es bestimmt leichter, Berufstätige zu verstehen, denn auch diese müssen die genannten

Bedingungen einhalten. Wenn man selbst einen ganzen Tag schwer gearbeitet hat, kann man bestimmt mehr Verständnis für die Eltern aufbringen, wenn diese sich abends lieber entspannen, als etwas mit der Familie zu unternehmen.

Nicht nur allgemeine Arbeitsbedingungen, sondern auch Inhalte des Berufslebens werden in einer Schnupperlehre vermittelt. So kann man Vorlieben entdecken, die einem vor der Lehre noch gar nicht bewusst waren. Schließlich bemerkt man schnell, ob einem die ausgeführte Arbeit Spaß macht oder nicht. Wenn man zum Beispiel in einem Kindergarten arbeitet, merkt man sofort, ob man für den Umgang mit Kindern geeignet ist. Neben den Vorlieben kann man bei der Arbeit natürlich auch seine Fähigkeiten erkennen. Wenn man beispielsweise elektronische Kleinteile sortieren muss, kann man sehen, ob man Fingerfertigkeit besitzt oder nicht.

Diese Erkenntnisse können zur späteren Berufswahl erheblich beitragen. Wenn man weiß, dass einem der Umgang mit Menschen Spaß macht, kann man einen Beruf im Bereich der Gastronomie wählen. Wenn man nun durch die Schnupperlehre seinen Traumberuf gefunden hat, kann man seine Schulsituation noch einmal überdenken. Man erkennt, ob man studieren muss oder ob die Mittlere Reife reicht. Zusätzlich ist es möglich, gezielte Lernschwerpunkte zu setzen.

Zum Schluss kann festgehalten werden, dass die Schnupperlehre wirklich empfehlenswert ist. An unserer Schule nehmen die Schüler dieses Angebot gern wahr und machen gute Erfahrungen damit. So ist zu hoffen, dass andere Schulen diesem Beispiel folgen und den Schülern so neue Horizonte öffnen.

Dieses Beispiel gilt als musterhaft. Die Argumentation ist sauber und klar. Durch Überleitungen und Absätze wird der Aufsatz strukturiert. Kleiner negativer Punkt: Bei den sprachlichen Formulierungen wird zu oft *man* sowie *können* verwendet. Etwas mehr Abwechslung bei Wortwahl und Satzbau wäre besser gewesen.

Beispiel 2

A Bevorstehender Schulabschluss als Anlass, sich mit dem Thema Berufswahl auseinanderzusetzen

B Vorteile einer unbezahlten Schnupperlehre
- I. Entscheidungshilfe für spätere Berufswahl
  1. Kennenlernen der Inhalte des Berufs
  2. Überlegungen zu Alternativen zum Traumberuf
- II. Kennenlernen der Arbeitswelt
  1. Bedeutung von Arbeit
  2. Einblick in Firmen
- III. Kontaktaufnahme mit späteren Arbeitgebern
  1. Bewerbungstraining
  2. Kennenlernen von Einstellungskriterien
  3. Werbung für die eigene Person

C Empfehlung der Schnupperlehre in Anbetracht der hohen Motivation der Schüler

Da ich vorhabe, nach der zehnten Klasse von der Schule abzugehen und einen Beruf zu erlernen, habe ich mich bereits mit dem Thema Lehre auseinandergesetzt und mir überlegt, welche Vorteile es für mich hätte, wenn ich vorher, also während meiner Schulzeit, ein Praktikum machen würde. Da es an unserer Schule seit kurzem die Möglichkeit einer Schnupperlehre gibt, sollen die Chancen dieses Projekts im Folgenden dargestellt werden.

Zunächst muss man sich vor Augen führen, dass Schüler in einem mehrwöchigen, unbezahlten Praktikum Inhalte eines Berufs kennenlernen können. Man erfährt so zum Beispiel etwas über Berufsgruppen, deren Berufsbezeichnung einem sonst nicht sehr viel sagen würde. Wer weiß schon genau, was eine MTA zu tun hat?

Es kann natürlich auch passieren, dass Schüler durch die Schnupperlehre merken, wie ungewiss die Zukunft eines Medizinstudenten ist oder wie stark umworben Absolventen des Maschinenbaustudiums sind. Deshalb ist es wichtig, Alternativen zu seinem Traumberuf zu kennen. Denn gerade in der zur Zeit angespannten Lage auf dem Arbeitsmarkt kann es vorkommen, dass man von seinem ursprünglichen Berufswunsch abrücken muss. Da wäre es wirklich schade, wenn man keine anderen Berufe kennen würde. Durch eine Schnupperlehre kann man seine Kenntnisse auf diesem Gebiet erweitern.

Um sich aber über seinen Traumberuf im Klaren sein zu können, muss man auch wissen, wie es in der Arbeitswelt zugeht. Für die Schüler ist es zum Beispiel eine große Umstellung, den ganzen Tag zu arbeiten. Auch dürfte selbstständiges

Arbeiten für die meisten Schüler neu sein. Wenn die Schüler sich dessen bewusst sind, werden ihnen später viele Enttäuschungen erspart bleiben.

Da aber die Anforderungen nicht in jedem Beruf gleich sind, ist es vorteilhaft, diese in der Praxis kennenzulernen. Durch das Projekt der Schnupperlehre haben die Schüler die Chance, Einblicke in Berufe zu gewinnen; was man selbst tut, merkt man sich besser als das, was man nur theoretisch vermittelt bekommt.

Fachwissen allein reicht bei einer späteren Bewerbung oft nicht aus; es ist allgemein hilfreich, frühzeitig Kontakte zu knüpfen. Ebenso wichtig ist ein Vorstellungsgespräch. Durch die Rückmeldung der Ausbilder lernt der Schüler innerhalb der Schnupperlehre, künftige Fehler zu vermeiden. Wenn er später ein Vorstellungsgespräch für einen Beruf hat, wird er es bestimmt gelassener angehen. Das wird wahrscheinlich auch daran liegen, dass er bereits weiß, auf welche Kriterien dabei besonders geachtet wird. So ist vielen Schülern nicht klar, dass die Noten nicht das Wichtigste sind. Denn für eine Bewerbung als Erzieherin ist eine positive Beurteilung über das Sozialverhalten viel wichtiger als beispielsweise eine gute Note in Physik.

Und wenn es den Schülern in einem Unternehmen gefallen hat und sie auf eine feste Anstellung hoffen, dann haben sie bei der Schnupperlehre zumindest die Chance, ihren Arbeitgeber positiv auf sich aufmerksam zu machen.

Insgesamt hat die Schnupperlehre nur Vorteile, denn die Schüler müssen sich noch während ihrer Schulzeit mit dem Thema Berufswahl auseinandersetzen. Und Personalchefs lernen vielleicht ihre zukünftigen Mitarbeiter kennen.

Bereits an der Länge des Beispiels wird ersichtlich, dass die Verfasserin in ihrer Argumentation nicht auf den Punkt kommt. Ihre an sich guten Argumente leiden an Weitschweifigkeit.

Außerdem verwendet sie absurde Beispiele:
Es kann natürlich auch passieren, dass Schüler durch die Schnupperlehre merken, wie ungewiss die Zukunft eines Medizinstudenten ist oder wie stark umworben Absolventen des Maschinenbaustudiums sind. Deshalb ist es wichtig, Alternativen zu seinem Traumberuf zu kennen. Denn gerade in der zur Zeit angespannten Lage auf dem Arbeitsmarkt kann es vorkommen, dass man von seinem ursprünglichen Berufswunsch abrücken muss. Da wäre es wirklich schade, wenn man keine anderen Berufe kennen würde. Durch eine Schnupperlehre kann man seine Kenntnisse auf diesem Gebiet erweitern.

Schluss und Einleitung sind fast identisch und inhaltlich schwach. Der Gliederungspunkt B II.2. ist nicht ausgeführt.

Tanzstunde

Tipp Bei der dialektischen Erörterung werden Wertfragen behandelt, die durch Sachargumente beantwortet werden. Man muss zwei Seiten gegeneinander abwägen. Der Argumentierende steht über der Sache, kann den Leser aber durch geschickte Anordnung der Argumente in eine Richtung lenken. Dass zwei Positionen dargestellt werden, muss Ausdruck in der Gliederung finden.

3 **Ist der Besuch von Tanzstunden heute noch zeitgemäß? Diskutiere das Für und Wider eines Tanzkurses.**

Beispiel

A Angebot eines Tanzkurses in der Schule
B Vor- und Nachteile eines Tanzkurses
- I. Argumente, die gegen den Besuch eines Tanzkurses sprechen
  1. Erheblicher Zeitaufwand
     a) für die Tanzschüler
     b) für die Eltern
  2. Finanzielle Belastung
  3. Organisationsprobleme durch Überschuss an Mädchen
- II. Argumente, die für den Besuch eines Tanzkurses sprechen
  1. Förderung der Gesundheit
  2. Gelegenheit zu sozialen Kontakten
     a) Erste Kontakte mit dem anderen Geschlecht
     b) Ernstere Freundschaften
  3. Mehr Freude an Festen

C Zusammenfassung und Empfehlung eines Tanzkurses

Vor einigen Jahrhunderten waren Gesellschaftstänze ein Privileg der Adeligen. Es wurde bei vielen Gelegenheiten und Festen getanzt, wobei es dem einfachen Volk nicht gestattet war, sich diesem Vergnügen anzuschließen. Doch heute ist alles anders. Gesellschaftstänze kann man in Tanzschulen, die es in vielen Städten gibt, problemlos erlernen.

Da auch an unserer Schule ein Tanzkurs für Schüler der neunten Klassen angeboten wird, stellt sich die Frage, was für und was gegen den Besuch eines Tanzkurses spricht.

Gegen die Teilnahme an einem Tanzkurs spricht zunächst einmal, dass durch so einen Kurs ein erheblicher Zeitaufwand entsteht. Ein Tanzkurs hat meist eine Dauer von acht bis zwölf Doppelstunden. Dazu kommen noch Anfahrt zur Tanzschule und Rückfahrt nach Hause, was sich bei Jugendlichen, die auf dem Land wohnen, manchmal als sehr zeitintensiv herausstellt. Dies ist für Schüler und Auszubildende, die mit Schule und anderen Hobbys ausgelastet sind, sehr viel, da man ab und zu auch noch ein wenig Erholung benötigt. Auch für die Eltern kann so ein Tanzkurs zusätzlichen Zeitaufwand bedeuten, wenn sie ihre Kinder zur Tanzstunde bringen und von dort wieder abholen müssen.
Folglich ist es gut zu überlegen, ob man sich zu einem Tanzkurs anmeldet, wenn absehbar ist, dass sich daraus Stress neben Schule und Beruf ergibt.

Wichtig erscheint aber auch die finanzielle Belastung, die durch die Teilnahme an einem Tanzkurs entsteht. Ein Tanzkurs kostet zwischen 80 und 150 Euro, wozu noch Fahrtkosten und Kosten für Kleidung und Schuhe kommen können. Für Schüler und Azubis sind solche Summen nicht so leicht aufzuwenden, da das monatliche Taschengeld normalerweise deutlich darunter liegt. Gerade dann, wenn eine Familie mehrere Kinder hat, sind auch die Eltern nicht immer bereit, einen Zuschuss zu gewähren. Man sollte also genau durchdenken, ob ein Tanzkurs seinen Preis wert ist.

Nicht unerheblich ist ein Kritikpunkt an Tanzstunden, der oft auf der organisatorischen Ebene entsteht – das Ungleichgewicht zwischen tanzbegeisterten Mädchen und Jungen.

Bei vielen Tanzkursen gibt es wenige Jungen, aber einen Überschuss an Mädchen. Das hat zur Folge, dass Mädchen entweder mit anderen Mädchen tanzen oder warten müssen, bis auch einmal ein Junge für sie frei wird. In meinem Tanzunterricht gab es zwanzig Mädchen, aber nur zwölf Jungen. Dadurch war von vornherein klar, dass nicht alle Mädchen einen männlichen Tanzpartner bekommen konnten. Dass einem so der Spaß an der Tanzstunde vergehen kann, leuchtet wohl jedem ein.

Es gibt aber nicht nur Argumente, die gegen die Teilnahme an einem Tanzkurs sprechen. Man sollte auch die positiven Aspekte berücksichtigen.

Für die Teilnahme an einem Tanzkurs lässt sich die Tatsache anführen, dass Tanzen gut für die Gesundheit ist. Durch das Tanzen werden sowohl die Muskulatur der Beine als auch der Kreislauf gestärkt sowie die Körperhaltung verbessert. Dies ist durchaus auch für Jugendliche ein bedenkenswertes Argument. Aus einer Statistik der Zeitschrift „Medizin aktuell" geht hervor, dass erschreckend viele Menschen schon in jungen Jahren unter

Haltungsschäden und Bewegungsmangel leiden. Da heutzutage Gesundheitsvorsorge ein wichtiges Thema ist, sollten Jugendliche unter diesem Gesichtspunkt durchaus an Tanzkursen teilnehmen.

Aber nicht nur der Gesundheitsaspekt spricht für eine Teilnahme. Es darf auch nicht vergessen werden, dass man in einem Tanzkurs die Möglichkeit hat, soziale Kontakte zu knüpfen. Während der Tanzstunden lernt man viele andere Jugendliche kennen, da man ja meist nicht stumm miteinander tanzt, sondern sich dabei unterhalten kann. So ergibt es sich vielleicht, dass man mit dem Tanzpartner außerhalb der Tanzstunde etwas unternimmt. Meine Mutter beispielsweise hat meinen Vater im Tanzkurs kennengelernt. Die Tanzstunde ist gerade für Jugendliche, die nicht so leicht Freunde finden oder allgemein ihren Bekanntenkreis erweitern wollen, eine gute Gelegenheit.

Das Argument, dass man durch einen Tanzkurs soziale Kontakte knüpfen kann, lässt sich noch ausbauen. Denn das ist nicht nur im Tanzkurs möglich, sondern auch darüber hinaus. Man lernt ja das Tanzen, um es später anzuwenden. Bei vielen Anlässen wie Hochzeiten und Geburtstage wird man Gelegenheit haben, sein Können zu zeigen. Man muss dabei einfach tanzen können, um sich mit den anderen Gästen amüsieren zu können. Andernfalls wäre man gezwungen, den ganzen Abend auf seinem Platz zu verbringen und als Mauerblümchen zuzusehen. Es ist doch auch peinlich, auf eine Aufforderung antworten zu müssen, dass man gar nicht tanzen kann. Als ich noch jünger war, fand ich Familienfeiern, bei denen getanzt wurde, immer schrecklich langweilig. Heute freue ich mich, wenn ich Gelegenheit zum Tanzen habe, da ich es ja kann. Daher sollten sich Jugendliche, die Standardtänze „spießig“ finden, einmal überlegen, wie der Ablauf eines Festes sich positiv verändert, wenn man mittanzen kann.

Stellt man nun die positiven und die negativen Aspekte einander gegenüber, vergleicht man also Zeit- und Kostenaufwand sowie organisatorische Probleme mit dem gesundheitlichen Vorteil und der Chance zu sozialen Kontakten beim Lernen der Tänze und bei der späteren Anwendung, so kann man die Teilnahme an einem Tanzkurs durchaus empfehlen. Tanzen macht nämlich wirklich Spaß und ist eine sinnvolle Freizeitgestaltung.

Der Schülerin gelingt es, eine sehr überzeugende Argumentationskette aufzubauen. Sehr gut ist auch die sprachliche Gestaltung, die die Überzeugungskraft der Argumente durch gute Lesbarkeit steigert.

Internat

4 Das Internat ist eine Möglichkeit der schulischen Erziehung. Was spricht für, was gegen den Besuch eines Internats?

Beispiel 1

A Internate als alte Schultradition
B Ist ein Internatsbesuch empfehlenswert oder nicht?
   I. Internate sind eine sinnvolle Einrichtung
      1. Möglichkeit der individuellen Förderung von Schülern
      2. Chancen eines neuen sozialen Umfelds
      3. Auseinandersetzung mit anderen Persönlichkeiten
   II. Internate sind keine empfehlenswerte Schulform
      1. Hohe Kosten für die Eltern
      2. Probleme mit der Erziehung durch ungeeignete Personen
      3. Schmerzhafte Trennung von der Familie
C Eignung für ein Internat von der eigenen Persönlichkeit abhängig

Kein neuer Modetrend, sondern eine schon seit langem bestehende und weithin anerkannte Form der Schule ist das Internat. Obwohl von manchen Eltern als Allheilmittel bei schulischen und sozialen Problemen ihrer Kinder angesehen, ist das Internat immer mehr in die Negativschlagzeilen geraten. So war in den Zeitungen von unzeitgemäßer Behandlung der Kinder, sozialen Problemen und von gewalttätigen Übergriffen von Schülern auf Lehrer zu lesen.

Doch was spricht nun konkret für, was gegen Internate? Zunächst werden die Gründe dargelegt, die den Besuch einer solchen Einrichtung sinnvoll erscheinen lassen.

Der wohl wichtigste Vorzug des Internats gegenüber einer normalen Schule ist die durch den Ganztagsaufenthalt mögliche individuelle Förderung der Schüler. So gibt es Internate, die speziell für schlechtere Schüler geeignet sind, wie zum Beispiel Brannenburg. Dort wird ihnen der Unterrichtsstoff zwar unter größerem Zeitaufwand, dafür aber gut verständlich und auf die jeweilige Persönlichkeit zugeschnitten vermittelt. Auf der anderen Seite gibt es natürlich auch Institute, die Schülern mit besonderen Begabungen eine angemessene Förderung zukommen lassen. In Garmisch gibt es ein spezielles Internat für Wintersportler.

Auf diese Weise kann in Internaten über- und unterdurchschnittlichen Schüler geholfen werden.
Ein weiterer, nicht zu vernachlässigender Vorteil des Internats ist, dass Kinder und Jugendliche in ein besseres soziales Umfeld gebracht werden können. Nicht selten kommt es vor, dass Teenager an sogenannte falsche Freunde geraten und deswegen die Schule vernachlässigen. Auch hier hilft das Internat auf zweierlei Weise: Es holt die Jugendlichen von den falschen Freunden weg und bringt sie mit anderen Gleichaltrigen zusammen. Hinzu kommt, dass die Schüler bei der Erledigung ihrer Aufgaben kontrolliert werden. In jedem Internat gibt es feste Studierzeiten, in denen Schüler ihren Pflichten nachkommen müssen.

Schließlich bleibt noch festzuhalten, dass das Internat den Schülern dadurch, dass sie rund um die Uhr zusammenleben, die Chance gibt, auf andere Persönlichkeiten einzugehen und Konflikte auszutragen. In der gewöhnlichen Schule kann man Leuten, mit denen man nicht zurechtkommt, meist einfach aus dem Weg gehen. Im Internat hingegen kann man ungeliebten Mitschülern nicht ausweichen und muss auch lernen, anders geartete Persönlichkeiten zu akzeptieren. Die Mitbewohner im Zimmer kann man sich beispielsweise nicht immer aussuchen.

Auf der anderen Seite gibt es aber wesentliche Gründe, die gegen einen Aufenthalt im Internat sprechen.

Hier ist zunächst anzuführen, dass das Internat eine große finanzielle Belastung für die Eltern darstellt. Bei einem renommierten Internat liegen die Monatsbeiträge im vierstelligen Bereich. Daher ist eine solche Einrichtung meist nur für Kinder reicher Eltern zugänglich.

Ein weiteres Problem für Schüler und Eltern ist, dass die Kinder in die Obhut Fremder gegeben werden. Immer wieder liest man von Missbrauch und Gewalt an Internatsschulen, was in manchen Fällen auf ungeeignete Erzieher zurückzuführen ist. So gibt es immer noch gefährliche Mutproben an Internatsschulen, die von den Erziehern geduldet werden.

Für viele Schüler ist der Verlust des familiären Umfelds nur schwer erträglich. Besonders sensible Jugendliche haben oftmals große Probleme beim Umzug in ein Internat. Für sie kann das Gefühl entstehen, von den Eltern verstoßen zu werden. Auf der anderen Seite können Eltern Probleme damit haben, ihr Kind loszulassen. Wie auch immer, es kann auf beiden Seiten zu psychischen Problemen und in einzelnen Fällen sogar zur Entfremdung zwischen Eltern und Kind kommen, wenn das Kind das Gefühl hat, es wird weggeschickt, weil es den Plänen der Eltern im Weg steht.

Als Fazit bleibt festzuhalten: Welche Vorteile auch immer das Internatsleben hat, es ist in jedem Fall ein einschneidendes Erlebnis für einen jungen Menschen, das leicht seelische Narben hinterlassen kann. Für den Großteil der Jugendlichen dürfte unsere normale Schulform die bessere Alternative darstellen.

Die Ausführungen des Schülers sind sprachlich äußerst gewandt. Auch die Argumentationsstruktur überzeugt durch sachkundige Beispiele. Tipp: Wenn man bei einem Thema persönlich betroffen ist, sollte man genau darauf achten, dass man nicht zu emotional argumentiert. Der Unterschied zwischen Engagement und Rührseligkeit muss klar sein. Das ist hier gut gelungen.

Beispiel 2

A Internate schon seit Jahrzehnten einzige Alternative zur normalen Schule mit Vormittagsunterricht

B Was spricht für, was gegen den Besuch eines Internats?

- I. Internate als Geldverschwendung
  1. Ständige Trennung von den Eltern
     - a) Lieblose Erziehung
     - b) Verlust von alten Freunden
  2. Bezug des gesamten Lebens auf die Schule
  3. Extrem hohe Kosten
  4. Entstehen von Antipathien durch enges Zusammenleben
- II. Trotzdem nicht zu vernachlässigende Vorteile
  1. Trennung von den Eltern hilft, selbstständig zu werden
  2. Leistungsbesserung
     - a) Niedrige geforderte Leistungen
     - b) Festgelegte Lernzeiten
  3. Einzige Möglichkeit, richtige Freundschaften aufzubauen

C Durchaus sinnvoller Luxus, Internate zu besuchen

Schon seit langer Zeit stehen sie als Alternative zu öffentlichen Schulen für Kinder und Jugendliche der gehobenen Gesellschaftsklasse oder für schwer erziehbare, teilweise lernbehinderte Schüler zur Verfügung – die Internate, die nicht nur in Deutschland bei Eltern und sogar Schülern immer beliebter werden. Alte, ehrwürdige Häuser oder oftmals auch Schlösser, von Kindern bewohnt, die ihre ganze Jugend fast ausschließlich in solchen Gemäuern verbringen, das ist das äußere Bild, das Internate abgeben.

Nun stellt sich die nicht einfach zu beantwortende Frage, ob Internate gutgeheißen werden können oder pädagogische Katastrophen darstellen.

Zunächst muss festgestellt werden, dass der ständige Aufenthalt in der Schule, teilweise sogar an Wochenenden oder in den Ferien, eine ständige Trennung der Jugendlichen von ihren Eltern und heimischen Freunden ist. Dies bedeutet, dass die Schüler von Erziehern betreut werden, die oft strenge, lieblose Methoden anwenden. Dies führt nicht selten zu Vereinsamung. Zudem verlieren die Jugendlichen durch den Wechsel auf ein Internat all ihre alten Schulfreunde. Nicht zu vernachlässigen ist auch, dass ein ständiger Internatsaufenthalt unausweichlich zur Folge hat, dass sich das gesamte Leben des Jugendlichen nur auf die Schule konzentriert. Durch die strenge Kontrolle der Lehrkräfte bei den Lernzeiten bleibt kaum noch Raum für Freizeitaktivitäten.

Ein weiterer wichtiger Punkt sind die extrem hohen Kosten, die auf die Eltern zukommen. Für einige Familien bedeutet das eine enorme finanzielle Einschränkung.

In einem Internat muss man oftmals sein Zimmer mit einem oder mehreren Mitschülern teilen, was bedeutet, dass keine Möglichkeiten für den Schüler bleiben, sein Privatleben auszuleben, was wiederum häufig zu Streit und Antipathien zwischen Zimmergenossen führen kann.

Allerdings hilft vielen Schülern eine Trennung von den Eltern, um Vertrauen zu anderen Erwachsenen zu gewinnen und eine eigene Selbstständigkeit aufzubauen, was ohne derartige Schulen in manchen Familien kaum möglich wäre. Zudem tut eine längerfristige Trennung der Jugendlichen von ihren Eltern jenen oftmals sehr gut, da die ständigen Bevormundungen der Erziehungsberechtigten wegfallen.

Nicht zu vergessen ist auch, dass die Leistungen und Noten der Jugendlichen im Vergleich zu normalen Schulen oftmals besser werden. Dies mag an der besseren Einzelförderung liegen oder daran, dass die Ansprüche niedriger sind. Zudem sind die durch die privaten Lehrkräfte angewandten

Erziehungsmethoden wirksamer als die Methoden an öffentlichen Schulen. Dies sieht man an festgelegten Zeiten, zu denen die Schüler unter Aufsicht lernen müssen.

Zuletzt ist festzustellen, dass das Internat für viele Jugendliche die einzige Möglichkeit ist, wirkliche Freunde zu finden, da sie an normalen Schulen oftmals als Außenseiter gelten. An Internaten sind die Jugendlichen aber unter Gleichgesinnten – entweder haben sie alle reiche Eltern oder eine Lernschwäche. Hier sind die Schüler Tag und Nacht zusammen, was lebenslange Freundschaften entstehen lässt.

Abschließend bleibt zu sagen, dass Internate keineswegs reine Geldverschwendung sind und dass es für Leute, denen die finanziellen Mittel zur Verfügung stehen, einen sinnvollen Luxus bedeutet, ein Internat zu besuchen, da die meisten Vorteile deutlich auf der Hand liegen.

An diesem Beispiel kann man sehen, wie wichtig eine sorgfältige Gliederung für eine gelungene Ausführung ist. Hier ist die Gliederung völlig verfehlt: Die Oberpunkte passen nicht zu den Unterpunkten. Unter dem Oberpunkt Geldverschwendung darf nicht die Trennung von den Eltern abgehandelt werden. Hinzu kommen uneinheitliche Formulierungen. Ein besonders gravierender Fehler sind Wendeargumente.
Dagegen: Ständige Trennung von den Eltern
Dafür: Trennung von den Eltern hilft, selbstständig zu werden
Dagegen: Verlust von alten Freunden
Dafür: Einzige Möglichkeit, richtige Freundschaften aufzubauen

In der Ausführung fehlen Überleitungen und Beispiele. Es werden nur Behauptungen aufgestellt, die – vor allem am Schluss – nur aus Allgemeinplätzen oder Pauschalurteilen bestehen: *An Internaten sind die Jugendlichen aber unter Gleichgesinnten – entweder haben sie alle reiche Eltern oder eine Lernschwäche. Hier sind die Schüler Tag und Nacht zusammen, was lebenslange Freundschaften entstehen lässt.*

Weihnachtsgeschenke

5 **Die ersten Lebkuchen und Weihnachtsmänner zeigen schon im September an, dass die Geschäfte sich wieder auf die betriebsamste Zeit des Jahres vorbereiten. Haben Weihnachtsgeschenke heute noch einen Sinn?**

Beispiel 1

A Der Verkauf von Weihnachtsartikeln startet bereits im Herbst
B Sind Weihnachtsgeschenke heute noch sinnvoll?
  I. Gründe, die für Weihnachtsgeschenke sprechen
    1. Geschenke sind zur Tradition geworden
    2. Geschenke sind ein Ausdruck der Wertschätzung
    3. Das Weihnachtsgeschäft kurbelt die Wirtschaft an
  II. Gründe, die gegen Weihnachtsgeschenke sprechen
    1. Zu große Erwartungen führen zu Streit
    2. Der Geschenkekauf verursacht Stress und Hektik
    3. Innere Werte geraten in den Hintergrund
    4. Der eigentliche Sinn von Weihnachten geht verloren
C Der Weihnachtstrubel in den Kaufhäusern beginnt immer früher und verursacht Hektik

Während draußen die warme Sonne noch scheint und nicht der kleinste Temperatursturz auf den nahenden Winter hindeutet, beginnen viele Geschäfte bereits damit, Weihnachtsartikel auszustellen und zu verkaufen. Ende September stapeln sich in den Regalen Lebkuchen, Christbaumkugeln und Weihnachtsengel. Unweigerlich fangen Kinder an, den Eltern ihre Weihnachtswünsche mitzuteilen. Damit beginnt für die Eltern die alljährliche Weihnachtshektik. Daher fragt man sich, ob Weihnachtsgeschenke heutzutage noch sinnvoll sind.

Zunächst sollen Gründe dargelegt werden, die dafür sprechen, Weihnachtsgeschenke in der bisherigen Form beizubehalten.

Ein wichtiger Aspekt besteht darin, dass Geschenke zu Weihnachten in unserem Land und in vielen anderen Ländern zur Tradition geworden sind. Sie sind ein fester Bestandteil des Weihnachtsabends, und für viele Menschen würde ohne Geschenke dem Fest etwas fehlen. Vor allem für kleine Kinder, die den eigentlichen Sinn des Festes noch nicht verstehen, verschönern Geschenke den Abend.

Ein weiterer Punkt ist die Tatsache, dass man durch Geschenke Personen, die man gerne hat oder denen man einfach nur danken will, seine Zuneigung oder Wertschätzung durch eine kleine Aufmerksamkeit zeigen kann. Meiner Mutter beispielsweise möchte ich immer an Weihnachten mit einem kleinen Präsent für ihre Liebe und Unterstützung danken.

Der wichtigste Grund, an Weihnachten zu schenken, ist allerdings, dass durch die Produktion von Weihnachtsartikeln viele Arbeitsplätze erhalten werden. Durch die Einnahmen des Handels und große Gewinne im Weihnachtsgeschäft wird die Wirtschaft angekurbelt. Im Spielwarenhandel wird über die Hälfte des Jahresumsatzes in der Vorweihnachtszeit erzielt.

Es gibt aber auch viele Gründe, weshalb man in der heutigen Zeit auf Weihnachtsgeschenke verzichten könnte.

Vor allem Kinder haben oft zu hohe Erwartungen und unrealistische Wünsche, was am Weihnachtsabend zu Enttäuschungen und Ärger führt. Laut Zeitungsumfragen gibt es ausgerechnet an Weihnachten den meisten Streit in den Familien, der auch dadurch entsteht, dass Kinder sich etwas gewünscht, aber es nicht bekommen haben.

Dies führt zum nächsten Gesichtspunkt: Durch den Zwang, für jeden ein Geschenk zu brauchen, wird der eigentlich schöne Brauch des Schenkens nur noch als lästige Pflicht empfunden. Jeder von uns weiß, wie grässlich es ist, sich in der Vorweihnachtszeit durch überfüllte Kaufhäuser drängen zu müssen. Bei sozial schwächeren Familien kommt noch die finanzielle Belastung hinzu. Das eigene Kind soll nicht schlechter gestellt sein als die Nachbarskinder, was mancher Mutter schlaflose Nächte bereitet.

Ein weiterer wichtiger Punkt gegen Geschenke zu Weihnachten ist, dass die Bedeutung von inneren Werten immer mehr in den Hintergrund gerät. Familienmitglieder werden nicht nach ihrer Persönlichkeit, sondern nach dem Wert der Geschenke beurteilt. So verkörpert für viele Kinder die Oma nur eine Person, die ihnen etwas schenkt, was sie von den Eltern nicht bekommen. Meine Nachbarskinder freuen sich immer schon zwei Tage vorher, wenn die Oma kommt, aber nicht weil sie kommt, sondern weil sie etwas mitbringt.

Sehr wichtig ist, dass der eigentliche Hintergrund des Weihnachtsfestes, des Festes der Geburt Jesu, für viele Kinder schon verloren gegangen ist. Sie wissen nicht, was sie feiern. Für sie ist Weihnachten nur ein Tag, an dem sie Geschenke bekommen. Andere Weihnachtsbräuche, wie der Kirchgang mit der ganzen Familie oder das Singen christlicher Lieder, geraten in Vergessenheit.

Abschließend sei bemerkt, dass jede Familie mit einer eigenen Tradition feiern sollte, so wie sie es für richtig hält. Ob es allerdings richtig und sinnvoll ist, Geschenke und Weihnachtsartikel schon im Herbst anzubieten und dadurch die Weihnachtshektik immer früher auszulösen, nur um wirtschaftlichen Profit zu machen, ist zu bezweifeln.

Dieses Beispiel ist gut formuliert und flott zu lesen. Es erfasst die wesentlichen Aspekte des Themas. Das lässt darüber hinwegsehen, dass nicht immer ganz sachlich argumentiert wird.

Beispiel 2

A In Afrika gibt es keine Weihnachtsgeschenke
B Haben Weihnachtsgeschenke heute noch einen Sinn?
- I. Argumente, die gegen Weihnachtsgeschenke sprechen
  - 1. Verpflichtung, Geschenke kaufen zu müssen
    - a) Stress und Hektik
    - b) Falsche Geschenke
  - 2. Fehlendes Geld für Geschenke
- II. Argumente, die für Weihnachtsgeschenke sprechen
  - 1. Arbeitsplätze
    - a) Spielwarenhandel
    - b) Weihnachtsmärkte
  - 2. Vorfreude

C Vorschlag, nur noch ein Geschenk zu geben

Letzte Woche sah ich einen Bericht über Afrika. Zu meiner Überraschung wurde gezeigt, dass man Weihnachten dort nicht feiert. Lediglich zu Geburtstagen werden Präsente überreicht. Diese Tatsache beschäftigte mich ein paar Tage, und deshalb frage ich mich, ob Weihnachtsgeschenke notwendig und sinnvoll sind.

Gegen Weihnachtsgeschenke spricht eindeutig die Tatsache, dass man sich verpflichtet fühlt, alle und jeden zu beschenken. Unsere Wohlstandsgesellschaft führt uns glückliche Familien vor, in denen der Hund seinen Extraknochen und das Kind diverse Spielsachen zugesteckt bekommt. Dies führt dazu, dass bereits im Oktober die Jagd nach Geschenken beginnt. Jedes Jahr müssen es noch mehr sein, noch größere und letztendlich noch teurere. Schwer bepackte

Hausfrauen und Mütter hetzen tagsüber durch die Stadt, eine riesenlange Liste in der Hand. Am Abend, kurz vor Ladenschluss, sieht man dann noch Berufstätige nach Geschenken suchen. Auch meine Eltern sind in dieser Zeit besonders launisch und aggressiv, da die Arbeit, die Weihnachten mit sich bringt, immer größere Dimensionen annimmt. Der Hausputz, das Backen von Weihnachtsstollen und die Auswahl von Weihnachtsschmuck kommen zu dem Stress, den die Wahl der Geschenke mit sich bringt, noch hinzu. Unter dem Weihnachtsbaum ist die Enttäuschung jedoch groß, wenn der Partner, die Familie oder die Freundin nicht das richtige Geschenk bereithält. So schrieb die Zeitung vor kurzem, dass zu Weihnachten in immer mehr Familien Streit herrsche. Dies wird auf zu hohe Erwartungen und unterschiedliche Denkweisen hinsichtlich der Geschenke zurückgeführt. Dazu las ich ein Buch, in dem eine junge Frau ihren Ehemann in der Weihnachtsnacht verließ, da er, wie sie meinte, nie auf ihre Interessen und Wünsche einging. Sie hatte sich insgeheim einen Diamantring gewünscht, jedoch eine Küchenmaschine erhalten.

Außerdem geraten immer mehr Familien unter Druck, da sie sich die teuren Weihnachtsgeschenke nicht leisten können. Die Ansprüche der Kinder wachsen ständig, viele Familien müssen aber mit einem immer kleineren Budget auskommen. Arbeitslosigkeit und die wachsende Steuerlast, die auf den Bürgern ruht, sind Gründe dafür. Sozial schwächere Familien sparen beim Weihnachtsschmuck oder beim Gang auf Weihnachtsmärkte, letztendlich jedoch auch bei den Geschenken. So kommt es, dass einige Kinder nach den Weihnachtsferien verschämt zu Boden blicken, wenn sie von ihren Klassenkameraden gefragt werden, was sie zu Weihnachten bekommen haben. Manche meinen dann, sich mit Notlügen aus der Situation retten zu müssen. Das Buch oder die Handschuhe unter dem Christbaum werden dann in der Schule zu Stereoanlagen und teuren Computerspielen. So erzählte mir die Freundin meiner Mutter, dass sie die Wünsche ihrer vier Kinder finanziell nicht erfüllen kann. Nicht einmal der heiß ersehnte Schlitten wird unter dem Weihnachtsbaum zu finden sein.

Die positiven Aspekte, die für Weihnachtsgeschenke sprechen, sollten aber nicht unberücksichtigt bleiben.

Die Geschenke, für die die Bürger so viel Geld ausgeben, müssen erst gefertigt und dann verkauft werden. Da das Christkind in Wirklichkeit diese Aufgaben nicht erfüllt, entstehen so in den Monaten vor Weihnachten viele neue Arbeitsplätze. In den Spielzeuggeschäften hängen schon lange die Zettel, auf denen Verkäuferinnen zur Verstärkung im November und Dezember Außerdem sieht man an jeder Ecke fliegende Händler, die Parfüm oder Zeitschriftenabos anbieten. Eine ältere Freundin bessert sich so alljährlich ihr Geld für das Studium auf.

Zudem ist die Vorfreude auf den Heiligen Abend eine der schönsten des ganzen Jahres. Das gespannte Warten, bis das Glöckchen läutet und es erlaubt ist, das Wohnzimmer zu betreten, ist immer wieder schön. Es ist ein Gefühl, das man nur einmal im Jahr hat und das für mich etwas ganz Besonderes ist. Glänzende Kinderaugen und frohe Erwartung gehören zum Fest dazu wie die Weihnachtsgans und die Christmette. Mein Bruder schläft zum Beispiel nach der Bescherung jedes Jahr unter dem Christbaum ein, weil er in der Nacht zuvor vor lauter Aufregung kein Auge zutut. Außerdem weisen die Adventskalender und Medien immer wieder auf die Heilige Nacht hin, und auch an den Schaufenstern lässt sich ablesen, wie viele Tage man noch warten muss. All dies würde wegfallen, gäbe es keine Geschenke mehr zu Weihnachten.

Aufgrund all dieser Aspekte bin ich zu dem Schluss gekommen, dass man Weihnachtsgeschenke nicht ganz abschaffen sollte. Man sollte sich lieber mehr auf den eigentlichen Zweck von Weihnachten, nämlich Ruhe und Besinnung, konzentrieren. Eine ideale Lösung wäre es meiner Ansicht nach, in Zukunft nur noch ein Geschenk pro Nase zu vergeben, wie dies in einigen Familien bereits praktiziert wird.

Die Gliederung dieses Beispiels ist zwar formal in Ordnung, doch bereits dort wird sichtbar, dass wesentliche Gesichtspunkte zum Thema vergessen wurden. So wird der christliche Hintergrund von Weihnachten nicht einmal thematisiert – im Gegenteil, die Verfasserin wundert sich, dass es in Afrika kein Weihnachtsfest gibt. Somit ist die Themafrage nur in Teilen beantwortet.

In der Ausführung finden sich Klischees und unsinnige Beispiele:
Zudem ist die Vorfreude auf den Heiligen Abend eine der schönsten des ganzen Jahres. Das gespannte Warten, bis das Glöckchen läutet und es erlaubt ist, das Wohnzimmer zu betreten, ist immer wieder schön. Es ist ein Gefühl, das man nur einmal im Jahr hat und das für mich etwas ganz Besonderes ist. Glänzende Kinderaugen und frohe Erwartung gehören zum Fest dazu wie die Weihnachtsgans und die Christmette. Mein Bruder schläft zum Beispiel nach der Bescherung jedes Jahr unter dem Christbaum ein, weil er in der Nacht zuvor vor lauter Aufregung kein Auge zutut.

Sprachspielereien sind unsachlich und gehören nicht in eine Erörterung:
(…) die Jagd nach Geschenken beginnt. Jedes Jahr müssen es noch mehr sein, noch größere und letztendlich noch teurere.
(…) in Zukunft nur noch ein Geschenk pro Nase zu vergeben (…).

Der schnelle Kick

6 **Jedes Jahr gibt es mehr Menschen, die den schnellen Kick durch extreme Freizeitunternehmungen suchen. Erörtere die positiven und negativen Auswirkungen dieser Entwicklung.**

Beispiel 1

A Abenteuerurlaub als Belohnung für gute Mitarbeiter
B Was spricht für oder gegen extreme Freizeitbeschäftigungen
- I. Auswirkungen des Extremsports
  1. Schöpfen neuer Energie
  2. Hoher Kostenaufwand für ein kurzes Vergnügen
- II. Beweggründe der Extremsportler
  1. Abwechslung vom Alltag
  2. Übersättigung in der heutigen Gesellschaft
- III. Erfahrungen in der Natur
  1. Erleben der Natur durch Sport
  2. Schwere Verletzungen und gesundheitliche Schäden
- IV. Unverantwortbare Risiken

C Weiterer Anstieg der Zahl von Extremsportlern

Vor kurzem wurde im Fernsehen eine Reportage gezeigt, in der berichtet wurde, dass eine Telefongesellschaft ihre erfolgreichsten Verkäufer mit einem Abenteuerurlaub belohnt. Die Veranstalter sind sich sicher, dass die Teilnehmer sich durch außergewöhnliche Freizeitaktivitäten wie eine Jeep-Safari oder wildes Campen erholen und dass der Aufenthalt nur Vorteile für alle Beteiligten mit sich bringt. Es gibt jedoch auch einige mahnende Stimmen, wie die der Naturschützer sowie einiger Ärzte und Soziologen, die diesem neuen Trend kritisch gegenüberstehen.

Im Folgenden werden die Vor- und Nachteile extremer Freizeitunternehmungen dargelegt.

Manche Fachleute sind der Meinung, dass durch extreme Freizeitgestaltung Menschen neue Energie schöpfen können. Diese kommen oft überarbeitet und deprimiert zu solchen Veranstaltungen. Dort werden sie von geschultem Personal betreut und bekommen durch dieses Erlebnis einen positiven emotionalen Schub. Einer der Anbieter von solchen Erholungsmöglichkeiten ist das Münchener Physiozentrum. Dort wird der Kunde in Badebekleidung einer Temperatur von bis zu minus 110 Grad ausgesetzt. Dadurch ändert sich die für die Gemütslage des Menschen zuständige Endorphinausschüttung. Das bedeutet, dass die Glückshormone stark steigen. Eine weitere Möglichkeit, sich neu zu motivieren, ist das Fallschirmspringen. Dabei geht es aus 4000 Metern Höhe zunächst im freien Fall der Erde entgegen. Wer sich dieser Herausforderung stellt, geht vielleicht auch berufliche Aufgaben mutig an.

Es sollte jedoch nicht unberücksichtigt bleiben, dass ein solch kurzes Vergnügen hohe Kosten verursachen kann. Gerade in sogenannten Abenteuercamps oder auch in sportlich ausgerichteten Ferienclubs sind die Teilnehmergebühren nicht unerheblich. Dort wird man leicht verleitet, sich etwas zu gönnen, was man sich sonst nicht leisten würde. Häufig werben Agenturen mit großartigen Erlebnissen, ohne jedoch den Preis zu nennen. Eine Fallschirmschule verlangt zum Beispiel für eine eineinhalbstündige Einweisung und einen Sprung rund 350 Euro. Bei den Preisen für Wochenendausflüge zu Rafting- oder Canyoningstätten gibt es, je nach Unterbringung, große Unterschiede. Doch schon eine Canyoning-Tagestour kostet pro Person mindestens 100 Euro. Man sollte sich auf jeden Fall überlegen, ob der Kick diesen Preis wert ist.

Als nächstes Argument kann man anführen, dass extreme Freizeitgestaltung eine gute Abwechslung zum Alltag bietet. Bei vielen Sportarten bewegt man sich und ist an der frischen Luft, was vor allem für Menschen, die ihren Beruf im Sitzen ausüben, förderlich ist. Bei Extremsportarten kommt hinzu, dass sie zusätzliche Herausforderungen bieten und dadurch stark vom Alltag ablenken. Man verlässt seine Arbeitswelt und bekommt Einblick in eine neue Erlebniswelt, in der man sich entspannen kann. Ein gutes Beispiel dafür ist das Paragliding in den Bergen. Dabei kann der Fliegende die Landschaft genießen und findet so einen Kontrast zum Alltag.

Allerdings kann man sich des Eindrucks kaum erwehren, dass bei einem nicht geringen Prozentsatz von Extremsportlern eine gewisse Übersättigung herrscht. Bei diesen Menschen muss es immer etwas Neues sein, etwas noch Ausgefalleneres. Früher war es üblich, zur Entspannung einen Spaziergang oder eine Wanderung zu unternehmen. Heute steigt die Zahl derer, die am Wochenende Canyoning machen. Das Normale ist für einige Menschen nicht gut genug, sie müssen etwas Besonderes tun. Darauf baut die Branche auf. Sie wirbt mit Parolen wie „Der Testkick gegen den Alltagsverdruss". Die Veranstalter wissen, dass einige Menschen, die in einem gewissen Wohlstand leben, mit ihrem Leben unzufrieden sind. Auch Heranwachsende aus betuchtem Elternhaus suchen die Herausforderung im Abenteuersport, da sie dem Risiko des Aufbaus und der Erhaltung einer Existenz nicht ausgesetzt sind.

Man sollte jedoch nicht vergessen, dass ein weiterer wichtiger Grund für den Besuch vor allem von Rafting- und Canyoningveranstaltungen darin liegt, dass der Teilnehmer die Natur auf sportliche Weise besser kennenlernen kann. Beim Waten durch eiskaltes Wasser oder beim Abseilen aus schwindelnden Höhen bekommt man häufig größeren Respekt vor der Natur. Man erkennt vielleicht auch, dass man ihr nicht immer gewachsen ist und manchen Naturereignissen wehrlos gegenübersteht. Wenn ein Boot kentert und alle Insassen ins Wasser fallen, versucht jeder, sich selbst irgendwie zu retten. Es stellen sich also auch existenzielle Fragen. Noch deutlicher wird das beispielsweise beim Überlebenstraining in Lappland, wo eine Person sich mit Problemen wie dem Feuermachen ohne Feuerzeug auseinandersetzen muss. Dort helfen weder das Handy noch der Computer, dort muss man nie erlernte Fähigkeiten entwickeln.

Es soll nicht verschwiegen werden, dass extreme Unternehmungen ein hohes Verletzungsrisiko bergen. Die eigene Gesundheit ist gefährdet, da es immer passieren kann, dass man auf einem Felsen ausrutscht oder abstürzt. Manche vergessen ihre persönlichen Grenzen und begeben sich, verleitet von den Versprechungen der Anbieter, in Lebensgefahr. Nicht jeder Büromensch kann einen Gipfel erklimmen, auch wenn er von einem guten Führer begleitet wird.

Als Mitglied einer Gruppe ist man darauf angewiesen, dass der Führer Sicherheitsvorkehrungen für alle trifft. Beim Rafting beispielsweise muss er immer das Boot unter Kontrolle halten. Es kommt aber sicherlich vor, dass diese Extremsportarten unsachgemäß durchgeführt werden. Schwierigkeiten und Tücken der Natur werden oft nicht erkannt oder von verantwortungslosen Veranstaltern außer Acht gelassen. So kamen vor kurzem in der Schweiz mehrere Touristen bei einer Canyoningtour ums Leben, da diese trotz Unwetterwarnung durchgeführt wurde.

Zusammenfassend lässt sich feststellen, dass es sicherlich eine gute Idee ist, sich in seiner Freizeit zu entspannen und Abstand zu Alltag und Beruf zu gewinnen. Doch dazu braucht man nicht unbedingt Extremsportarten. Es würde auch reichen, wenn man statt des Abseilens von steilen Hängen eine Wanderung auf gekennzeichneten Wegen unternimmt oder statt eines Heliskiings sich in weitläufigen, aber ausgewiesenen Skigebieten beweist. Außerdem kommt es, wie schon erwähnt, häufiger vor, dass Veranstalter von Abenteuerurlauben aus übersteigertem Gewinnstreben heraus unverantwortliche Risiken eingehen. Betrachtet man die sich häufenden Unglücksmeldungen, werden Extremsportarten für die breite Masse zumindest fragwürdig.

Mit Blick auf die Zukunft ist zu erwarten, dass die Zahl der Extremsportler in Wohlstandsländern laufend zunehmen wird. Es ist wohl unabänderlich, dass manche Menschen absichtlich ihre gesicherte Lebensumgebung verlassen, um persönliche Grenzen in Extremsituationen zu erfahren. Extremsportler gab es zu allen Zeiten. Neu sind nur die Zugänglichkeit der Gefahr für alle und der Wunsch, Risiken einzugehen und sich gleichzeitig gegen mögliche Folgen abzusichern.

In diesem Beispiel wird ein sehr hoher Standard des Erörterns erreicht. Der Schüler verwendet ein Gliederungsschema, das man erst als Fortgeschrittener benützen sollte. Er handelt Pro und Contra jeweils innerhalb thematischer Blöcke ab. Dadurch ergibt sich eine verschränkte Argumentation. Außerdem ist der Schreibstil elegant und ausgefeilt.

Beispiel 2

A Das Angebot neuer Freizeitunternehmungen steigt deutlich
B Ist es notwendig, solche Extremvergnügungen zu praktizieren?
  I. Argumente, die für extreme Freizeitgestaltung sprechen
    1. Die neuen Trends dienen der Selbsterfahrung
    2. Sie bieten die Möglichkeit zu Bewusstseinserweiterung ohne Drogen
    3. Man kann Gleichgesinnte kennenlernen
  II. Argumente, die gegen extreme Freizeitgestaltung sprechen
    1. Die meisten Trends sind sehr kommerziell
    2. Viele Sportarten sind umweltschädlich
    3. Extremsportarten können lebensgefährlich sein
    4. Es besteht die Gefahr der Nachahmung durch Untrainierte
  III. Extremsportarten sind überflüssig und gefährlich
C Man kann auch ohne Extreme Befriedigung finden

Neuerdings hört man immer wieder von Freizeitunternehmungen, die es früher nicht gab. Eines haben sie alle gemeinsam: Sie ermöglichen durch waghalsige Sprünge, Kälteschocks oder andere Aktivitäten den schnellen Kick. Doch ist es wirklich notwendig, sich zum Teil sogar in Lebensgefahr zu bringen, nur um eine Adrenalinausschüttung hervorzurufen?

Eine große Gruppe von Menschen sagt, es sei notwendig. Für den Beleg ihrer Meinung führen sie folgende Argumente an.

Extreme Freizeitunternehmungen dienen der Selbsterfahrung. Bei minus 110 Grad Celsius in der Kältekammer oder einsam in den Weiten Lapplands erkennt der Mensch sehr schnell, wo seine körperlichen Grenzen liegen. Aus dieser Erfahrung kann man später einen Nutzen ziehen, indem man die eigenen Grenzen entweder akzeptiert oder auch überschreitet.

Außerdem kann der gewünschte Kick ohne Drogen herbeigeführt werden, da er nur durch Hormone aus dem eigenen Körper hervorgerufen wird. Schon nach einer kurzen Erholungspause ist der Körper wieder voll einsatzfähig. Zudem bleibt der bei Drogenkonsum übliche Zustand der Unzurechnungsfähigkeit aus, da keine Bewusstseinstrübung eintritt.

Meistens trifft man bei diesen Freizeitunternehmungen auf Gleichgesinnte. So können sich neue Kameradschaften bilden, während man sich gegenseitig von neuen Abenteuern erzählt oder beschließt, die nächste Partie gemeinsam zu machen. Es ist allgemein bekannt, dass man beim Bergsteigen gute Freunde finden kann.

Allerdings sprechen auch einige Punkte gegen extreme Freizeitvergnügungen.

Durch weite Anreisen, den Einsatz von Maschinen oder die meist aufwändige Ausrüstung werden extreme Freizeitunternehmungen sehr teuer. Es geht also weniger um körperliche Anstrengung, sondern um das beste Material und die spezielle Ausrüstung. Ist es wirklich richtig, dass alle sogenannten Outdoor-Vergnügungen zu einer Materialschlacht werden? Muss etwa ein Mountainbike eine 1000-Euro-Schaltung haben?

Viele dieser Freizeitvergnügungen sind umweltschädlich, da beispielsweise beim Fallschirmspringen ein Flugzeug eingesetzt werden muss. Beim extremen Skifahren im Tiefschnee werden oft ganze Berghänge durch das Auslösen einer Lawine zu einer Schutthalde gemacht. Deshalb sollte auch bei solchen Vergnügungen vermehrt auf die Umwelt geachtet werden, was allerdings für viele Freizeitunternehmungen das Aus bedeuten würde. Nur durch die Gefahr kommt auch der Kick. Dieses Denken ist jedoch unverantwortlich, da man davon ausgehen kann, dass im Falle eines Unglücks, zum Beispiel eines Lawinenabgangs, Rettungsmannschaften die Verschütteten bergen und sich dabei selbst in Lebensgefahr begeben müssen.

Häufig sieht man jemanden die verrücktesten Dinge tun und denkt sich, das wäre auch das Richtige für einen selbst. Man stürzt sich in fragwürdige Abenteuer, doch an die Vorbereitungen, die zu treffen wären, denkt man nicht. So kann es kommen, dass man plötzlich von der eigenen konditionellen Schwäche überrascht wird und sich in Lebensgefahr befindet. Oft sieht es kinderleicht aus, wenn ein Extremkletterer eine Wand hinaufsteigt, man selbst kann es aber nicht so einfach schaffen.

Wenn man die Argumente, die für eine extreme Freizeitunternehmung sprechen, den negativen Gesichtspunkten gegenüberstellt, so überwiegen eindeutig die Negativaspekte. Man kann auch ohne Extreme im Sport seine Befriedigung finden. Auch beim normalen Skifahren auf ausgewiesenen Pisten kann man sich verausgaben. Man muss dazu nicht nach Alaska fliegen. Viele Unternehmungen sind mit ein bisschen Einfallsreichtum zu Hause und in der näheren Umgebung billiger und weniger gefährlich durchzuführen.

Auch dieses Beispiel ist ansprechend und beweist hohe Sachkenntnis. Es ist sprachlich gut, aber nicht ganz so eloquent wie Beispiel 1. Die Verfasserin argumentiert teilweise unsachlich und stellt rhetorische Fragen. So etwas gehört nicht in die Erörterung.

Höflichkeit

7 **„Höflichkeit ist nichts für Leute von heute!"**
Was ist für dich Höflichkeit? Diskutiere, inwieweit du mit dieser Behauptung eines Jugendlichen einverstanden bist.

Beispiel

1	Definition von Höflichkeit
2	Argumente für und gegen Höflichkeit
2.1	Argumente gegen Höflichkeit
2.1.1	Sicherung der eigenen Karriere
2.1.2	Ausleben der eigenen Persönlichkeit
2.1.2.1	Verhinderung psychischer Probleme
2.1.2.2	Förderung der Selbstverwirklichung
2.2	Argumente für Höflichkeit
2.2.1	Vermeidung von Konflikten
2.2.1.1	Ermöglichung eines friedlichen Zusammenlebens in der Familie
2.2.1.2	Organisation der Gesellschaft durch Regeln
2.2.2	Gegenentwurf zur materialistischen Gesellschaft
3	Harmonische Verbindung als Ideal

Höflichkeit – für viele Menschen und vor allem für Jugendliche ist dieser Begriff heute bedeutungslos und inhaltsleer. Die alten, antiquierten Umgangsformen haben sich überlebt. Die heutige Gesellschaft hat sie, so scheint es, als unnötig „selektiert". Doch was bedeutet Höflichkeit eigentlich?

Ursprünglich bezeichnete man damit das richtige Verhalten am fürstlichen Hof. Allgemein verbindliche Vereinbarungen über das Betragen waren dort unverzichtbar, um das Zusammenleben der Höflinge und den Machterhalt zu regeln. Heute ist man von der wörtlichen Bedeutung abgekommen, da der Individualismus der Menschen einen immer größeren Stellenwert einnimmt und die Höflichkeit oft zu einer Leerformel verkommt. Für mich bedeutet Höflichkeit nur noch, die Achtung und den Respekt vor der Privatsphäre jedes einzelnen Menschen zu wahren. Dieser Respekt hat Rücksichtnahme zur Folge, denn Höflichkeit und Rücksichtnahme sind untrennbar miteinander verbunden und stellen eine unausgesprochene Vereinbarung zwischen Menschen dar, die Intimsphäre des anderen nicht zu verletzen.

Eine große Anzahl von Menschen entscheidet sich allerdings immer häufiger gegen die Rücksichtnahme, die die Höflichkeit von ihnen verlangen würde. Es gibt wohl einige Gründe, in unserer Zeit auf Höflichkeit zu verzichten.

Um sich den persönlichen Erfolg in Schule oder Beruf zu sichern, unterstützt Ellbogenmentalität das Fortkommen mehr als Höflichkeit und Respekt. Das Prinzip lautet: Nach unten treten, nach oben buckeln. Nur dem Vorgesetzten gegenüber sind Überreste von Höflichkeit, nämlich Formen des Einschmeichelns, günstig. Gegen Menschen auf der gleichen Ebene ist Rücksicht unnötig, ja sogar schädlich. Denn vorwärts kommt nur, wer die eigenen Interessen vertritt. In der modernen Gesellschaft hat nur der Prestige, der erfolgreich ist. Äußerlich gesehen ist Höflichkeit für alle Strebsamen und eigentlich für jeden Menschen nur hinderlich: Niemand möchte beruflich zurückstecken oder sozial absteigen aus falsch verstandener Rücksichtnahme. Der Kapitalismus fordert seinen Tribut – die Höflichkeit bleibt auf der Strecke.

Höflichkeit bedeutet stets, dass man sich selbst, seine Meinungen und Ideen etwas zurücknehmen muss. Geschieht dies zu oft, so können leicht psychische Probleme auftreten, die sich in psychosomatischen Beschwerden niederschlagen.

Freudschen Theorien zufolge suchen sich Enttäuschungen und aufgestaute Aggressionen einen Weg zum Ausbruch, zur Verarbeitung. Diese Enttäuschungen bevölkern unser Unterbewusstsein, bis dieses überfüllt ist. Dann erkrankt entweder die Seele oder ihre Belastungen finden einen Spiegel in unserem Körper: Magengeschwüre und Asthma können die Folge sein. Es mag sein, dass diese Zusammenhänge, in die unterdrücktes Gedankengut und die Zurücknahme der eigenen Persönlichkeit gestellt werden können, übertrieben wirken. Doch hierzu sollte uns Japan als Beispiel dienen: Japaner sind für uns der Inbegriff der Höflichkeit und Rücksichtnahme, doch dieses Land hat eine der höchsten Selbstmordraten der Welt. Gewiss spielt dabei nicht nur die Vernachlässigung des Ichs eine Rolle, sie ist aber ein wichtiger Faktor.

Daran schließt sich ein weiterer Aspekt an: Übertriebene Höflichkeit stellt oft ein Hindernis für die Selbstverwirklichung und die Entwicklung der Persönlichkeit überhaupt dar. Wer der Höflichkeit ständig Genüge tut, vermeidet laufend Konflikte und somit Inspirationsquellen für eigene Gedanken und Ansichten. Reibungen und Diskussionen fördern und fordern den Menschen, damit er lernt, zu denken, zu reden oder produktiv zu streiten – und dennoch in den vom Anstand geforderten Regeln zu bleiben.

Eine Reihe von Gründen spricht also gegen Höflichkeit und damit gegen Rücksichtnahme im alltäglichen Leben. Allerdings – die richtige Balance ist wichtig. Nehmen wir Taiwan: Taiwan ist noch nicht sehr lange ein demokratischer Staat. Dort werden die wildesten Parlamentssitzungen abgehalten, mit Schlägereien, Verletzten, Beleidigten. Wie die meisten Asiaten sind die Mitglieder dieses Volkes im Alltag an äußere Höflichkeit gebunden. Die Taiwanesen sind es vermutlich nicht gewöhnt, Diskussionen zu führen, und zwar mit schlagkräftigen Argumenten, nicht mit Fäusten. Es fehlt die Erfahrung. Die Persönlichkeit ist, jedenfalls aus westlicher Sicht, nur teilweise entwickelt.

Was kann nun für Höflichkeit angeführt werden?

Höflichkeit kann Toleranz und Frieden in einer von Vorurteilen und Gewalt beherrschten Zeit bedeuten. „Ich möchte nicht dauernd mit meinen Eltern herumstreiten". So klagen Jugendliche. Aus Harmoniebedürfnis stellen sie dann den eigenen Willen zunächst zurück und fügen sich aus Respekt und Achtung vor ihren Eltern. Ein friedlicheres und ruhigeres Zusammenleben wird so gewährleistet. Natürlich sollte das Einlenken nicht zum Normalzustand werden, da sonst ununterbrochen Eigeninteressen aufgegeben werden.

Gleichzeitig fordert uns die Höflichkeit dazu auf, den Anstand in der Gesellschaft zu wahren und die nötige Ordnung aufrechtzuerhalten. Ein Gedankenspiel: Fußgänger nehmen keine Rücksicht mehr aufeinander. Niemand will nachgeben, keiner lässt dem anderen den Vortritt, ältere Personen werden hemmungslos „übergangen". Für die alten Menschen wäre eine wichtige Hilfestellung in ihrem beschwerlichen Leben genommen, wenn sie nicht mehr mit der Aufmerksamkeit ihrer Umwelt rechnen könnten. Sie verdienen es, rücksichtsvoll behandelt zu werden. Unsere Aufgabe sollte es sein, zumindest hier Höflichkeit, Rücksichtnahme und Respekt zu zeigen. Dieser Respekt sorgt dafür, dass soziales Miteinander möglich bleibt. Nur so haben auch körperlich Schwache eine Chance.

Eine Folge davon könnte sein, dass das reine Nutzdenken oder der gnadenlose Materialismus durchbrochen werden kann. Etwas mehr Menschlichkeit für alle wäre das Resultat. Da Höflichkeit auch Verzicht bedeutet, entsteht ein größerer Freiraum für Minderheiten und kontroverse Ansichten – also Toleranz. Gerade das bereits erwähnte Ellbogenprinzip könnte überflüssig oder doch in seinen Auswirkungen gemildert werden, angesichts der herrschenden Zustände natürlich eine utopische Vorstellung. Denn dazu müssten alle Menschen bereit sein.

Einem Jugendlichen kann man also nur raten, beim Thema Höflichkeit den goldenen Mittelweg zu beschreiten. Denn Extreme führen meist zu Problemen, übertriebene Höflichkeit zur Selbstaufgabe, Mangel an Höflichkeit zur Selbstisolation des Einzelkämpfers.

Harmonisches Miteinander muss als erstrebenswerter Zustand gesehen werden. Ohne Höflichkeit würde die Welt in Barbarei versinken. Nach klassischem Ideal könnte man sagen: Die Neigung überwiegt die Pflicht. Höflichkeit sollte zu unserer Neigung werden: maßvoll, intelligent, zivilisiert.

Die Verfasserin bearbeitet das schwierige Thema musterhaft – sowohl inhaltlich wie formal. Sie verwendet eine numerische Gliederung. Die Einleitung bringt einen historischen Einstieg und eine Begriffsdefinition. Außerdem wird vorgeführt, wie nach der Gegenüberstellung von These und Antithese eine Abwägung, die sogenannte Synthese, erfolgt. Danach erst kommt der abrundende Schluss.

K Textgebundene Erörterung

Was muss ich über die textgebundene Erörterung wissen?

- Erörtern im Anschluss an einen Text bedeutet, sich zunächst mit einem Text und seinen Thesen auseinanderzusetzen. Man muss sich also klar werden, welche Behauptungen ein Autor aufstellt. Diese müssen verständlich und sachlich wiedergegeben werden.
- Anschließend gilt es, einen eigenen Standpunkt zu der aufgeworfenen Problemstellung zu gewinnen, ihn zu formulieren und dann in einen größeren Gesamtzusammenhang zu stellen. Dabei darf man den zugrunde liegenden Text nicht aus den Augen verlieren.
- Der Leser bekommt bei dem Unternehmen, zu einer bestimmten Frage eine fundierte Position zu beziehen, eine doppelte Hilfestellung: Er erhält Informationen aus dem Text und erfährt, welche Gedanken sich der Schüler dazu macht.
- Diese Gedanken können zwar persönliche Einschätzungen des Schülers beinhalten, sollten sich aber immer am Sachstil der Erörterung orientieren. Die Behauptungen, die über den Text aufgestellt werden, müssen stets begründet und mit konkreten Beispielen belegt werden.
- Grundsätzlich besteht jede Aufgabe mindestens aus einem Analyse- und einem Erörterungsteil.

So gehst du vor:

- Erfassen des Themas: Welche Aufgaben erfordert die Themenstellung? Welche Schlüsselbegriffe enthält das Thema? Wie lautet die Themafrage?
- Erstellen einer Gliederung: Welche Teile müssen neben Einleitung und Schluss enthalten sein?
- Erarbeitung des Analyseteils:
  - Lesen und Verstehen des Textes: Worum geht es?
  - Festlegung der Kernaussage: Was ist die wichtigste Aussage des Textes?
  - Herausarbeiten der einzelnen Thesen: Welche Positionen bezieht der Autor zu den aufgeworfenen Fragestellungen? Wie stellt er sie sprachlich dar? Welche Stilmittel unterstützen die Aussagen?
  - Finden von Textbelegen: Welche Stellen verdeutlichen die Behauptungen?
  - Schreiben: Wie stelle ich die wesentlichen Gedanken des Textes dar? Wie stelle ich Sinnzusammenhänge her? Wie baue ich die Textbelege geschickt ein?

- Erarbeitung des Erörterungsteils:
  - Sammlung und Ordnung von Ideen: Welche Gesichtspunkte passen zu den Behauptungen des Textes? Welche Punkte lassen sich zusammenfassen?
  - Schreiben: Wie kann ich meine Positionen gegenüber den Thesen des Ursprungstexts verdeutlichen?
- Ideen für Einleitung und Schluss
  - Wie wird das Interesse des Lesers geweckt?
  - Wie rundet man seinen Aufsatz durch einen weiterführenden Gedanken ab?
  - Wie verbindet man Einleitung und Schluss organisch mit dem Hauptteil?

So baust du deinen Aufsatz auf:

- Einleitung: Zitat, Statistik, Begriffserklärung – Hinführung zur Themafrage – Themafrage
- Hauptteil: Formulierung der Themafrage – Analyse des Textes – Darstellung der eigenen Position – Gesamtwürdigung der aufgeworfenen Problematik
- Schluss: Anknüpfung an die Einleitung, Ausblick auf die Zukunft, Anregung, Problemerweiterung

Vorsicht, Falle!

Die sechs häufigsten Fehler, die bei der textgebundenen Erörterung gemacht werden, sind:

- Die zu lösenden Aufgaben werden nicht klar erkannt und der Aufbau mit Analyse- und Erörterungsteil nicht eingehalten.
- Die Argumentationsstruktur des vorgelegten Textes wird nur oberflächlich dargestellt oder gar nicht erkannt.
- Der Bezug zum Thema bleibt nicht gewahrt; die Themafrage wird nicht ausreichend beantwortet.
- In der Gliederung werden die einzelnen Aufgabeblöcke nicht klar voneinander getrennt und die Unterpunkte zu wenig ausgearbeitet.
- In der Ausarbeitung werden die Argumente des Autors nicht vollständig dargestellt und nicht sauber von den eigenen unterschieden.
- Die Sprache ist unsachlich, phrasenhaft oder polemisch; es werden Pauschalurteile statt nachvollziehbaren Begründungen geliefert.

Zeitungskommentar

1 **Erschließen Sie den folgenden Text, indem Sie die Positionen des Autors zusammenfassen und seine Argumentationsweise untersuchen. Entwickeln Sie einen eigenen Standpunkt zum hier angesprochenen Problem und stellen Sie dar, inwieweit Sie dem Autor zustimmen können.**

Der Journalist Jürgen Feldhoff schrieb für den Kulturteil der Lübecker Nachrichten (Ausgabe vom 20./21. April 2003, Seite 36) folgenden Kommentar:

Gedanken über ein verschwindendes Kulturgut
Abgesang auf den Brief
Das Telegramm ist fast ausgestorben, dem Brief wird es bald ebenso ergehen. E-Mail und SMS haben der alten Form der Kommunikation schon erheblich zugesetzt.

Die Post baut Briefkästen ab, weil es zu wenig Briefe gibt. Und wenn man heutzutage Briefe bekommt, dann sind es meistens Rechnungen. Schade ist das. Wer von den Älteren hat nicht noch irgendwo den einen oder anderen Liebesbrief verwahrt? Wer erinnert sich nicht mit Wehmut an die bange Erwartung, mit der man den Brief des/der Angebeteten öffnete? Oder gar, wie man dem Postboten entgegeneilte, um das Schreiben des/der Geliebten Sekunden oder Minuten eher in der Hand zu halten? Diese Zeiten sind dahin, leider. Heute klingelt das Telefon, ein Blatt fällt aus dem Fax oder der Computer verkündet quäkend den Eingang einer E-Mail, ganz zu schweigen vom Desperanto, in dem SMS-Nachrichten verfasst werden. Briefe womöglich mit der Hand zu schreiben, gehört zu den aussterbenden Kulturfähigkeiten.

Und ein Kulturgut ist der Brief allemal. Man denke etwa an den Briefwechsel zwischen Karl Marx und Friedrich Engels. Beide waren geradezu manische Schreiber, in der Gesamtausgabe füllen allein die Briefe zwischen dem Januar 1858 und dem August 1859 mehr als 1700 Seiten. Oder der Briefwechsel des wackeren Meldorfer Landvogtes Heinrich Christian Boie und seiner späteren Ehefrau Luise Mejer aus den Jahren 1777 bis 1785. Einen Band mit fünfhundert Seiten füllen die Mitteilungen der Liebenden. Banalitäten und Begegnungen mit Größen der literarischen Welt stehen nebeneinander, nichts war es nicht wert, per Brief mitgeteilt zu werden. Heinrich Christian und Luise lebten nicht nur in verschiedenen Städten, sie lebten in zwei Welten: der Realität und der Welt des geschriebenen Brief-Wortes. Von reinster Seligkeit bis zu größter ▸▸

Sehnsucht reicht der Bogen der Herzergießungen – man lebte schließlich in der Epoche der Empfindsamkeit. Und die war die Hochzeit der Briefe schlechthin. (...) Man schrieb und schrieb, als hätte man nichts anderes zu tun gehabt, der Brief wurde in jener Zeit zur literarischen Kunstform. Und deshalb entstand der Briefroman, Goethes „Werther“ ist das berühmteste Beispiel der deutschen Literatur. (...)

Dahin sind die Zeiten. Und waren das nicht schöne Zeiten? Natürlich musste man die Handschrift ein wenig regulieren, um sich verständlich machen zu können, aber der Brief bot auch die ganz großen Chancen. Einem Brief kann nicht direkt widersprochen werden – und man getraut sich wohl auch, Dinge zu schreiben, die man aus Schüchternheit nie gesagt hätte. Wenn der Antwort-Brief dann ein wenig nach Parfüm duftete, dann schlug das Herz höher, aus bangem Warten wurde pures Glück – oder auch nicht.

Herzergießungen per E-Mail haben ungefähr den Reiz von in Acryl gegossenen Blüten, die duften auch nicht mehr. Und obwohl durch die Handy-Mitteilungen eine neue Sprachform entsteht, geht auch der letzte Rest von Romantik flöten. An der Sprache kann man viel erkennen – in unseren durch Technik dominierten Zeiten allemal.

Schreiben wir also weiter so viele Briefe wie möglich, damit diese Kunst nicht ganz in Vergessenheit gerät. Schreiben wir über Freude und Freunde, auch über Sorgen und Nöte. Schreiben wir – der Brief als solcher hat es verdient.

Beispiel 1

A Kostenloser SMS-Sonntag

B Kommentar von Jürgen Feldhoff „Gedanken über ein verschwinden des Kulturgut“ und eigene Stellungnahme

- I. Positionen Feldhoffs
  1. Aussterben der Briefe
  2. Briefe als Kulturgut
  3. Darstellung von Emotionen durch Briefe
  4. Vergleich von Brief und E-Mail
  5. Analyse der Argumentation
- II. Eigene Positionen
- III. Gesamtwürdigung der Aussagen des Textes

C Erfolge der Brieffreunde-Vermittlung „Letternet“

Erst vor einigen Tagen konnte man feststellen, wie SMS-süchtig die Deutschen eigentlich sind. Wegen eines technischen Problems, das zu längerem Netzausfall führte, versprach der Anbieter nach der Panne einen kostenlosen SMS-Sonntag, der letzthin tatsächlich eingelöst wurde. Die Mehrzahl aller Kunden nutzte dieses Angebot, und so kam es zu einer Netzüberlastung, wie sie sonst nur an Weihnachten oder Silvester beobachtet werden kann.

Doch wäre nicht das Schreiben von Briefen viel persönlicher und liebevoller als eine technische Kurzmitteilung? Genau auf diese Fragestellung spielt der Kommentar „Gedanken über ein verschwindendes Kulturgut" von Jürgen Feldhoff an, der im Folgenden zusammenfasst und danach kritisch gewürdigt wird.

Am Anfang des Textes beklagt sich Feldhoff, dass die meisten Briefe, die man heutzutage noch bekomme, Rechnungen seien (vgl. Zeile 1f.). Außerdem findet er es schade, dass durch die schnelleren technischen Medien die große Erwartung verloren gehe, die man spüren würde, wenn man einen Brief des Geliebten bekäme (vgl. Zeile 4-7). Es sei der Verlust eines Kulturgutes zu verzeichnen, schreibt Feldhoff, und weist auf bekannte Persönlichkeiten hin, die berühmte Briefwechsel geführt haben, so zum Beispiel Karl Marx und Friedrich Engels (vgl. Zeile 12-15). Als zweites Beispiel bringt der Journalist einen 500 Seiten umfassenden Briefwechsel eines getrennten Liebespaares aus dem 18. Jahrhundert, das es auf diese Weise schaffte, den geliebten Menschen am eigenen Leben teilhaben zu lassen. Von diesem Beispiel ausgehend wird im Artikel die Emotionalität der Briefe in der damaligen Zeit beschrieben, die ihren Höhepunkt im Briefroman „Die Leiden des jungen Werthers" von Goethe fand.

Unter anderem stellt Feldhoff dar, welche Vorteile die Übermittlung von Gefühlen per Brief bietet; so hätten auch Schüchterne die Möglichkeit, sich auszudrücken. Selbst das Warten auf Antwort wird positiv gesehen: „Wenn der Antwort-Brief dann ein wenig nach Parfüm duftete, dann schlug das Herz höher (...)" (Zeile 33ff.). Anschließend wird der Reiz einer E-Mail mit dem Charme einer Plastikblume (vgl. Zeile 36f.) verglichen und behauptet, dass durch die neue Sprachform von Handy und Internet die „Romantik flöten" (Zeile 39) gehe. Am Ende ruft Feldhoff die Leser direkt auf, mehr Briefe zu schreiben, da der Brief es verdient habe, zu überleben (vgl. Zeile 41ff.).

Zur Argumentation lässt sich sagen, dass der Autor eindeutig parteiisch ist und dies auch durch seinen Schreibstil deutlich macht: Er verwendet rhetorische Fragen, wie zum Beispiel: „Und waren das nicht schöne Zeiten?" (Zeile 29). Damit wird dem Leser gleich suggeriert, dass die alten Kommunikationswege besser waren. Dazu kommen Gegenüberstellungen und Vergleiche zu den Bereichen Brief – moderne Medien (vgl. Zeile 36-40). Besonders anschaulich ist der Vergleich einer E-Mail mit „in Acryl gegossenen Blüten" (Zeile 36f.).

An den Schluss setzt Feldhoff einen direkten Appell und ermutigt die Leser, wieder Briefe zu verfassen.

Die erste Behauptung des Autors, dass immer weniger Briefe geschrieben werden, überrascht nicht. Im Zeitalter der schnellen Medien verzichtet man lieber auf den langen und vergleichsweise langsamen Weg des Briefes und schreibt lieber eine E-Mail, die schon beim Klicken des „Senden"-Buttons im Postfach des Empfängers landet. Doch sollte man differenzieren zwischen den verschiedenen Absichten, mit denen eine E-Mail verschickt wird. Bekommt man elektronische Post aus der Karibik, würde man sich doch eher über eine verspätete Postkarte freuen, die man nicht virtuell in einen Ordner steckt, sondern ganz real an eine Pinnwand hängen kann.

Die Darstellung des Briefes als aussterbendes Kulturgut ist allerdings etwas übertrieben. Zu den angeführten Beispielen der berühmten Briefwechsel und -romane lässt sich sagen, dass es inzwischen zahlreiche E-Mail-Romane gibt, die in einer künftigen Welt ebenfalls berühmt werden könnten.

Der Aussage, dass Briefe persönlicher und emotionaler seien als E-Mails, ist zuzustimmen. Das Schöne an einem Brief ist, dass man ihn in den Händen halten und mit Sicherheit sagen kann, dass auch der Verfasser ihn berührt hat. Dies lässt eine viel emotionalere Bindung als ein bloßer Text auf dem Bildschirm zu. Auch das Schriftbild und die Mühe, mit der ein Brief geschrieben wurde, sind bei elektronischer Post nicht erkennbar.

Der Vergleich einer Mail mit einer Plastikblume ist hier sehr treffend, wobei jedoch auch einmal die Vorteile von E-Mails gesehen werden müssen: Diese identifiziert man hauptsächlich mit Schnelligkeit.

Abschließend kann man sagen, dass es natürlich schade ist, dass Briefe aussterben, wobei ich persönlich dann doch zugeben muss, in manchen Fällen lieber das Telefon oder das Internet zu nutzen. Für eine Verabredung mit einer Freundin rufe ich selbstverständlich an. Lege ich Wert auf eine schnelle Zustellung, ziehe ich E-Mails vor. Die meisten Funktionen, die der Brief früher hatte, sind heute zumeist durch modernere und schnellere Medien besetzt. In der heutigen Zeit ist das Briefeschreiben eine reine Freizeitbeschäftigung, während es früher teilweise der einzige Weg war, Informationen zu übermitteln.

Um die Klage Feldhoffs, dass das Briefeschreiben aussterbe, etwas zu entkräften, sei die Brieffreunde-Vermittlung „Letternet" erwähnt. Diese animiert gezielt Jugendliche, mehr zu schreiben, indem sie Brieffreunde auf der ganzen Welt zusammenbringt – mit Erfolg. Vielleicht kommt das Briefeschreiben doch wieder in Mode.

Die Schülerin erfasst den Inhalt des Textes recht genau; es gelingt ihr, auch die wesentlichen sprachlichen Mittel zu erkennen. Engagiert und kenntnisreich stellt sie ihre eigene Position dar und kann besonders durch konkrete Beispiele überzeugen, die aus der Erlebniswelt einer Jugendlichen stammen. Allerdings muss die Gliederung im Punkt „Eigene Positionen" untergliedert, inhaltlich gefüllt und so differenziert werden.

Beispiel 2

A Aussterbende Briefe
B Kommentar von Jürgen Feldhoff: „Gedanken über ein verschwindendes Kulturgut" und eigene Stellungnahme dazu
- I. Positionen Feldhoffs
  1. Aussterben des Briefeschreibens
  2. Bedeutung von Briefen in der Vergangenheit
  3. Moderne Medien als unzureichender Ersatz von Briefen
  4. Analyse der Argumentationsweise
- II. Eigene Positionen
  1. Aussterben des Briefeschreibens
  2. Bedeutung von Briefen in der Vergangenheit
  3. Moderne Medien als Ersatzmöglichkeit von Briefen
- III. Vereinbarkeit von alten und neuen Kommunikationsmöglichkeiten

C Gefahren der neuen Medien

Häufig wird von der „Handymanie" der heutigen Jugend, die über Mobiltelefone und Internet kommuniziert, berichtet. Der Journalist Jürgen Feldhoff beleuchtet dieses Thema im Kulturteil der „Lübecker Nachrichten" vom 20./21. April 2003 von einer anderen Seite. In seinem Artikel „Gedanken über ein verschwindendes Kulturgut" schreibt er über das Aussterben der Briefe. Im Folgenden wird zu diesem Kommentar kritisch Stellung genommen.

Feldhoff ist der Meinung, die Kulturtechnik des Briefeschreibens sei in der heutigen Zeit vom Aussterben bedroht (vgl. Zeile 10f.). Dies belegt er anhand der Tatsache, dass die Post immer mehr Briefkästen entfernt, da es tatsächlich zu wenig Verwendung für sie gibt. In Briefform würden nur noch Rechnungen versendet (vgl. Zeile 1f.).

Ein wichtiger Gesichtspunkt ist für Feldhoff die große Bedeutung, die der Brief in der Vergangenheit hatte. Hierbei erwähnt er die Situation zweier verliebter Menschen, die sich gegenseitig Briefe schreiben. Man sei dem Postboten sogar entgegengeeilt, „um das Schreiben des (...) Geliebten Sekunden oder Minuten eher in der Hand zu halten" (Zeile 6f.). Diese Vorfreude existiere bei den neuen Kommunikationsmitteln nicht mehr, wenn zum Beispiel einfach nur das Telefon klingle. Als Beispiel führt er neben dem romantischen Brief auch den Briefwechsel zwischen Marx und Engels an, welcher mehr als 1700 Seiten in eineinhalb Jahren umfasste. Besondere Erwähnung findet auch Goethes „Werther", ein Briefroman, welcher sich im 18. Jahrhundert in der Literatur durchsetzte.

Als letztes Argument führt Feldhoff an, dass es in den heutigen Medien keine Möglichkeit gebe, den Brief zu ersetzen. Er schreibt, die Hoffnungen und Gefühle, die durch einen handgeschriebenen Brief übermittelt werden können, gingen bei E-Mails und Handymitteilungen einfach verloren (vgl. Zeile 36-40). So werde seiner Meinung nach der Parfumduft alter Briefe durch eine neue, unromantische Handysprache verdrängt. Daher appelliert er am Ende seines Kommentars an den Leser, wieder mehr Briefe zu schreiben (vgl. Zeile 41ff.).

Die Argumentation Feldhoffs ist speziell an ältere Menschen gerichtet, welche seine Meinung eher teilen als die meisten jungen Menschen. Dies wird besonders am Ende durch den Ausruf deutlich: „Schreiben wir also weiter so viele Briefe wie möglich" (Zeile 41). Hier scheint er sich selbst zu meinen. Außerdem wendet er sich oft durch rhetorische Fragen an den Leser und versucht, ihm Erinnerungen an briefreiche Zeiten ins Gedächtnis zu rufen.

Auch ich bin der Meinung, dass das Briefeschreiben seine beste Zeit hinter sich hat und an Bedeutung verliert. Dies hängt mit dem relativ großen Aufwand zusammen, einen Brief zu schreiben. Verglichen mit einer E-Mail oder einem Telefongespräch können Briefe kaum mithalten, da sie zum einen meist mehr kosten und zum anderen die Zeit zwischen Verfassen und Lesen der Nachricht viel größer ist als bei neuen Medien.

Zur großen Bedeutung der Briefe in der Vergangenheit lässt sich sagen, dass dies wahrscheinlich einen praktischen Hintergrund hatte: Schließlich gab es damals kaum Möglichkeiten, Nachrichten an weiter entfernte Personen zu überbringen. So ist es keine große Überraschung, wenn „Ferngespräche" über Hunderte von geschriebenen Briefen geführt wurden. Gäbe es jemanden, der heutzutage die Telefonate zwischen guten Freunden mitschreiben würde, so käme er sicherlich auch auf über tausend Seiten, so wie es bei Marx und Engels der Fall war.

Weiterhin bin ich der Meinung, dass man die handgeschriebenen Briefe durch moderne Möglichkeiten ersetzen kann. Sicher kann man mit Chat-Nachrichten und E-Mails keinen Duft versenden, aber es gibt viele Möglichkeiten, seine Gedanken und Gefühle durch Emoticons auszudrücken. Dass der heutigen Jugend die Briefe nicht fehlen, kann man also gut verstehen. Sie werden eben durch neuere, zeitgemäße Mittel wie SMS ersetzt. Dies belegt eine Statistik des Technikverbandes „Bitkom“, die besagt, dass im vergangenen Jahr in Deutschland über 29 Milliarden SMS verschickt wurden.

Zusammenfassend lässt sich sagen, dass eine gesunde Mischung aus alten und neuen Kommunikationsmitteln eine sinnvolle Lösung wäre. So kann man die Kultur des Briefeschreibens zum Beispiel durch das Führen einer Brieffreundschaft aufrechterhalten und zum anderen die Vorteile der schnellen Übertragung von Informationen nutzen. Es ist jedoch wenig sinnvoll, sich auf nur einen Weg zu versteifen, was auch Aristoteles schon vor Hunderten von Jahren riet, als er sagte, man solle sich von Extremen fernhalten.

Abschließend sollen noch die Gefahren mancher neuer Kommunikationsmittel erwähnt werden. Als Beispiel seien hier die vielen Freundschaftsnetzwerke wie „myspace“ genannt, in denen man oft ungewollt riesige Mengen an Informationen über sich selbst für die ganze Welt zur Schau stellt, was beim Versenden von Briefen dank des Postgeheimnisses natürlich nicht passieren kann.

Der Verfasser wählt eine streng formalistische Vorgehensweise, was bereits an der Gliederung sichtbar ist. Dies ist ein sicherer, wenn auch wenig kreativer Weg, die Aufgabenstellung abzuarbeiten. Er geht sehr stark von seiner eigenen sachlich-nüchternen Sicht der Dinge aus und unterstellt dem Autor daher, nur ältere Menschen ansprechen zu wollen. Sprachlich zeigt sich dies in der Verwendung der 1. Person Singular, was eigentlich unwissenschaftlich ist und nur sehr begrenzt, beispielsweise im Schluss, eingesetzt werden sollte.

Positiv ist, dass die analytischen Fähigkeiten des Schülers zu einer sehr überzeugenden Darstellung des Textinhalts führen. Auch zeugen die Beispiele von Sachkompetenz.

Auszug aus einem Sachbuch

2 **Erschließen Sie den folgenden Text, indem Sie die Positionen der Autoren zusammenfassen und ihre Argumentationsweise untersuchen. Entwickeln Sie einen eigenen Standpunkt zum hier angesprochenen Thema und stellen Sie dar, inwieweit Sie den Autoren zustimmen können.**

Die Autoren Stefan Bonner und Anne Weiss erforschten Jugendkulturen und brachten 2008 ein Buch mit dem Titel „Generation Doof" heraus, aus dem der folgende Text stammt. Thema des Buches ist die heutige Jugend, zu der sie sich auch selbst zählen.

Forever Young – Warum wir in Fantasiewelten flüchten

Für sie ist es nur ein kleiner Schritt, für ihn ist es das große Geld. Shawn Gold, Marketingchef von myspace, weiß, was die User auf seine Webseite lockt: „Sie wollen sich selbst ausdrücken, sie wollen mit Freunden in Verbindung treten und sie wollen ihre Popkultur ausleben." Sich selbst darstellen und Fun haben, das ist die Botschaft von myspace. So werden wir wenigstens ein bisschen berühmt.

Fun können wir ohne größere Probleme stundenlang und beinahe gratis im Internet haben: Hier finden wir jede Menge Spielkameraden, mit denen wir als Rollenspieler, Auktionator oder Chat-Partner in Kontakt treten können. Sie reagieren auf das, was wir tun: lassen sich über unsere Videoclips und Fotos aus, schicken uns Post auf unseren E-Mail-Account und scharen sich beim Rollenspiel um unseren Avatar, unser virtuelles Alter Ego, das wir mit den äußerlichen Merkmalen und Fähigkeiten ausstatten können, nach denen es uns gelüstet. Wer braucht heute noch Gentechnik?

Doch so viel Beachtung im Netz bekommt die Generation Doof nicht. Wolfgang Bergmann vom Institut für Kinderpsychologie und Lerntherapie in Hannover hat in unserer Altersgruppe einen neuen Persönlichkeitstyp ausgemacht, „einen sich ständig in den Vordergrund drängenden, unaufhörlich um ein bildungsleeres Selbst kreisenden, liebeshungrigen und emotional verarmten Charakter". Demnach ist die Generation Doof doch kein Heer verkannter Superstars, die noch entdeckt werden wollen, sondern lediglich eine verzogene Meute, die ständig um sich selbst kreist und vom Leben nur Spiel, Spaß und Spannung erwartet. Zum Glück gibt es ja mittlerweile genügend virtuelle Ersatzwelten, in denen man sich keine unflätigen Kommentare zur eigenen Unfähigkeit oder zum Rettungsring unter dem bauchfreien Shirt anhören muss.

„Das Wichtigste ist doch, dass das Leben Spaß macht", sagen wir und verziehen uns in ein anonymes Reich von Gleichgesinnten. Dort tätscheln wir uns gegenseitig das Ego, spielen miteinander wie in guten alten Tagen und blenden die graue Lebenswirklichkeit aus.

Wer zur Generation Doof gehört, spielt mit Begeisterung. Immerhin haben wir früh gelernt, dass das ganze Leben ein Quiz ist, dass das Spiel des Lebens uns immer zu einer großen Villa führt, dass wir Menschen uns nicht ärgern sollen, und dass das Wir gewinnt. Nachmittags nach der Schule, zwischen den Vorlesungen an der Uni oder abends nach der Arbeit noch eine schnelle Nummer *Singstar* auf der Playstation oder eine Runde auf der Nordschleife mit dem Rennsimulator – so stellen wir uns unsere Freizeit vor. Dass wir dabei in virtuellen Welten gefangen sind, wen stört´s?

Ging es früher beim Brettspiel eher um den geselligen Zeitvertreib mit Freunden und Familie, so sind Videospiele für die Generation Doof mittlerweile zu einer Art Doppelexistenz geworden. Die Flucht aufs elektronische Terrain gleicht einer neuen Völkerwanderung. Weltweit haben die Hersteller von Spielen und dem nötigen Zubehör in den vergangenen Jahren rund einunddreißig Milliarden Dollar verdient. Da werden selbst Traumfabrikanten aus Hollywood neidisch.

Second Life, das derzeit wohl bekannteste Online-Spiel, schaffte es in kürzester Zeit auf über sieben Millionen Benutzer, auch wenn viele ihre Spielfigur früher oder später vernachlässigen und einfach in der virtuellen Landschaft herumdümpeln lassen. Der Erfolg hat damit zu tun, dass *Second Life* eher eine Lebenssimulation in einer Parallelwelt ist als ein Spiel: Es gibt keine Handlung und kein vorgeschriebenes Ziel. Es scheint die große Chance zu sein, auf die wir alle gewartet haben: noch einmal neu anzufangen. Wir können das sein, was wir immer schon sein wollten, und die Trugwelt verschafft uns alles, was wir begehren: Freunde, Erfolg und sogar Liebe.

Eine ganze Generation hat die Vorteile solcher Macht für sich entdeckt: In Strategiespielen wie *Civilization* oder *Anno 1701* kann man über ein Weltreich herrschen, selbst wenn man zu Hause in Neukölln keinen Ausbildungsplatz findet.

Die virtuelle Welt ist auch deswegen so praktisch, weil es Cheats gibt: Schummeltricks, mit denen man weiterkommt, wenn sich Probleme auftun und wir keine Lust haben, es noch mal von Neuem zu probieren, so wie wir das im richtigen Leben tun müssten, wenn wir etwas erreichen wollen. In der wirklichen Welt sieht man schnell alt aus, wenn´s mit den Noten nicht so richtig klappen will oder wenn wir um eine Gehaltserhöhung kämpfen müssen. Da übt man sich lieber in der Vogel-Strauß-Taktik und steckt den Kopf in den Silizium-Sand. Wer so viel Realitätsflucht albern, infantil und lebensfern findet, könnte damit durchaus recht haben, aber die Generation Doof findet´s einfach geil.

Beispiel 1

A Rückzug der Jugend aus dem Gesellschaftsleben
B Untersuchung eines Textes aus dem Buch „Generation Doof" zur Flucht von Jugendlichen in Fantasiewelten
  I. Textzusammenfassung
    1. Erfolg von Internetportalen
    2. Generation Doof – die neue Jugend
      a) Persönlichkeitsveränderungen
      b) Flucht in virtuelle Ersatzwelten
    3. Häufige Nutzung von elektronischen Medien
      a) Anstieg der Nutzerzahlen von Online-Spiele
      b) Entstehung von Parallelwelten
    4. Tricks zur Lösung von Problemen in der virtuellen Welt
  II. Gestaltung des Textes
    1. Verwendung von rhetorischen Fragen
    2. Expertenmeinungen zur Untermauerung der eigenen Meinung
    3. Abwechslung durch Beispiele
  III. Diskussion des Textes
    1. Bezeichnung „Generation Doof" als unzulässige Verallgemeinerung
    2. Verfall gesellschaftlichen Lebens durch die modernen Medien
C Forderung nach mehr Aufklärung über die Risiken des Internets

Immer häufiger lässt sich feststellen, dass eine wachsende Anzahl von Jugendlichen nicht mehr am alltäglichen gesellschaftlichen Leben teilnimmt, sondern sich in die von Internet und modernen Medien geschaffenen Fantasiewelten zurückzieht. Auch die Autoren Stefan Bonner und Anne Weiss haben sich mit der heutigen Jugendkultur befasst und ein Buch mit dem Titel „Generation Doof" herausgebracht. Daraus soll das Kapitel „Forever Young – Warum wir in Fantasiewelten flüchten" analysiert und diskutiert werden.

Die Autoren sprechen zunächst das wohl meistgenutzte Internetportal „myspace" an. Dessen Marketingchef behauptet zu wissen, was die

Jugendlichen heutzutage wollen. Sie wollen „sich selbst ausdrücken", „mit Freunden in Verbindung treten" (Zeile 3). Am meisten drehe es sich jedoch darum, „Fun" zu haben (Zeile 4). Da dort alles um sich selbst kreise, seien in einem Rollenspiel oder in einem Chat die Bedürfnisse der Jugendlichen weitgehend abgedeckt (vgl. Zeile 7-13).

Die Generation Doof, wie die Autoren die heutige Jugend nennen, sei durch die Nutzung des Internets aber auch gefährdet. So behauptet Wolfgang Bergmann vom Institut für Kinderpsychologie und Lerntherapie in Hannover, dass die Netzwerke einen neuen Persönlichkeitstypus ausbilden. Es habe sich ein „(…) ständig in den Vordergrund drängende(r), unaufhörlich um ein bildungsleeres Selbst kreisende(r), liebeshungrige(r) und emotional verarmte(r) Charakter" gebildet (Zeile 16ff.). Die Jugend von heute sei verzogen und erwarte vom Leben nur „Spiel, Spaß und Spannung" (Zeile 21). Dies habe zur Folge, dass sich immer mehr Jugendliche in Ersatzwelten flüchten, in denen man sich „keine Kommentare zur eigenen Unfähigkeit" (Zeile 23) anhören müsse.

Ein weiterer Punkt in der Argumentation ist, dass die neue Generation mit Begeisterung spiele. Hierbei lasse sich ein deutlicher Wandel in den Spielgewohnheiten der jungen Leute feststellen. Das Internet würde fast nur noch für Online-Spiele verwendet. So verwundert es nicht, dass die Hersteller solcher Spiele und des nötigen Zubehörs in den vergangenen Jahren rund 31 Milliarden Dollar verdient hätten (vgl. Zeile 40ff.). Durch Spiele wie „Second Life", das in kürzester Zeit sieben Millionen Nutzer erreicht hat (vgl. Zeile 44f.), werde eine zunehmende Flucht in Parallelwelten ermöglicht, da dort die Bedürfnisse des Menschen nach „Freunde(n), Erfolg und sogar Liebe" (Zeile 52) erfüllt würden.

Bedenklich ist, dass in den Online-Spielen sogenannte „Cheats" (Z. 57) verwendet werden, die es dem Spieler ermöglichen, weiterzukommen, auch wenn sich Probleme ergeben und man „keine Lust ha(t), es noch mal von Neuem zu probieren, so wie (man) das im richtigen Leben tun müsste (…)" (Zeile 59f.). So werde es den Jugendlichen sehr leicht gemacht, sich ihren realen Problemen zu entziehen.

Zur Gestaltung des Textes lässt sich sagen, dass die Autoren häufig und geschickt rhetorische Fragen einsetzen, denn dadurch wird der Leser direkt angesprochen und in die Diskussion einbezogen (vgl. zum Beispiel Zeile 13 und Zeile 36). In diesem Zusammenhang fällt auch die Verwendung der 1. Person Plural zur Herstellung eines Wir-Gefühls auf. Das Besondere dabei ist, dass sich die beiden Autoren also selbst auch als doof bezeichnen, was höchst ironisch ist, da sie ja den Text geschrieben und somit das Problem vorher untersucht haben.

Die Autoren argumentieren nicht nur aus ihrer Sicht, sondern untermauern ihre Meinungen mit Zitaten von Experten (vgl. zum Beispiel Zeile 16ff.). Außerdem wird durch die Nennung von Spielenamen und Internetportalen das ganze Kapitel abwechslungsreich und konkret gestaltet. Der Leser weiß sofort, worum es geht.

Die Autoren sprechen in diesem Kapitel ihres Buches ein besonders wichtiges Thema an, das uns Jugendliche durchaus interessiert. Jedoch sollte man mit dem Begriff „Generation Doof" nicht die gesamte Jugend von heute abwerten. Es gibt schließlich auch junge Leute, die kein Interesse an Internetportalen haben und sich von modernen Medien eher distanzieren, da sie zum Beispiel ihre Freunde in der Nachbarschaft haben und ohne die Nutzung von Chat-Rooms Zeit miteinander verbringen können.

Allerdings muss auch die Frage gestellt werden, warum sich die Jugendlichen immer mehr aus dem alltäglichen, sozialen Leben zurückziehen. Vielleicht kann dieses Phänomen auch an den Eltern liegen, die sich nicht gut genug um ihre Kinder kümmern. Die Jugendlichen fühlen sich einfach nicht mehr genügend wahrgenommen. Dies lässt sich mit einem allgemeinen Verfall gesellschaftlicher Werte begründen: Wenn sich jeder nur hinter seinen Computer zurückzieht, kann kein Dialog zwischen den Generationen stattfinden. Man müsste nur den Computer ausgeschaltet lassen und stattdessen wieder einmal gemeinsam zu Abend essen.

Zusammenfassend lässt sich also sagen, dass es den beiden Autoren durch ihre interessante Darstellung gelungen ist, den Leser auf die zunehmende Veränderung von Jugendlichen hin zu „Computernarren" aufmerksam zu machen.

Für die Zukunft wäre es meiner Meinung nach wünschenswert, die Jugendlichen verstärkt über die Risiken des Internets zu informieren, denn nur so kann gewährleistet werden, dass sie vernünftig und verantwortungsvoll mit modernen Medien umgehen.

☺ ☺ ☺

Die Arbeit weist eine differenzierte Gliederung auf, der Text ist gut wiedergegeben, Zitate werden recht geschickt eingebaut. Die Darstellung der eigenen Position lässt einen fundierten Überblick über die angesprochene Problematik erkennen. Auch sprachlich überzeugt die Arbeit, da sie flüssig geschrieben und gut lesbar ist.

Beispiel 2

A Amokläufe im Zusammenhang mit Computerspielen
B Auszug aus „Generation Doof" von Stefan Bonner und Anne Weiss
   I. Darstellung der Positionen der Autoren
      1. Streben nach Spaß im Internet
      2. Drängen in den Vordergrund
         a) Zitat von Wolfgang Bergmann
         b) Folgerung der Autoren
      3. Doppelexistenz
         a) Nutzung von Computerspielen
         b) Beispiel „Second Life"
      4. Analyse der Argumentationstechnik
   II. Eigene Positionen
      1. Streben nach Spaß im Internet
      2. Drängen in den Vordergrund
         a) Beziehungsstärkung durch Chatten
         b) Ausgrenzung wegen Computerspielen
      3. Doppelexistenz
         a) Vernachlässigung von Spielfiguren
         b) Spielsucht
         c) Vorteile durch Cheats
   III. Weder Fantasiewelt noch totale Ablehnung
C Gefahr durch Handys

Bei allen Amokläufen in Deutschland spielten bei den jugendlichen Tätern gewaltbetonte Computerspiele eine Rolle. Aber nicht nur Amokläufer flüchten sich in virtuelle Welten, man kann auch bei vielen unauffälligen, sogenannten „normalen" Jugendlichen eine Tendenz zur Flucht in Fantasiewelten feststellen.

Warum ist das so? Mit dieser Frage beschäftigt sich der Auszug „Forever Young – Warum wir uns in Fantasiewelten flüchten" aus dem Buch „Generation Doof" von Stefan Bonner und Anne Weiss.
Dieser Text wird im Folgenden auf die Positionen und die Argumentationsweise der Autoren hin untersucht und dazu kritisch Stellung genommen.

Zunächst wird behauptet, dass die „Generation Doof" beständig nach Spaß strebe. Diesen könne man „stundenlang und beinahe gratis im Internet haben". Als Beispiele werden Online-Spiele, virtuelle Auktionen und Chatrooms genannt.

Ferner vertreten die Autoren die Meinung, die Jugendlichen würden nur um sich selbst kreisen. Es wird ein Zitat von Wolfgang Bergmann angeführt, der meint, die Jugend wolle alle Aufmerksamkeit auf sich ziehen, sie kreise um sich selbst, sei hungrig nach Liebe und hätte einen emotional verarmten Charakter. Die Autoren folgern daraus, dass die jungen Leute eine „verzogene Meute" und nur auf „Spiel, Spaß und Spannung" aus seien. Dies könne zur Genüge in virtuellen Ersatzwelten erlangt werden.

Außerdem wird behauptet, dass Jugendliche eine Art Doppelexistenz führen. Dies wird damit belegt, dass Computerspiele immer häufiger genutzt werden, was dadurch deutlich werde, dass Hersteller von Spielen in den letzten Jahren etwa 31 Milliarden Dollar verdient haben. Als Beispiel wird das Internetspiel „Second Life" genannt, das weniger ein Spiel als eine „Lebenssimulation in einer Parallelwelt" (Zeile 48) sei, bei der man sich nicht groß anstrengen müsse, sondern gegebenenfalls neu anfangen könne. Zudem könne man in Strategiespielen über ein Weltreich regieren, während man im echten Leben versage. Es gebe außerdem Schummeltricks, wenn man nicht weiterkomme, die im echten Leben nicht zur Verfügung stünden.

Zur Argumentationsweise ist zu sagen, dass zwar viele Behauptungen aufgestellt, aber nicht alle mit Argumenten und Beispielen versehen werden: „Das Wichtigste ist doch, dass das Leben Spaß macht" (Zeile 25). Die verwendeten Beispiele, wie etwa die Namen der Spiele, können überzeugen. Außerdem ist überzeugend, dass die Autoren selbst aus der kritisierten Generation kommen, weshalb sie genau wissen, wovon sie sprechen. Hier fällt besonders die Ironie auf, mit der die Autoren die Probleme darstellen, was den Text recht lustig macht.

Trotzdem lässt sich bei genauerer Betrachtung der Behauptungen feststellen, dass man nicht überall zustimmen kann. So ist zur ersten These zu sagen, dass es zwar richtig ist, dass viele Jugendliche hauptsächlich nach Spaß streben, aber dass das nur im Internet geschehe, stimmt nicht. Oft macht man Unternehmungen mit Freunden außerhalb der modernen Medien; beispielsweise sind Radtouren und Zeltlager, wie sie unter anderem kirchliche Organisationen auch heute noch anbieten, sehr beliebt. Wer sich also unabhängig vom Computer amüsieren will, kann das tun.

Auch der nächsten These kann man nur teilweise zustimmen. Nur die wenigsten Jugendlichen kreisen ausschließlich um sich selbst, und durch die Möglichkeit zu chatten werden Beziehungen auch gestärkt. Denn zum Reden gehören immer zwei. Wer natürlich im realen Leben egoistisch und lieblos ist und wenig Emotionen hat, wird sich im virtuellen Leben am Computer ebenso verhalten. In diesem Punkt behält der Text wohl Recht.

Dass die Jugend eine verzogene Meute sei, ist teilweise zutreffend. Oft unterhalten sich Mitschüler ausschließlich über ein bestimmtes Computerspiel, wodurch andere ausgegrenzt werden, die nicht mitspielen.

Die These einer Doppelexistenz von Jugendlichen kann man nur teilweise vertreten. Es gibt zwar tatsächlich Menschen, die ganz in Spielen wie „Second Life" aufgehen, aber eine Verallgemeinerung ist unzulässig. Selbst wo die Spielteilnehmer zunächst ganz in ihrer zweiten Existenz aufgehen, spricht der Text davon, dass viele Spielfiguren nach einer gewissen Zeit vernachlässigt werden, was auch zeigt, dass die meisten Menschen ohne diese Doppelexistenz klarkommen. Ich habe es allerdings schon erlebt, dass einige meiner Freunde spielsüchtig wurden, wobei ein wesentlicher Grund darin bestand, dass die sogenannten „Cheats" wirklich reizvoll sind und man mit ihnen weiterkommen kann.

Meiner Meinung nach stimmt es zwar teilweise, dass Jugendliche sich in Fantasiewelten flüchten, aber es gibt auch genügend Leute, die von dieser Gefahr nicht betroffen sind. Ich würde sagen, dass man die neuen Medien und das Internet nicht prinzipiell als schlecht einstufen sollte, denn es gibt ja auch entscheidende Vorteile. Wie so oft ist auch hier der Mittelweg der beste.

Ein ähnliches Gefahrenpotenzial wie das Internet können Handys darstellen, was den Bischof von Modena dazu veranlasste, dieses Jahr von der Jugend ein SMS-Fasten zu verlangen. Damit könne ein echter Verzicht moderner Medien geübt werden. Denn dass Jugendliche von ihren Handys abhängig sind, zeigt ihr hoher Grad an Verschuldung.

Der Verfasser liefert eine sehr genaue Textzusammenfassung und geht auch bei der Auseinandersetzung mit den Behauptungen der Autoren differenziert auf diese ein. Dabei zeigt er eine hohe Sachkenntnis.

Allerdings sind seine Zitate nur selten belegt, oft fehlen die Zeilenangaben. Die Gliederung ist größtenteils unverständlich, da man sich unter den Überpunkten nichts vorstellen und diese den einzelnen Teilen der Ausarbeitung nicht zuordnen kann.

Quellenangaben

Seite 23: Peter Weiss, Das Zeugnis, aus: ders., *Abschied von den Eltern*, Frankfurt am Main (Suhrkamp), 1961.

Seite 27f.: Hans-Joachim Schädlich, Apfel auf silberner Schale, aus: ders., *Versuchte Nähe*, Reinbek (Rowohlt), 1977.

Seite 55f.: Johann Peter Hebel, Der geheilte Patient, aus: ders., *Schatzkästlein des rheinischen Hausfreundes*, hrsg. von W. Theiss, Stuttgart (Reclam), 1981.

Seite 60ff.: Norbert Holst, Tsunamis – mörderische Wellen, aus: *Erlanger Nachrichten*, 25. Mai 2005.

Seite 66f.: Gustav Schwab, Orpheus und Eurydike, aus: ders., *Die Sagen des klassischen Altertums*, München (Goldmann).

Seite 70ff.: Federica de Cesco, Spaghetti für zwei, aus: dies., *Freundschaft hat viele Gesichter*, Luzern/Stuttgart (Rex), 1986.

Seite 75f.: Giovanni Boccaccio, Die Kraniche, aus: ders., *Das Dekameron*, Düsseldorf (Winkler), 1999.

Seite 79f.: William M. Harg, Der Retter, aus: *Erzähler von drüben*, hrsg. von Beppo Wagenseil, [autorisierte Übersetzung von Hans B. Wagenseil], Wiesbaden (Limes Verlag), 1946.

Seite 85f.: Frederik Hetmann, Geräusch der Grille – Geräusch des Geldes, aus: Hans-Joachim Gelberg (Hrsg.), *Geh und spiel mit dem Riesen. Erstes Jahrbuch der Kinderliteratur*, Weinheim (Beltz & Gelberg), 1971.

Seite 88ff.: Stefan Andres, Das Trockendock, aus: ders., *Die Verteidigung der Xanthippe*, München (R. Piper Verlag), 1961.

Seite 94ff.: Erich Junge, Der Sieger, aus: *Literaturformen im Unterricht: Kurzgeschichten, Band 2*, München (pb-Verlag), o.J.

Seite 100 – 103: Michaela Haas, Der Hilfeschrei der Rabenmutter, aus: *Süddeutsche Zeitung*, 7./8. Oktober 1995.

Seite 108f.: Rosel Termolen, In der Schule fürs Leben lernen, aus: *Süddeutsche Zeitung*, 30. April/1. Mai 1992.

Seite 112ff.: Wolfgang Bochert, Die drei dunklen Könige, aus: ders., *Draußen vor der Tür und ausgewählte Erzählungen. Mit einem Nachwort von Heinrich Böll*, Reinbek (Rowohlt), 1976.

Seite 117f.: Gabriele Wohmann, Ein netter Kerl, aus: dies., *Habgier. Erzählungen*, Reinbek (Rowohlt), 1978.

Seite 122f.: Gerhard Zwerenz, Nicht alles gefallen lassen, aus: ders., *Gesänge auf dem Markt. Phantastische Geschichten und Liebeslieder*, Köln (Kiepenheuer & Witsch), 1962.

Seite 126f.: Thomas Hürlimann, Der Filialleiter, aus: ders., *Die Satellitenstadt. Geschichten*, Zürich (Ammann), 1992.

Seite 132ff.: Max Bolliger, Sonntag, aus: Christoph Siegrist (Hrsg.), *Schweizer Erzählungen. Deutschschweizer Prosa seit 1950*, 2 Bände, Frankfurt am Main (Suhrkamp), 1990.

Seite 140f.: Margret Steenfatt, Im Spiegel, aus: *Augenaufmachen. Siebtes Jahrbuch der Kinderliteratur*, hrsg. von Hans-Joachim Gelberg, Weinheim und Basel (Beltz & Gelberg), 1984.

Seite 145 – 151: Erich Loest, Eine Falte, spinnwebfein, aus: ders., *Pistole mit sechzehn. Erzählungen*, Hamburg 1979.

Seite 207f.: Jürgen Feldhoff, Gedanken über ein verschwindendes Kulturgut. Abgesang auf den Brief, aus: *Lübecker Nachrichten*, 20./21. April 2003, Seite 36.

Seite 214ff.: Stefan Bonner/Anne Weiss, Forever Young – Warum wir in Fantasiewelten flüchten, aus: dies., *Generation Doof*, Bergisch Gladbach (Verlagsgruppe Lübbe), 2008, Seite 189-191.